Hedwig Heger
WIEN

Hedwig Heger

WIEN

Eine literarische Entdeckungsreise

Wissenschaftliche Buchgesellschaft

Umschlaggestaltung: Peter Lohse, Büttelborn.
Umschlagabbildung: Das Riesenrad im Prater.
© dpa.

Alle Abbildungen © Verlag Dr. A. Defner, Igls/Tirol.
Stadtplan © Margret Prietzsch, Gröbenzell.

Die Deutsche Bibliothek verzeichnet diese Publikation
in der Deutschen Nationalbibliografie;
detaillierte bibliografische Daten sind im Internet über
http://dnb.ddb.de abrufbar.

Das Werk ist in allen seinen Teilen urheberrechtlich geschützt.
Jede Verwertung ist ohne Zustimmung des Verlages unzulässig.
Das gilt insbesondere für Vervielfältigungen,
Übersetzungen, Mikroverfilmungen und die Einspeicherung in
und Verarbeitung durch elektronische Systeme.

© 2004 by Wissenschaftliche Buchgesellschaft, Darmstadt
Gedruckt auf säurefreiem und alterungsbeständigem Papier
Printed in Germany

Besuchen Sie uns im Internet: www.wbg-darmstadt.de

ISBN 3-534-15824-5

Inhalt

Zur Einstimmung: Wien und die Wiener 7

Erster Teil: Rund um St. Stephan (1. Bezirk) 11

Zweiter Teil: Vom Ring zum Gürtel (3.–9. Bezirk) 151

Dritter Teil: Vom Gürtel zur Peripherie (10.–19. Bezirk) 183

Vierter Teil: Zwischen Donaukanal und Donau (2. und 20. Bezirk) 201

Fünfter Teil: Jenseits der Donau und jüngster Bezirk
   (21.–23. Bezirk) 211

Verzeichnis der Wiener Bezirke 217

Autoren- und Quellenverzeichnis 219

Register 238
   Personennamen und Titel anonymer Werke 238
   Orte 243

Zur Einstimmung
Wien und die Wiener

Es ist ein tausendgestaltig, ein seltsam Volk, durcheinandergewürfelt mit allen Vortrefflichkeiten und Tugenden, und mit allen Leidenschaften und Lastern, und wenn du sagen gehört, wie Frohsinn und Herzensgüte, so wie Scherz und Schalkheit der eigentliche Grundzug dieses Volkes sei, und obwohl es wahr ist, was man dir sagte: so hoffe doch nicht, daß du dieses am ersten, oder zweiten, oder zehnten, oder hundertsten Tag herauskostest. – Diese Stadt muß wie ein kostbares Nachessen langsam, Stückchen für Stückchen mit Prüfung ausgekostet werden, ja du mußt selbst ein solches Stückchen geworden sein, ehe der ganze Reichthum ihres Inhaltes und die Reize ihrer Umgebungen dein Eigenthum geworden sind. Nur der langsamen und anhaltenden Beobachtung gibt sie sich hin, aber dann tief und innig und nachhaltend.
{Adalbert Stifter, 1844}

Das Medienbild Wiens und der Wiener ist von gängigen Klischees und zählebigen Stereotypen geprägt. Allein die tausendfach vermarktete „Wiener Gemütlichkeit" macht das Ausland glauben, daß die Stadt Traumkulisse für Lebensgenuß sei und der Wiener ein unbeschwerter, fideler Mensch, ein „rescher und fescher" Wiener eben. Aber „Wien ist anders" verkündet schon der offizielle Werbeslogan. Wien hat viele Gesichter und der Wiener erst recht. Adalbert Stifter hat vor 160 Jahren das Phänomen des „Wienerischen" wohl am ehesten getroffen. Als Sprache ist das Wienerische übrigens nicht erlernbar. Versuche scheitern unweigerlich am Wort „Zwirnknäullerl" als Fallstrick.

Über Wien, diese Stadt mit ihrem einzigartigen Zauber, sind unzählige Bücher geschrieben worden, Liebeserklärungen ebenso wie Invektiven aus giftgefüllter Feder. Und in Wien als Ort der Handlung spielt eine Fülle von Literaturwerken, die den Schauplatz auch nicht nur lobenswert finden (wie etwa Shakespeare in der Komödie „Maß für Maß" oder im Zwischenspiel von „Hamlet"). Manche haben großzügig ein erdichtetes Wien geschaffen, manche ein sehr reales (von Theodor Fontane weiß man, daß er für seinen Roman „Graf Petöfy" mit dem Stadtplan gearbeitet hat). In literarischer Optik gibt es die gegensätzlichsten Porträts der Stadt und ihrer Bewohner – das Thema des vorliegenden Buches.

Wien als literarisches Motiv: einst Römerkastell, heute Millionenstadt; dazwischen babenbergische Residenzstadt, habsburgische Kaiserstadt, Vielvölkerstadt, Kongreßstadt, Walzerstadt – immer aber: europäische Kulturstadt. Das Buch nimmt eine literarische Besichtigung der Stadt und ihrer Menschen vor, von der Inneren Stadt, dem historischen, zum Weltkulturerbe erklärten Wien, über den Kranz der ehemaligen Vorstädte bis hin zu den Vororten, den Außenbezirken; vom Zentrum bis zu den Randzonen. Aus einer unerschöpflichen Fülle von Texten versammelt eine – schon aus Umfangsgründen – rigorose Auswahl zu Unrecht verschollene Texte wie hinlänglich bekannte, fast vergessene Autoren wie Dichter von Rang und Namen, unter ihnen gebürtige Wiener und Wahlwiener, Dauergäste und Durchreisende. Aus diesem Textpanorama – keine Auswahl, die nicht anfechtbar wäre – ergibt sich ein Stadtpanorama, das manches enthält, was Fremden als Sightseeing nicht angeboten wird.

Um die Historizität der Texte (mit allen Hervorhebungen des Originals) zu respektieren und das Zeitkolorit zu vermitteln, wurde in Orthographie und Interpunktion nicht eingegriffen. Lediglich das 'lange s' wird aus technischen Gründen als 'rundes s' gegeben. Offensichtliche Druckfehler sind stillschweigend berichtigt. Der Schwerpunkt der Auswahl liegt eindeutig auf Texten zum heutigen ersten Bezirk (der City), weil dieser Stadtkern, von Mauern eingeschlossen und basteiumgürtet, lange Jahrhunderte die Stadt Wien war. Der Wiener sagt heute noch, wenn er den 1. Bezirk aufsucht, er gehe „in die Stadt".

Die literarische Entdeckungsreise ist zugleich eine Reise durch die Zeit. Die Stadtbilder – Teilbilder, Momentbilder, Ausschnitte, Gesamtbilder – umspannen in Vers und Prosa acht Jahrhunderte, von Walther von der Vogelweide bis zur Gegenwart. So verschieden die einzelnen Lesarten auch sind, sie zeigen, wie lebendig diese Stadtpersönlichkeit ist und wie unerschöpflich das Motiv. Es gibt kaum eine Sehenswürdigkeit in Wien, die nicht einen liebevollen oder kritischen Blick auf sich gezogen hätte, kaum ein verstecktes Gäßchen, das nicht besungen worden wäre.

Unter welchen Aspekten immer eine Auswahl auch erfolgt, keine wird ein komplettes Bild dieser faszinierenden Stadt vermitteln können. Das Buch will nicht Dekor für Bücherschränke werden, sondern will sich in der Praxis bewähren: als Wander- und Reisebuch für Leser, die mit ihm realiter eine literarische Entdeckungsreise durch Wien machen wollen, es also im Reisegepäck und vor Ort in der Hand haben, um den verbalen Eindruck mit dem optischen vergleichen zu können; ebenso aber für Leser, die fiktiv eine Gedankenreise unternehmen möchten, während sie bequem in den eigenen vier Wänden bleiben; es kann für literarisch Interessierte zur Einstimmung, als Vorbereitungsbuch auf eine Wien-Reise dienen oder als Erinnerungsbuch, um Bekanntes aufs neue wahrzunehmen.

Es gibt im Buch keine nach Tagen (oder für Eilige nach Stunden) gegliederte Routenvorschläge für Spaziergänge. Die Texte folgen der Topographie Wiens, können fortlaufend gelesen oder beliebig unterbrochen werden. Die literarische Stadtaneignung kann also ganz individuell erfolgen. Etwa 50 000 Touristen sind täglich in der Inneren Stadt unterwegs. Bei den wichtigsten Sehenswürdigkeiten finden sie Informationstafeln mit vier rot-weißen Fähnchen (den Farben der Stadt Wien) und an manchen Gebäuden Gedenktafeln (Geburts-, Wohn-, Sterbehäuser und Wirkungsstätten). Diese Gedenktafeln, von der Finanzkraft des Stifter(verein)s abhängig, können einem bevorzugten, doch wenig bekannten Schriftsteller gelten, während sich für einen berühmten noch kein Sponsor gefunden hat. Man muß jedoch für frühere Zeiten die Umzugshäufigkeit, den oftmaligen Wohnungswechsel mitbedenken. Ein nur kurzzeitiges Wohnen rechtfertigt nicht gleich eine Gedenktafel. Es sind aber viele Wiener Verkehrsflächen nach Schriftstellern oder Dichtern benannt, nicht nur Gassen (von der Abraham-a-Sancta-Clara-Gasse bis zur Zschokkegasse), Straßen und Plätze, sondern auch öffentliche Gebäude, Schulen, Wohnbauten (sogenannte Höfe), Parks etc. Solche Benennungen erschließen Literatur im Spazierengehen.

Leben heute in Wien etwas mehr als 16 Prozent Zugewanderte aus fast 50 Ländern der Welt, fühlt man sich lebhaft zurückerinnert an die Zeiten, als Wien im Blickpunkt der Weltgeschichte Hauptstadt des Heiligen Römischen Reiches und der kaiserlichen Erblande war, sodann Haupt- und Residenzstadt der Donaumonarchie, Vielvölkermetropole, der multikulturelle und multiethnische „Schmelztiegel" mit erstaunlicher Assimilationskraft. Das Faszinosum dieser Stadt hat die Jahrhunderte überdauert. Heute genießt Wien wieder hohes Ansehen. Es ist die Stadt mit der weltweit zweithöchsten Lebensqualität, der zweitbeliebteste Kongreßort, ein klassisches Besucherziel des europäischen Städtetourismus. Wien ist eine liebenswürdig-kosmopolitische Stadt und – über gängige Reiseführerinformationen hinaus – eine Literaturmetropole.

Mein herzlicher Dank gilt Frau Michaela Neidl für alle Mithilfe bei der Erstellung des Manuskripts.

Wien, Dezember 2003   H. H.

ERSTER TEIL

Rund um St. Stephan
(1. Bezirk)

Am Hof stand einst die Herzogsburg der Babenberger, der Hof, nach dem der Platz bis heute seinen Namen führt. Die historischen Zeugnisse liegen den poetischen weit voraus. Denn im Dämmerlicht der Zeitentiefe bietet sich Wien dem literarischen Blick nur zögernd dar. Als aber die Silhouette Wiens in der Dichtung erstmals sichtbar wird, ist die Stadt bereits eine bedeutende Residenz, würdig, in ihr die Vermählung Etzels mit Kriemhild, der Witwe Siegfrieds, zu vollziehen.

> *Diu hôhzît was gevallen   an einen pfinxtac,*
> *dâ der künec Etzel   bî Kriemhilde lac*
> *in der stat ze Wiene.*

Jener geniale Unbekannte, der um 1200 im bairisch-österreichischen Raum aus *alten maeren* das Nibelungenlied formte, *diu groezeste geschiht diu zer werlde ie geschach*, war sich des Ranges der Stadt wohlbewußt. Fünfmal wird sie genannt. Pulsierendes Leben schildert er, glanzvolle Hofhaltung, Festesfreude, Geberlaune, Überfluß. Siebzehn Tage läßt er die Hochzeit währen. *An dem ahtzehenden morgen von Wiene si dô riten*: das Hochzeitspaar donauabwärts ins Hunnenland, wo die von Rache getragene Handlung des gewaltigen Werkes ihr blutiges Ende finden wird.

Der Babenberger Leopold VI., dem die Geschichte den Beinamen der Glorreiche verliehen hat, feierte in seiner *civitas metropolitana* (so wurde Wien bereits 1172 genannt), seiner Metropole, zur Zeit der Vollendung des Nibelungenliedes ebenfalls Hochzeit, wie das fiktive Brautpaar. Er vermählte sich im Jahre 1203 mit der byzantinischen Prinzessin Theodora, und wie die Quellen berichten, wurde dieses Fest, das beinahe königlichen Glanz ausstrahlte, *apud Wien magnifice* und *pomposissime* gefeiert; ein Ereignis, das Massen in Wien zusammenströmen ließ und ebenso 17 Tage umspannt haben mochte. Auch Herzog Leopold gab mit vollen Händen. Nahezu verschwenderisch war die Gabenfülle: Geld in rauhen Mengen, Silber, kostbare Kleider, edle Pferde – als ob es Lämmer wären! – ließ der Glorreiche verteilen. Niemand ging leer aus. Ein poetischer Augenzeugenbericht hat sich über die Jahrhunderte hinweg erhalten.

> *Ob ieman spreche, der nû lebe,*
> *daz er gesæhę ie grœzer gebe,*
> *als wir zu Wiene haben durch êrę emphangen?*
> *Man sach den jungen vürsten geben,*
> *als er niht langer wolte leben:*
> *dâ wart mit guote wunders vil begangen.*
> *Man gap dâ niht bî drîzec phunden,*
> *wan silber, als ez wære vunden,*
> *gap man hin und rîche wât.*
> *ouch hiez der vürste durch der gernden hulde*
> *die stelle von den mærhen læren.*
> *ors, als ob ez lember wæren,*
> *vil maneger dan gevüeret hât.*
> *ez engalt dâ nieman sîner alten schulde:*
> *daz was ein minneclîcher rât.*

Dieser Augenzeuge, Zeitgenosse des großen Nibelungenmeisters und selbst einer der größten Lyriker aller Zeiten, war Walther von der Vogelweide (1203 urkundlich bezeugt). Wien ist Walthers geistige Heimat und seine Jugendheimat: *Ze Ôsterrîche lerntę ich singen unde sagen*, am Babenbergerhof, wo Reinmar der Alte (von Hagenau) die führende Rolle spielte. Wien ist die Residenzstadt, nach der Walther sich zeitlebens zurücksehnt. Von ihr weiß er auch ein anderes Lied zu singen:

> *Der hof ze Wiene sprach ze mir:*
> *'Walther, ich solte lieben dir,*
> *nû leidę ich dir: daz müeze got erbarmen.*
> *Mîn wirde diu was wîlent grôz:*
> *dô lebete niender mîn genôz,*
> *wan künec Artûses hof: sô wê mir armen!*
> *Wâ nû ritter unde vrouwen,*
> *die man bî mir solte schouwen?*

> *seht wie jâmerlîch ich stê.*
> *mîn dach ist vûl, sô rîsent mîne wende.*
> *mich enminnet nieman leider.*
> *golt silber ros und dar zuo kleider*
> *diu gab ich, unde hâte̦ ouch mê:*
> *nû enhabe̦ ich weder schapel noch gebende*
> *noch vrouwen zeinem tanze̦, ouwê!'*

Welcher Wechsel der Töne (obwohl beide im Wiener Hofton und damit auf dieselbe Melodie gedichtet sind)! Wie hat sich doch das Leben am Wiener Hof verändert! Früher einzig dem Hof König Artus' vergleichbar, nun herabgekommen ganz jämmerlich. Pracht und Ansehen sind dahin, die Heiterkeit ist vergangen, niemand mehr mag den Hof zu Wien.

Wie der Hof, so die Stadt – aber vielleicht ist Walthers Klage nicht ganz ernst zu nehmen. Als jedenfalls wenig später ein anderer Minnesänger nach Wien kommt, Ulrich von Liechtenstein – dessen Biographie am besten von allen gesichert ist –, strahlt Wien bereits wieder in Festesglanz. Und abermals ist eine Hochzeit der Grund: 1222 wird Agnes, die Tochter Leopolds VI., mit Herzog Albrecht von Sachsen vermählt, zugleich empfängt Ulrich bei der prunkvollen Feier die Schwertleite.

> *dô wart ich ritter, daz ist wâr.*
> *ze Wiene ze einer hôchzît,*
> *daz ich dâ vor noch immer sît* [seither]
> *sô schoene hôchzît nie gesach.*

Und als der Liechtensteiner auf seiner berühmten Venusfahrt, verkleidet als Frau Venus, 1227 zum Turnier nach Wien kommt, ruht sein Auge mit Wohlgefallen auf den adretten Wienerinnen, die sich in den Gassen drängen.

> *Die vrowen wâren wol gekleit.*
> *ze Wienen, dô ich zuo in reit,*
> *die gazzen wâren alle vol*
> *von vrowen. daz tet mir sô wol,*
> *daz ich dâ von wart hôchgemuot.*

> *ich sach dâ manige vrowen guot:*
> *von den wart ich enpfangen sô,*
> *daz ich sîn wart von herzen vrô.*

Ulrich, der *frowen dienestman*, erfüllte sich im Minnedienst. Hoher Beamter im Alltagsleben (Landmarschall der Steiermark), schwärmerischer Minneritter im Traumleben, setzte er Phantasie in Realität um und zog im Huldigungsdienst seiner Dame in grotesken Verkleidungen zu komisch-paradox anmutenden Scheinkämpfen im Lande umher. Auch auf seiner zweiten großen Ritterfahrt als König Artus kam er 1240 zum Turnier nach Wien. Für Turniere – Schlüsselformen mittelalterlicher Kultur – war die Residenzstadt bestens gerüstet; außerdem kosteten sie nichts als den Platz und Erfrischungen, die man reichte. In der Herzogsburg Am Hof (wenig später im ältesten Teil der Hofburg, dem Schweizerhoftrakt) fanden sie statt, und Ulrich hat in seiner Dichtung ein lebendiges Bild davon gegeben.

Wien war nicht nur Schauplatz prächtiger Feste, sondern ebenso schrecklicher Kriege. Herr Steinmar und Herr Konrad, der Schenk von Landeck und Konrad von Hohenburg (mit dem Beinamen *Der Püller*) kämpften und dichteten vor den Wällen Wiens. Viele wurden von der Lebensfreude, der Leichtlebigkeit Wiens – ein Aspekt, der bald zum Klischee werden wird – und der Gebefreudigkeit des Hofes angezogen, warfen begierliche *ougen blicke* nach dem *wunneclîchen hof ze Wiene* in der Hoffnung auf dauernde Bleibe. Mancher fand sein Glück, wie für kurze Zeit der sagenumwobene Tannhäuser, den Herzog Friedrich II. zum sorgenfreien Mann machte – mit einem Hof zu Wien und zwei Gütern in der Umgebung –, der jedoch leichtsinnig alles wieder verlor und heimatlos wurde, bis ihn die Sage schließlich in den Venusberg versetzte.

Ob nun sehnsuchtsvolle Klage, zarter Minnesang oder rauhe Heldenepik – man könnte die Reihe fortsetzen –, immer ist Wien, ganz entsprechend der realhistorischen Bedeutung, als Großstadt (im damaligen Sinn) gezeichnet: als Markt- und Umschlagplatz für Lebensmittel (mit leichtem Tadel in „Biterolf und Dietleib" – die Recken können sich in Wien nur schwer mit dem Nötigsten versorgen), als Stadt der „Haute couture" (für Markgraf Rüdiger, Brautwerber Etzels um die Hand Kriemhilds, werden die prächtigen Gewänder *dâ zer stat ze Wiene* angefertigt und versandt), als Sammelbecken von Heldenscharen (in der „Rabenschlacht" führt Dietmar von Wienen 15 000 tapfere Mannen Dietrich von Bern zu), als Stadt großer Bauwerke (im „Rosengarten zu Worms" steht Dietleib vor dem Münster) – und stets als eine Stadt wohlgezierter, schöner Frauen. Was wäre Wien ohne die schöne Wienerin! Der Wiener Hof mit seinem fast märchenhaften Ruf kann auch zu bedeutungsschwerem Vergleich dienen (nicht einmal Wien kann den Hof der Zwergenkönigin „Virginal" übertreffen!) oder als Folie für die österreichischen Verhältnisse, wie sie z. B. Wernher der Gartenaere (der Gärtner) um 1250/80 in der heute noch viel gelesenen Versnovelle vom „Meier Helmbrecht" zu einem großartigen politisch-sozialen Kulturbild gestaltete.

Modern ausgedrückt, bietet sich Wien in den frühen literarischen Zeugnissen als wohlhabendes städtisches Gemeinwesen mit florierendem Handel und Gewerbe dar, trefflich geeignet für Festlichkeiten, zugleich ein nicht zu unterschätzender militärischer Faktor, Kulturzentrum sowie profitierend vom Fremdenverkehr. Dies ist genau das Bild der historischen Realität. Von alters her war Wien Durchzugsstadt: für Kaufleute, Pilger, Kreuzfahrer, Krieger, Reisende jeglicher Art – das Donautal fungierte seit der Völkerwanderung als europäische Verkehrsstraße –, und als Residenzstadt (seit 1135) war Wien Zielpunkt für Gesandte und Gäste des Hofes. Wien war zur Zeit Leopolds VI. nach Köln die bedeutendste Stadt des Reiches. Und das kleine Österreich der Babenbergerzeit (976–1246) stellte eine literarische Großmacht dar. Die mittelhochdeutsche Klassik (1170–1250) als Epoche der höfischen Kultur währt etwa ebensolang wie das babenbergische Herzogtum Österreich (1156–1246). Es ist die hohe Zeit der Ritter- und Heldendichtung, deren klangvollste Namen in Verbindung mit dem *hof ze Wiene* stehen. Wie sollte sich da Wien nicht in der Literatur spiegeln? Ein Enkomion ist angebracht.

> *Wienna civitas gloriosa,*
> *Nimis et famosa,*
> *Sita in Austria,*
> *Salubris aere,*
> *Iocunda flumine,*
> *Constipata populis,*

Ovidianarum
Multitudine redundans delicatissimarum,
Fecunda terris,
Vineis uberrima,
Arboribus nemorosa,
Quam iocundissimum est inhabitare.

O du mein Wien in Österreich,
An Ruhm und Ehren überreich,
In reiner Luft,
An schönem Strom,
Mit vielem Volk
Und wunderholden Frauen.
Im reichen Gefilde,
Umgeben von Wein
Und grünendem Hain
Wie lebt man vergnüglich allda!

Das ist ein Stadtlob, das sich sehen lassen kann! Allerdings verliert es an Glanz, weiß man, daß es in der einzig erhaltenen Handschrift zwar als Gedicht überliefert, aber als gattungskonformes Musterbeispiel einer *descriptio loci amoeni*, der „Beschreibung eines lieblichen Ortes", geformt ist, wie sie die alten Rhetoriken mit allen *colores rhetorici* lehrten. Es reiht also Topoi aneinander, immerhin angereichert durch individuelle Charakteristika: Bevölkerungsdichte, fruchtbares Land sowie das nicht mehr zu trennende „Wein-Weib-Klischee". Gegenwärtig sensibilisiert wohl eher etwas anderes: Welch heile Umwelt durfte der Enkomiast damals noch beschreiben, welch urbane Lebensqualität! Heute weiß man, der dichtende Freund der Stadt war Magister Andreas von Rode, Notar in der Kanzlei Rudolfs I. von Habsburg, der 1278–1281 in Wien residierte.

Während der königliche Notar gebildet lateinisch formulierte, dichtete etwa gleichzeitig, zwischen 1271 und 1291, der Freudenleere (einer der vielen Übernamen) eine schwankhafte Kleinerzählung in Versen, ein *maere* von „Der Wiener Mervart"; wenn man will, die erste Wiener Heurigengeschichte. Humorvoll erzählt er, der Wien aus eigener Anschauung kennt, wie eine immer trunkener werdende Runde wohlhabender Wiener Bürger – der gute Wiener Wein! – vermeint, auf schwankendem Schiff als Pilger unterwegs ins Heilige Land zu sein und einen ihrer Kumpane, der schon trunken unter der Bank liegt, in Seenot über Bord, d. h. aus dem Fenster auf die Straße wirft. Als Insert findet sich ein Lobpreis Wiens, der gänzlich zur letzten Zeile des Enkomions paßt: „Wie lebt man vergnüglich allda!"

> *Wiene daz ist lobes wert,*
> *dâ vindet man ros unde pfert;*
> *grôzer kurzewîle vil,*
> *sagen, singen, seitspil,*
> *des vindet man ze Wiene gnuoc.*
> *hübescheit unde gevuoc,* [feine Gesellschaft und Anstand]
> *swem diu wirt ze teile,*
> *die vindet man dâ veile.*
> *swelch man hât den pfenninc,*
> *der vindet manger hande dinc,*
> *den hûsen und den süezen wîn,*
> *und manec schœnez vrouwelîn*
> *vil wünneclîches muotes*
> *und rîche des guotes,*
> *die mac* [kann] *man dâ ze Wiene sehen.*

Etwas kritisches Salz ist schon eingestreut. Denn all diese „Freizeitangebote" der großen Stadt, diese Leckerbissen (*hûsen* ist der kostbare Hausen, der den Kaviar liefert) und Annehmlichkeiten, kann sich nur leisten, wer den *pfenninc* hat, das Geld; oder noch deutlicher: *Wiene, / daz lît in Ôsterrîche, / man lebt dâ wunneclîche. / swer silber unde golt hât, / der vindet manger hande rât.* Soziale Problematik klingt an. Der Gegensatz zwischen Arm und Reich, *in der selben guoten stat* von Anfang an vorhanden, wird nun auch in der Literatur thematisiert. Außerdem gab der Dichter dadurch, daß er eine antike Wanderanekdote, die gar traurig endet, ausgerechnet auf eine feuchtfröhliche Runde von Wiener Bürgern übertrug, den anderen Ständen Gelegenheit, sich über den Bürgerstand genüßlich zu amüsieren.

Einen wehmütigen Rückblick auf das „glorreiche Wien" unter Leopold VI. gibt Jans Enikel, ein gutsituierter Wiener Bürger, der als

Reimchronist genau so schrieb, wie es seine bürgerlich-städtischen Leser oder Zuhörer haben wollten. In seiner „Weltchronik" und im (unvollendet gebliebenen) „Fürstenbuch" (um 1280) liegt der Reiz vor allem in der Fülle des Stoffes, den unzähligen Einzelgeschichten novellen- und anekdotenhafter Art, die redselig und völlig unkritisch, jedoch naiv lebendig und anschaulich eingeflochten sind. Wie schön war es doch am Babenbergerhof!

> *bî im was tanzen und singen,*
> *beide loufen und springen.*
> *man sach dô buhurdieren*
> *und ritterlîch justieren* [ritterliche Zweikämpfe und Ritterspiele]
> *und ros mit vliegunden decken*
> *und manigen stolzen recken*
> *und manic vrouwen klâr*
> *und reht minneclîch gevar;*
> *den was der fürst mit triuwen holt*
> *und si im lieber danne golt.*
> *bî im was vreud und êre*
> *geminnet alsô sêre,*
> *daz trûrens lützel ieman pflac* [daß niemand traurig war]
> *weder bî naht noch bî tac.*

Die Pfalzkapelle der alten Herzogsburg Am Hof stand an der Stelle der heutigen Kirche „Zu den neun Chören der Engel" (Am Hof 1), die den Platz dominiert. Von ihrer Altane aus erteilte Papst Pius VI. am Ostersonntag dem Volk seinen Segen, als er 1782 wegen der Klosteraufhebungen Kaiser Josephs II. nach Wien gereist war. Er wurde zwar feierlichst empfangen, erzielte dennoch keine Änderung der Josephinischen Säkularisierung. Ein Augenzeugenbericht von Johann Friedel, Kulturschriftsteller und Dramatiker, der „Fünfzig Briefe aus Wien verschiedenen Inhalts an einen Freund in Berlin" (1783) schrieb, schildert die ungestüm-neugierigen Wiener.

> *Die Wiener begnügten sich, den Papst fleißig zu begucken. Neugierde ist ein Karakterzug der Wiener. Bey geringern Veranlassungen wird schon das Volk groß und klein zusammen gelockt; sollt es nicht bey einer so wichtigen Scene auch gelockt werden? [...] Freylich*

mochte sich der Papst wohl eben keinen gar zu vortheilhaften Begriff in dem Augenblicke von uns machen. Denn, um sich an Seiner Heiligkeit recht satt zu sehn, gab's Leute genug, die neben dem Wagen herliefen, und so lang sie's aushalten konnten, dreist durchs Fenster hineinguckten. [...] Der große Segen auf dem Hof erregte eben so viel Aufsehn. Der ganze geraume Platz war von Menschen vollgepfropft; alle Dächer überdies noch mit Menschen besetzt. Ob aber alle der Andacht wegen da waren, ist ein großer Zweifel. [...] Beschreiben kann ich's Ihnen nicht, Freund, was für ein Gewühl von Menschen beysammen war.

Nicht solche Massen, aber doch ein „Gewühl von Menschen" gab es Am Hof alljährlich durch den immer gut besuchten Weihnachtsmarkt; nicht der einzige, aber der bekannteste in Alt-Wien. Eduard Pötzl, Meister lebendig geschriebener Lokalskizzen seiner geliebten Heimatstadt, hat „Die Leute von Wien" (1889), ihre Eigenheiten und Angewohnheiten humorvoll festgehalten. Sein Essay über das „Wiener Volksleben" wurde sogar einem Reiseführer (in Baedeker-Art und -Format) beigegeben.

Der Weihnachtsmarkt Am Hof giebt ein treues Bild der schwachen Anfänge, des Anschwellens und des Ausklingens der Weihnachtsstimmung von Wien. Die Herolde der Weihnachtszeit, Krampus und Nikolo, der Wollbärtige sind verschwunden. Sie standen ganz vorne auf den unbedeckten Ständen, wie immer in Gesellschaft von „Fleckerlpatschen" aller Größen und Farben, Äpfelkörben und Wachskerzchen, welche Herrlichkeiten insgesamt von dichtvermummten, beleibten Damen behütet wurden, deren Aussehen so sehr demjenigen der kugelrunden Müller aus dem deutschen Märchenbuche gleicht. Auf derselben Stelle, wo die Gefeierten vom 6. Dezember in langen Reihen standen, [...] auf diesem selben Platze stehen schon in den folgenden Tagen die ersten geputzten Tannenbäume. [...]
Fleißige Männer wandern mit der Axt herum, um Fußgestelle für die Bäume zu verfertigen, jene Fußgestelle, die seit Menschengedenken nicht ausreichen, einen Baum im Gleichgewichte zu halten und die daher stets durch Bügeleisen und sonstige schwere Haushaltungsgegenstände verstärkt werden müssen, um den Baum vor

einem verhängnisvollen Sturze zu bewahren. Hinter diesen Vorposten ist der eigentliche Christkindlmarkt, dieses Überbleibsel aus der alten poetischen Zeit.
Es giebt einen hundertjährigen Kupferstich, der den Hof in der trüben Beleuchtung eines Wintertages, bedeckt von altmodischen Buden und altmodischen Menschen darstellt. So sieht er auch zur Weihnachtszeit aus, wenn die Giebel des bürgerlichen Zeughauses und der Kirche zu den neun Chören der Engel auf die kleine Stadt von Bretterbuden herabsehen. Die Durchgänge derselben sind mit groben Leinentüchern überhangen, damit das Wetter den aufgehäuften Lebzelten, vergoldeten Äpfeln, wächsernen Engeln, lackierten Pferden, Soldaten, Puppen, Trommeln, Rüstungen und sonstigen Kostbarkeiten keinen Schaden zufüge – nicht zu vergessen der Krippen, welche einer besonders schonenden Behandlung bedürfen. Diese Darstellungen des Ereignisses von Bethlehem sind in allen Größen vorhanden und bilden einen der wichtigsten Artikel des Christkindlmarktes. Sie sind berühmt durch ihre einfache gemütliche Auffassung des Gegenstandes, der für sie nicht im Oriente, sondern der Scenerie nach etwa in Dornbach oder Neuwaldegg* [heute Teile des 17. Bezirkes] *spielt.*

Die **Freyung** ist von alters her Buden, „Standeln", gewohnt: vazierende Gaukler, Schausteller, Komödianten, Wanderhändler aller Art belebten stets den Platz. Beherrscht wird er aber von der Abteikirche „Unsere Liebe Frau zu den Schotten", der Schottenkirche (Freyung 6), und dem Schottenstift, gegründet vom Babenberger Heinrich II. Jasomirgott im Jahre 1155, der dort auch seine Grabstätte fand. Jans Enikel, schon genannter Lobredner der babenbergischen Vergangenheit, schildert im „Fürstenbuch", das er mit der selbstbewußten Feststellung beginnt, ein „rechter Wiener" zu sein, die älteste Klostergründung Wiens (damals noch vor den Mauern der Stadt).

> ich tuon iu ouch von im bekant,
> der herzoc Heinrich ist genant:
> der stift ze Wienne ein klôster grôz
> daz guot er sêre von im schôz

> *und hiez daz klôster bouwen sêre*
> *zwâr in unser vrouwen êre*
> *als ez noch hiut ze Wienne stât.*
> *Schotten sazte er dar in drât* [schnell],
> *als si noch hiut ze Wienne sint;*
> *dar gênt* [gehen] *man, wîp und kint.*

Verse, die bis heute Gültigkeit haben. Und bis heute werden die Mönche „Schotten" genannt, obwohl sie Kelten aus Irland, demnach „Iren" waren. Die Verwechslung erklärt sich aus der Bezeichnung „Scotia maior" für Irland (im Gegensatz zu „Scotia minor" für Schottland).

Das Prioratshaus des Schottenstiftes (Freyung 7) fand sogleich nach seiner Erbauung (1773/74 durch Andreas Zach) die Aufmerksamkeit von Wien-Reisenden und den Spott der Wiener. Der damals vielbeachtete Wilhelm Ludwig Wekhrlin zählt es zu den „Denkwürdigkeiten von Wien" (1777).

> *Die Schule der Schotten auf der Freyung ist eines der interessantesten Gebäude, so ich jemals gesehen habe. Es ist ganz neu, und von der Erfindung eines blossen Steinmetzgesellen. Die Väter des Benedictinerordens bey den Schotten sind die Urheber. Der Baumeister hatte zween Vortheile: einen unerschöpflichen Beutel und einen freyen Platz. Er wußte sie mit einem Meistergeiste zu benutzen. Dieses Häuschen – denn man kann es wegen seinem mittelmäßigen Körper nicht anders nennen – enthält ein Modell zum Grossen, zum Schönen, zum Angenehmen, in der alten und neuen Baukunst. Hier weiset der Baumeister die seltne Kunst, diese Charactere zu vereinigen, ohne die Composition zu überladen. Es ists ganz, was man* à la Mignonne *nennt.*
>
> *Bey alle dem hat der Künstler das Glück nicht, seinen Landsleuten zu gefallen. Die Wiener, welche in der Musik, im Schauspiel, und in allen übrigen Künsten etwas Eigenes haben wollen, nennen es nicht anders, als, einen Schiebkasten.*

Und so nennen es die Wiener heute noch: Schubladkastenhaus (nach dem früheren Möbelstück) – authentisches Zeugnis für den schlagfertigen Wiener Volkswitz und seine Langlebigkeit.

Freyung mit Schottenabtei

„Die Schule der Schotten", benediktinische Bildungsstätte, nennt auf einer Gedenktafel neben der Klosterpforte berühmte Namen als Lehrer und Schüler:

Benedictus Chelidonius und Wolfgang Schmeltzl
wirkten als Dramatiker im Schottenstift
zwischen 1518 und 1551
Schüler des Schottenstiftes
waren die Dichter

Eduard von Bauernfeld	Ferdinand von Saar
1812–1818	1843–1848
Johann Nestroy	Robert Hamerling
1813–1816	1844–1846
Ferdinand Kürnberger	Leopold von Andrian
1836–1839	1890–1893

Georg Terramare
1889–1948 Dichter Erneuerer der Schottenspiele

Benedictus Chelidonius, aus dem St.-Egidien-Kloster von Nürnberg gekommen, Schottenabt 1518–1521 (†), war nicht nur Dramatiker, sondern auch versierter Lyriker. Albrecht Dürers Passions-Bilderzyklen und das „Marienleben" tragen auf der Rückseite der Holzschnitte und Kupferstiche lateinische Verse des Chelidonius. Daß sich das Dichterwort nicht mit dem Kunstwerk messen kann, liegt an der Größe Dürers. Chelidonius' allegorische Humanistendramen, die er mit Schülern auch aufführte, sind frühe Zeugnisse für die Theatergeschichte Wiens. 1515 beim Wiener Fürstenkongreß hatte sein Hexameter-Stück „Voluptatis cum virtute disceptatio" (Streit der Wollust mit der Tugend) das allerhöchste Publikum.

Das deutschsprachige Schuldrama brachte der Pfälzer Wolfgang Schmeltzl, Schulmeister und Organist am Schottenstift, mit seinen volkstümlich-biblischen Dramen. Er war außerdem ein tüchtiger Schulregisseur, dessen man beim Aufstieg Wiens zur Theaterstadt gedenken sollte. In seiner „Comoedia der hochzeit Cana Galilee" (1543) läßt er nach dem Weinwunder Thobias ausrufen: *Kein pessern wein ich truncken hab / Er khumbt vom Kalnperg herab.* Joseph von Hormayr (auf den später eingegangen wird) hat Schmeltzl den „Wiener Hans Sachs" genannt. Unvergessen ist das Stadtelogium im Volkston, sein „Lobspruch der Hochlöblichen weitberümbten Khünigklichen Stat Wienn in Osterreich", in dem er im Jahre 1547 eine detailgenaue Stadtbesichtigung vornimmt (1601 Verse): *Als dann ich bsicht die Stat mit fleiß, / Vnd maint ich wer im Paradeiß.* In bieder-frischem Ton hat er das damalige Wien von seiner liebenswürdigen Seite gesehen und in einer kulturhistorisch wertvollen Schilderung festgehalten. Seine Überzeugung *Wer sich zu Wienn nit neren kan, / Ist vberal ein verdorbner man!* wird vielfach zitiert. Und über das Schottenstift hat er seine ganz persönliche Meinung: *Der Schmöltzl khain pesser schmalzgrub fand!* Für die Nachwelt bedeutsamer als durch seine künstlerisch nicht allzu hochwertigen Bibeldramen wurde Schmeltzl mit seinem „Quodlibet" (1544), die wertvolle Sammlung vierstimmiger Volkslieder, in der sich u.a. auch das heute noch bekannte Lied „Es liegt ein Schloß in Österreich" findet, das laut letzten Zeilen *drei Jungfräulein / Zu Wien in Österreiche* gesungen haben.

Auf der Gedenktafel nicht erwähnt – wie Friedrich Halm – ist Johann Rasch († 1612?), seit 1570 Organist am Schottenstift, „ein lustiger Kopf und Dichter", studierter Kalendermacher, der unter seinen etwa 40 Werken auch eine Stiftsgeschichte und als echter Wachauer ein „Weinbuch" (in Vers und Prosa) schrieb, „Das ist: Vom baw [Bau] vnd pflege des Weins". Die Widmung ist im Druck datiert „Wienn im Schottencloster / den 1. tag Septembris / Anno 1580". Bei der Klassifizierung der Rieden nach Qualität setzt Rasch an erste Stelle das *Wiennergebürg / das ist / an dem fluß Wienn / oder an dem Wienner Wald hinan gehend /* [...] *wann* [weil] *diß Wiennergebürg das herrlichist / mächtigist / trächtigist vnd gröst weingebürg ist in Osterreich.* Johann Rasch wird in der modernen Wein-Fachliteratur immer noch zitiert. Wien ist die einzige Millionenstadt der Welt mit eigenem Weinbaugebiet.

Über die Schüler, die das Elite-Gymnasium unterschiedlich lang besuchten – wie die Gedenktafel genau vermerkt –, wird an anderer Stelle zu reden sein. Der zuletzt erwähnte Wiener Georg Eisler von Terramare, ab 1922 künstlerisch verdienter Spielleiter der Laienspielschar „Wiener Schottenspiele", dann Regisseur u. a. in Bern und Hamburg, emigrierte 1938 über Italien nach Bolivien, wo er in La Paz verstarb. Er wurde weniger durch seine Romane und Erzählungen als durch seine Mysterienspiele bekannt („Ein Spiel vom Tode, vom Antichrist und den letzten Dingen", 1922).

Einer der Schottenschüler blickte nach 50 Jahren auf seine Schulzeit zurück: Ferdinand von Saar in den „Wiener Elegien".

Sieh: da ragt sie ja noch, die schlichte, breitgieblige Kirche,
   Ragt der Schottenabtei menschendurchwandelter Bau.
Zweimal des Tages empfing er auch mich; die Bücher der Schule
   Unter dem schützenden Arm, eilt' ich zur Klasse hinauf,
Wo, in die Reihen der Bänke gepfercht, sich ein lärmendes Völklein
   Neckte und balgte und stieß, bis der Professor erschien.
Auf dem Haupt die Tonsur, umwallt von dunkler Soutane,
   Zum Katheder empor schritt er mit ernstem Gesicht.
Und nun ging es, o Qual! an lateinische, griechische Pensa,
   Bebenden Fingers gezählt ward des Hexameters Maß.
Marternde Sorgen des Schülers, die Angst vor der schlechteren Note –
   Jetzt noch fühl' ich sie nach, schreit' ich hier sinnend vorbei!

In der **Herrengasse** stehen prächtige Stadtpalais wie an einer Perlenschnur aufgereiht. Das Palais Wilczek (Herrengasse 5, Gedenktafel) war das gastliche Domizil für den 22jährigen Joseph von Eichendorff, als dieser im November 1810 mit seinem Bruder Wilhelm nahezu mittellos nach Wien kam, um hier die juristischen Studien abzuschließen; was mit Bravour gelang. Franz Joseph Graf Wilczek, ein angeheirateter Onkel, reich und begütert, besaß u. a. Schloß Seebarn, unweit Wiens – das Urbild des Schlosses in Eichendorffs lyrischer Novelle „Aus dem Leben eines Taugenichts" (1826). Romantisches Lebensgefühl, das der vielseitige Dichter später in seinen Werken wie kein zweiter auszudrücken weiß, dürfte das Brüderpaar beim Erkunden der Wiener Stadtlandschaft selbst genossen haben. Auch wenn – wie Josephs Tagebuch verrät – an Tagen ohne Einladung die Mahlzeiten aus Obst oder gar nur aus Brot mit Salz bestanden.

Abends nach halb 8 Uhr zum erstenmale mit Wilhelm *allein zum Stubenthore hinaus, Birnen gekauft u. einsamer Spaziergang über die* Glacis *durch die schöne unendliche Allee mit den herrlichen Ansichten auf den Stephansthurm u. die Vorstädte mit ihren Pallästen. Auf den Rasen der* Glacis *legten wir uns dem Schwarzenbergischen Palais gegenüber nieder u. lagen dort, bis es finster wurde. Wie immer, wieder beim* Lothringer [Bierhaus am Kohlmarkt] *flüchtig ein Glas Bier.*
                                                                  8. Juli 1811

Auf der Höhe, wo sich plötzlich die herrliche Aussicht auf das Donaugebirge und das dunkle Wien mit seinem Stephansthurme wieder eröffnet, lagen wir eine Zeit lang an dem Eichenwalde und verzehrten einen Hut voll eingekaufter Weintrauben. Darauf, noch die Professorin begegnend, die uns vergebens in ihren Wagen einlud, und an der Taborbrücke noch einige Semmeln eßend, erreichten wir um 1 Uhr wieder die Leopoldstadt [heute 2. Bezirk], *wo wir sogleich ins* Dianabad *giengen u. uns badeten. Gegen 3 Uhr waren wir endlich wieder in unseren geliebten hohen Stuben.*
                                                          19. September 1811

In diesen „geliebten hohen Stuben" des Palais Wilczek, in denen nach ausgeklügelter Zeiteinteilung entweder für die „Jurisprudentz" oder für die „Poesie" gearbeitet wurde, schrieb Eichendorff an seinem ersten Roman „Ahnung und Gegenwart" (1811 vollendet, Druck 1815). Die melodische Prosa und die über 50 eingefügten Lieder (darunter „O Täler weit, o Höhen" oder „In einem kühlen Grunde") offenbarten bereits die Sprachkunst des jungen Poeten. Als der gelehrte Frühromantiker Friedrich Schlegel, damals Sekretär der Hof- und Staatskanzlei in Wien, vom 27. Februar bis 30. April 1812 Vorlesungen über die Geschichte der alten und neuen Literatur hielt – nicht an der Universität, sondern im altbekannten Gasthof „Zum römischen Kaiser" in der Renngasse 1 –, saß Eichendorff im Publikum. Für Wien ein gesellschaftliches und intellektuelles Ereignis.

Die erste Vorlesung Friedrich Schlegels *(Geschichte der* Litteratur, *12 Gulden Einlös[ungs] Scheine das* Billet*) im Tanzsaale des röm. Kaisers. Schlegel, gantz schwartz in Schuhen auf einer Erhöhung hinter einem Tischchen ablesend. Mit wohlriechendem Holtze geheizt. Großes* Publicum. *Vorn Kreiß von* Damen, *Fürstin* Lichtenstein *mit ihren* Princessinen, Lignovsky etc *29 Fürsten. Unten großes Gedränge von* Equipagen, *wie auf einem Balle. Sehr* brillant.
27. Februar 1812

Ein Jahr später, am 5. April 1813, nimmt Eichendorff von Wilhelm und Wien Abschied, um freiwillig mit den Lützowschen Jägern in den Befreiungskriegen gegen Napoleon zu kämpfen. „Auf der Feldwacht" denkt er sehnsuchtsvoll zurück:

> *Wolken da wie Türme prangen,*
> *Als säh' ich im Duft mein Wien.*
> *Und die Donau hell ergangen*
> *Zwischen Burgen durch das Grün.*

Gern hätte er Wien zur Wahlheimat gehabt. Dreimal noch wird er wiederkehren. 1846, das letzte Mal, gleich für ein volles Jahr. Das kulturelle Wien liegt dem berühmten Dichter zu Füßen, wie er seinem ältesten Sohn freudig schreibt.

Mein lieber Hermann!
Behüt Di Goth! Diesen wienerischen Gruß zuvor [...]
Was man in der Jugend wünscht, hat man im Alter vollauf. Dieser alte Spruch trifft hier in Wien *bei mir ein, die Leute wollen mich hier durchaus zum berühmten Mann machen. In der literarischen* Concordia *(einer Art Mittwochsgesellschaft in grandiosem Maßstabe) wurde ich bei meinem Eintritt mit einem Sturm von Händeklatschen empfangen, daß die Fenster zitterten, zwei Literaten sprachen Gedichte an mich, den ganzen Abend wurden von einem Opernsänger Lieder von mir gesungen, von* [Joseph] Dessauer *unglaublich schön komponiert. Dort lernte ich auch* Anastasius Grün *(Graf Auersperg),* Bauernfeld, Castelli *p. kennen. Der Musikverein lud mich und* [Giacomo] Meyerbeer, *der jetzt auch hier ist, zu einem musikalischen Abend ein, wo vor etwa nur 20 Zuhörern 200 Männerstimmen sangen; etwas, das man, wie mir Meyerbeer versichert, in ganz Europa nicht so vollkommen hört. Die niederösterreichischen Landstände haben mich zu ihren Abendzusammenkünften eingeladen, der hiesige Leseverein mir eine freie Eintrittskarte zugeschickt. In den hiesigen Sonntagsblättern erschien ein besonderer Artikel über mich x. x. [...] Es ist jetzt hier in der Faschingszeit ein unglaubliches Gewimmel und Getose; wir haben bereits die berühmtesten Ballsäle besucht, die in der Tat wahrhaft feenhaft sind. Doch, wie gesagt, alles zahllose und zum Teil sehr interessante* Detail *mündlich. [...] Und nun, lieber Hermann, lebe recht wohl bis zu unserem, hoffentlich recht baldigen und fröhlichen Wiedersehen.*
Ewig Dein Dich herzlich liebender treuer Vater
Eichendorff.
Wien, *d: 9t. Februar 1847.*
Vorstadt Landstraße, Ungargasse *Nro: 488*
[heute 3. Bezirk, Ungargasse 8].

Moderne Zeiten konnten aus einem gastlichen Palais ein gastfreundliches Hotel machen, bis dann noch modernere Zeiten wieder eine andere Zweckbestimmung fanden. Als in einem Flügel des Palais Orsini-Rosenberg (später Palais Batthyány, Herrengasse 19/Bankgasse 2) das Hotel Klomser war, ein „Familienhotel 1. Ranges" (Eigenwerbung), stieg dort im November 1908 ein Dichter ab, der zwar schon 1896 einmal in Wien gewesen war, aber nun, am 26. November, in der Kunst- und Buchhandlung des renommierten Verlegers Hugo Heller am Bauernmarkt 3 seine erste Lesung halten sollte. Nicht mehr als unbekannter Autor, sondern als Verfasser des großen Romans „Buddenbrooks. Verfall einer Familie", für den er 1929 den Nobelpreis bekommen wird: Thomas Mann. Beinahe wäre die Lesung ein Fiasko geworden, wie er zwei Jahrzehnte später selbst schildert.

> *Ich wohnte in dem reizend altmodischen, kleinen Klomser in der Herrengasse [...]. Ich glaubte, den Weg zur Buchhandlung, den ich am Tag leicht gefunden, zu kennen und hatte mir in den Kopf gesetzt, ihn zu Fuße zurückzulegen. Aber bei Abend nahm alles sich anders aus, ich verirrte mich, ich mußte zehnmal die Gefälligkeit der Passanten mit meinen Fragen in Anspruch nehmen, und als ich endlich in aufgelöstem Zustande vor Hellers Laden eintrat, winkte und drohte mir der Besitzer in nicht viel besserer Verfassung von der Türschwelle entgegen. Seit zwanzig Minuten war er von einem Fuß auf den anderen getreten. Das Publikum, halb belustigt und halb beleidigt, war seit ebensolanger Zeit dicht versammelt. Ich hatte unverschämt warten lassen.*
> *Ich stürzte auf das Podium und entschuldigte mich. Heute wäre dergleichen viel unangenehmer. Aber man war jung damals, man genoß die Vorteile des Wohlwollens und der Nachsicht, die diesem hoffnungsvollen Lebensstande entgegengebracht werden; und die Wiener sind gute Leute. Ein paar Worte, mit denen ich die Niederlage meines Ortssinnes und meine Abenteuer schilderte, genügten, sie zu versöhnen. Das weitere war Sache meines Manuskripts ... Ich hatte damals angefangen, meinen zweiten Roman, das Märchen von Königlicher Hoheit zu schreiben. Ich las von den prinzlichen Geschwistern, die im alten Schlosse „stöbern", von der Einsamkeit, die nach dem Leben, nach dem Wissen verlangt. Das gefiel, das fand man schön, fand es zum mindesten ansprechend. Ich hatte Applaus, und mein Manager, froh, seine Gäste versöhnt zu sehen, trug mir auch seinerseits mein schlechtes Benehmen nicht nach. Er lud mich zum Mittagessen in sein Haus, seine Familie. Es waren freundliche Stunden, die ich im Kreise der Seinen verbrachte [...]. Irre ich nicht*

sehr, so war er einer der allerersten Buchladenbesitzer des deutschen Sprachgebietes, die auf eigene Faust in ihren vier Wänden Autorenabende veranstalteten, um durch den persönlichen Kontakt des Publikums mit dem Dichter die buchhändlerische Atmosphäre zu erwärmen. Heute ist das sehr üblich, [...] doch damals war es neu.

Eingeladen in die „bezaubernde Stadt" hatte Thomas Mann der Romancier Jakob Wassermann, der damals in Wien lebte und die persönliche Bekanntschaft mit Arthur Schnitzler und Hugo von Hofmannsthal vermittelte. Zu viert fuhren sie auf den Semmering – Schauplatz mancher Dichtungen des Wiener Fin de siècle. Für Thomas Mann ist Wien „nächst Paris die schönste, in ihrer repräsentativen Weitläufigkeit großartigste Stadt." Insgesamt 17mal hat er sie – mit entsprechendem Medienecho – zu Lesungen oder Vorträgen besucht.

In glanzberaubte Palais konnten auch Cafés Einzug halten, die dann ihrerseits zu Anziehungspunkten wurden, manche von geradezu legendärem Ruf. Unzählige Bücher sind schon über das Wiener Kaffeehaus und im Wiener Kaffeehaus geschrieben worden. Stefan Zweig, der gefeierte Erfolgsautor der Zwischenkriegszeit – meistgelesen und meistübersetzt –, gibt in seinem Memoirenwerk „Die Welt von Gestern. Erinnerungen eines Europäers" (1944, postum) einen literarisch hochrangigen und zeitgeschichtlich wertvollen Lebensrückblick: Erinnerungstopografie des Exilierten. Als Gymnasiast erlebte er die letzte Glanzzeit des Alt-Wiener Literaten- und Künstlercafés.

Aber unsere beste Bildungsstätte für alles Neue blieb das Kaffeehaus. Um dies zu verstehen, muß man wissen, daß das Wiener Kaffeehaus eine Institution besonderer Art darstellt, die mit keiner ähnlichen der Welt zu vergleichen ist. Es ist eigentlich eine Art demokratischer, jedem für eine billige Schale Kaffee zugänglicher Klub, wo jeder Gast für diesen kleinen Obolus stundenlang sitzen, diskutieren, schreiben, Karten spielen, seine Post empfangen und vor allem eine unbegrenzte Zahl von Zeitungen und Zeitschriften konsumieren kann.

Im Palais Ferstel, dessen luxuriöse Geschäftspassage die Herrengasse mit der Freyung verbindet, befand sich eine der berühmtesten „Institutionen", das Café Central (Herrengasse 14/Ecke Strauchgasse),

Treffpunkt für Prominenz und Künstler aller Art. 235 verschiedene Zeitungen und Zeitschriften lagen dort auf und 58 Bände Nachschlagewerke. Franz Werfel hat die Atmosphäre des Central in seinem Roman „Barbara oder die Frömmigkeit" (1929) festgehalten, Helga Malmberg, langjährige selbstlose Gefährtin von Peter Altenberg, beschrieb in ihrem Erinnerungsbuch „Widerhall des Herzens" (1961) den Kuppelsaal und das Interieur mit den verschiedenen Marmor-Stammtischen, „die streng voneinander geschieden waren", und Alfred Polgar, Meister der intellektuell anspruchsvollen kleinen Prosa voll Esprit, schrieb 1926 gar eine

Theorie des «Café Central».
DAS Café Central ist nämlich kein Caféhaus wie andere Caféhäuser, sondern eine Weltanschauung, und zwar eine, deren innerster Inhalt es ist, die Welt nicht anzuschauen. Was sieht man schon? Doch davon später. So viel steht erfahrungsgemäß fest, daß keiner im Central ist, in dem nicht ein Stück Central wäre, das heißt, in dessen Ich-Spektrum nicht die Centralfarbe vorkäme, eine Mischung aus Aschgrau und Ultra-Stagelgrün. Ob der Ort sich dem Menschen, der Mensch dem Ort angeglichen hat, das ist strittig. Ich vermute Wechselwirkung. «Nicht du bist in dem Ort, der Ort, der ist in dir», sagt der Cherubinische Wandersmann [Angelus Silesius].
Wenn man alle Anekdoten, die von diesem Kaffeehaus erzählt werden, zerstampft, in die Retorte gibt und vergast, wird sich ein trübes, irisierendes, leicht nach Ammoniak riechendes Gas entwickeln: die sogenannte Luft des Café Central. Sie bestimmt das geistige Klima dieses Raumes, ein ganz besonderes Klima, in dem das Lebensunfähige, und nur dieses, bei voller Wahrung seiner Lebensunfähigkeit gedeiht. Hier entwickelt Ohnmacht die ihr eigentümlichsten Kräfte, Früchte der Unfruchtbarkeit reifen, und jeder Nichtbesitz verzinst sich. Ganz erfassen wird das ja nur ein richtiger Centralist, der, ist sein Kaffeehaus gesperrt, die Empfindung hat, ins rauhe Leben hinausgestoßen zu sein, preisgegeben den wilden Zufällen, Anomalien und Grausamkeiten der Fremde.
Das Café Central liegt unterm wienerischen Breitengrad am Meridian der Einsamkeit. Seine Bewohner sind größtenteils Leute, deren Menschenfeindschaft so heftig ist wie ihr Verlangen nach

Blick aus dem Café Central in den Innenhof des Palais Ferstel

Menschen, die allein sein wollen, aber dazu Gesellschaft brauchen. Ihre Innenwelt bedarf einer Schicht Außenwelt als abgrenzenden Materials, ihre schwankenden Einzelstimmen können der Stütze des Chors nicht entbehren. Es sind unklare Naturen, ziemlich verloren ohne die Sicherheiten, die das Gefühl gibt, Teilchen eines Ganzen (dessen Ton und Farbe sie mitbestimmen) zu sein. Der Centralist ist ein Mensch, dem Familie, Beruf, Partei solches Gefühl nicht geben: hilfreich springt da das Caféhaus als Ersatztotalität ein, lädt zum Untertauchen und Zerfließen. [...]

Teilhaftig der eigentlichsten Reize dieses wunderlichen Caféhauses wird allein der, der dort nichts will als dort sein. Zwecklosigkeit heiligt den Aufenthalt. Der Gast mag vielleicht das Lokal gar nicht und mag die Menschen nicht, die es lärmend besiedeln, aber sein Nervensystem fordert gebieterisch das tägliche Quantum Centralin. [...]

Im Grunde läßt sich diese „Theorie" auch auf andere Wiener Traditions-Cafés umlegen. Geradezu süchtig nach dem „täglichen Quantum Centralin" und ausgestattet mit einer ärztlich attestierten „Überempfindlichkeit des Nervensystems" war die Kultfigur der Kaffeehausliteraten, Peter Altenberg. Der Lebenskünstler und Selbstdarsteller besaß nie eine eigene Wohnung. Als seine Adresse trug er in Kürschners Literaturkalender ein: „Wien, 1. Bezirk. Café Central." Sein billiges Hotelzimmer dekorierte er mit unzähligen Bildern, Ansichtskarten (10 000 hatte er gesammelt) und – Frauen. Er führte ein beispiellos öffentliches Leben, war als „Narr von Wien" das Stadtgespräch. Wenn er nicht als Flaneur unterwegs war („Wie ich es sehe", 1896; „Was der Tag mir zuträgt", 1900), konnte er nur im Café Central sein. Dort hielt er Hof, scharte seine Freunde und Gönner um sich; allen voran Egon Friedell, Alfred Polgar, den Architekten Adolf Loos, kurzzeitig Karl Kraus. Seinen impressionistischen „Telegrammstil der Seele" charakterisiert eine fragmentarische Mischung aus Bonmot, Witz und Aphorismus. Von werkbiographischer Relevanz ist sein Hohelied auf das

KAFFEEHAUS.
Du hast Sorgen, sei es diese, sei es jene – – – ins Kaffeehaus!
  Sie kann, aus irgendeinem, wenn auch noch so plausiblen Grunde, nicht zu dir kommen – – – ins Kaffeehaus!

Du hast zerrissene Stiefel – – – Kaffeehaus!
Du hast 400 Kronen Gehalt und gibst 500 aus – – – Kaffeehaus!
Du bist korrekt sparsam und gönnst dir nichts – – – Kaffeehaus!
Du bist Beamter und wärest gern Arzt geworden – – – Kaffeehaus!
Du findest Keine, die dir paßt – – – Kaffeehaus!
Du stehst innerlich vor dem Selbstmord – – – Kaffeehaus!
Du haßt und verachtest die Menschen und kannst sie dennoch nicht missen – – – Kaffeehaus!
Man kreditiert dir nirgends mehr – – – Kaffeehaus!

Mit dem Ende der Doppelmonarchie und dem Tod Peter Altenbergs (1919) verlor das Café Central seine führende Rolle an das in nächster Nähe neu eröffnete Café Herrenhof (Herrengasse 10), das in der Zwischenkriegszeit durch Hermann Broch, Joseph Roth, Max Brod, Egon Friedell, Alfred Polgar, Hugo von Hofmannsthal, Robert Musil und Franz Werfel als Gäste glänzen konnte. Nach dem Zweiten Weltkrieg versank es in Bedeutungslosigkeit, wurde schließlich 1960 geschlossen (das heutige Lokal ist nur eine Namensreminiszenz). Das Central aber, mit dem Palais Ferstel schwer bombenbeschädigt, wurde nach einem traurigen Ruinendasein in Anlehnung an die alten Formen wiederaufgebaut und 1986 eröffnet. An einem Marmortischchen gleich beim Eingang sitzt lebensgroß, mit hängendem Schnurrbart – „wie ein Seehund" (Oskar Kokoschka) – Peter Altenberg – aus Gips.

Im ehemaligen Palais Herberstein (Herrengasse 1–3/Schauflergasse 2) am **Michaelerplatz** befand sich ein halbes Jahrhundert lang (1847–1897) das legendäre Café Griensteidl. Zu seinen prominenten Gästen zählten Franz Grillparzer, Eduard von Bauernfeld, Ludwig Anzengruber, Heinrich Laube und ab ca. 1890 die jungen Literaten, die sich zum elitären Kreis „Jung-Wien" zusammenfanden (was den Spitznamen „Café Größenwahn" bewirkte): Arthur Schnitzler, Richard Beer-Hofmann, Felix Salten, Hermann Bahr – diese vier bildeten die „Clique", den „inneren Kreis" –, Leopold von Andrian-Werburg, Felix Dörmann, Hugo von Hofmannsthal. Sie huldigten der „Moderne", was zu ihrem Sammelnamen wurde. Peter Altenberg und

Karl Kraus, anfangs ebenfalls im Griensteidl, wechselten bald ins Central. Sie alle waren die Begründer des literarischen Weltruhms von Wien um die Wende zum 20. Jahrhundert. Die maßgebende Rolle im literarischen Griensteidl-Zirkel spielte nach mehreren Auslandsaufenthalten Hermann Bahr von 1891 bis 1912. Geradezu fanatisch fortschrittlich, war er ein Feind des Naturalismus und Förderer von Impressionismus und Expressionismus. Als „Mann von übermorgen" (Maximilian Harden) nahm er das literarisch Kommende programmatisch vorweg. Das Kaffeehaus verglich er mit einer „platonischen Akademie" („Selbstbildnis", 1923), schätzte es also sehr hoch ein; geradezu diametral zu seiner Meinung über die Wiener („Wien", 1907). Von den rund 40 Stücken des erfahrenen Bühnenpraktikers errang „Das Konzert", die Komödie der verhinderten Ehebrüche, einen Welterfolg und mehrere Verfilmungen. Aus der Schar derer, denen er Mentor war, wurden nur Schnitzler und Hofmannsthal zu großen Namen, obwohl zur selben Zeit heute fast Vergessene der Gedanken- und Empfindungswelt ihrer Generation gekonnt Ausdruck verliehen. Sie schrieben literarische Erfolge für den Jung-Wiener Kreis: Felix Dörmann (eig. Felix Biedermann) durch seine Gedichtsammlung „Neurotica" (1891), Richard Beer-Hofmann mit seinem innigen „Schlaflied für Mirjam" (1897, Druck 1919), das sogar die Bewunderung Rilkes fand, Leopold von Andrian-Werburg, der sich später für eine diplomatische Karriere entschied, durch die lyrische Novelle „Garten der Erkenntnis" (1898). Felix Salten, nur mehr bekannt durch seine Tiererzählung „Bambi. Eine Lebensgeschichte aus dem Walde" (1923) – Vorlage für Walt Disneys Zeichentrickfilm –, erinnert sich:

> *Der Treffort für alle Jungwiener Literaten war das Café Griensteidl auf dem Michaelerplatz. [...] Hermann Bahr, eben aus Paris zurückgekehrt, gesellte sich zu uns. Er trug ganz die Tracht eines Montmartre-Menschen, Pepita-Beinkleider, Sakko aus braunem Samt und dazu den Zylinder. Er regte alle auf und regte alle an durch die Verwegenheit seines Geistes, der in Wort und Schrift nur so Funken spritzte. [...] Richard Beer-Hofmann stieß eines Tages zu uns. Seine Kleidung war von einer exzessiven Noblesse, von einer mit subtilstem Geschmack ausgesuchten Eleganz, die immer etwas leise Herausforderndes hatte. Er trug jeden Tag eine andere stim-*

mungsmäßig und raffiniert gewählte Knopflochblume. Er war (und ist es geblieben) von einer derartig hinreißenden Beredsamkeit, von einem so durch und durch dringenden lichtvollen Geist, daß ich ihm damals den Titel „Mäzen des Verstehens" gab. […] Die Begeisterung von uns allen aber errang Loris, der noch nicht sechzehnjährige Gymnasiast Hugo v. Hofmannsthal, der den Einakter in Versen „Gestern" geschrieben hat. Nicht nur die formale musikalisch klingende Sprachschönheit Hofmannsthalscher Verse, auch ihr tiefsinniger Gedankeninhalt wirkte auf uns wie eine Art von edlem Rausch. Ich erinnere mich noch vieler Spaziergänge mit Arthur Schnitzler durch den Wienerwald und in den Wäldern bei Mödling, auf welchen Spaziergängen Schnitzler ebenso wie ich beständig diese Verse deklamierten und des Genießens daran kein Ende fanden.

Auch Stefan Zweig schrieb über „das wunderbare und einmalige Phänomen Hugo von Hofmannsthal":

Hermann Bahr erzählte mir oft von dem Staunen, als er für seine Zeitschrift gerade aus Wien einen Aufsatz von einem ihm unbekannten 'Loris' – eine öffentliche Publikation unter eigenen Namen war im Gymnasium unerlaubt – erhielt; nie hatte er unter Beiträgen aus aller Welt eine Arbeit empfangen, die in so beschwingter, adeliger Sprache solchen gedanklichen Reichtum gleichsam mit leichter Hand hinstreute. Wer ist 'Loris', wer dieser Unbekannte?, fragte er sich. Ein alter Mann gewiß, der in Jahren und Jahren seine Erkenntnisse schweigsam gekeltert hat und in geheimnisvoller Klausur die sublimsten Essenzen der Sprache zu einer fast wollüstigen Magie kultiviert. Und solch ein Weiser, solch ein begnadeter Dichter lebte in derselben Stadt, und er hatte nie von ihm gehört! Bahr schrieb sofort dem Unbekannten und verabredete eine Besprechung in einem Kaffeehaus – dem berühmten Café Griensteidl, dem Hauptquartier der jungen Literatur. Plötzlich kam mit leichten, raschen Schritten ein schlanker, noch unbärtiger Gymnasiast mit kurzen Knabenhosen an seinen Tisch, verbeugte sich und sagte mit einer hohen, noch nicht ganz mutierten Stimme knapp und entschieden: 'Hofmannsthal! Ich bin Loris.' Nach Jahren noch, wenn Bahr von seiner Verblüffung erzählt, überkam ihn die Erregung. Er wollte es zuerst nicht glauben. Ein Gymnasiast, dem solche Kunst, solche Weitsicht, solche Tiefsicht, solche stupende Kenntnis des Lebens vor dem Leben zu eigen war! Und beinah das gleiche berichtete mir Arthur Schnitzler.

Als im Zuge der Umgestaltung des Michaelerplatzes das Palais Herberstein abgerissen wurde, verlor die „Jung-Wiener Dichtergalerie" ihr Zentrum. Am 24. Jänner 1897 wurde das Café Griensteidl geschlossen. Das heutige, 1990 eröffnete Kaffeehaus (Michaelerplatz 2) – mit seinem Karl-Kraus-Saal – hat mit dem alten Griensteidl nur den Namen gemeinsam. Kurz vor der Demolierung hatte ein streitbarer junger Literat in seiner ersten Publikation „Die demolirte Litteratur" kritisch-satirisch die „Kaffeehausdekadenzmodernen" aufs Korn genommen und sich dadurch lebenslange Feindschaften und eine legendäre Ohrfeige von Felix Salten im Griensteidl eingehandelt – „was allseits freudig begrüßt wurde", wie Arthur Schnitzler im Tagebuch vermerkt. Der junge Polemiker, der seine erste Brandfackel schleuderte, hieß Karl Kraus.

Die demolirte Litteratur
Wien wird jetzt zur Grossstadt demolirt. Mit den alten Häusern fallen die letzten Pfeiler unserer Erinnerungen, und bald wird ein respectloser Spaten auch das ehrwürdige Café Griensteidl dem Boden gleichgemacht haben. Ein hausherrlicher Entschluss, dessen Folgen gar nicht abzusehen sind. Unsere Literatur sieht einer Periode der Obdachlosigkeit entgegen, der Faden der dichterischen Production wird grausam abgeschnitten. Zu Hause mögen sich Literaten auch fernerhin froher Geselligkeit hingeben; das Berufsleben, die Arbeit mit ihren vielfachen Nervositäten und Aufregungen, spielte sich in jenem Kaffeehause ab, welches wie kein zweites geeignet schien, das literarische Verkehrscentrum zu präsentiren. Mehr als ein Vorzug hat dem alten Locale seinen Ehrenplatz in der Literaturgeschichte gesichert. Wer gedenkt nicht der schier erdrückenden Fülle von Zeitungen und Zeitschriften, die den Besuch unseres Kaffeehauses gerade für diejenigen Schriftsteller, welche nach keinem Kaffee verlangten, zu einem wahren Bedürfnis gemacht hatte? Braucht es den Hinweis auf sämmtliche Bände von Meyer's Conversations-Lexikon, die, an leicht zugänglicher Stelle angebracht, es jedem Literaten

*ermöglichten, sich Bildung anzueignen? Auf das reiche Schreibmaterial, das für unvorhergesehene Einfälle stets zur Hand war? Namentlich die jüngeren Dichter werden das intime, altwienerische Interieur schmerzlich entbehren, welches, was ihm an Bequemlichkeit gefehlt, jederzeit durch Stimmung zu ersetzen vermocht hat. Nur der grosse Zug, der hin und wieder durch diese Kaffeehaus-Idylle ging, wurde von den sensiblen Stammgästen als Stylwidrigkeit empfunden, und in der letzten Zeit häuften sich die Fälle, dass junge Schriftsteller angestrengte Productivität mit einem Rheumatismus bezahlten. […]
Schweren Herzens werden jetzt alle […] von der trauten Stätte ihres Wirkens scheiden. Man rüstet zum grossen Exodus. Der Demolirarbeiter pocht an die Fensterscheiben – es ist die höchste Zeit. In Eile werden alle Literaturgeräthe zusammengerafft: Mangel an Talent, verfrühte Abgeklärtheit, Posen, Grössenwahn, Vorstadtmädel, Cravatte, Manierirtheit, falsche Dative, Monocle und heimliche Nerven – Alles muss mit. Zögernde Dichter werden sanft hinausgeleitet. Aus dumpfer Ecke geholt, scheuen sie vor dem Tag, dessen Licht sie blendet, vor dem Leben, dessen Fülle sie bedrücken wird. Gegen dieses Licht ist das Monocle blos ein schwacher Schutz; das Leben wird die Krücke der Affectation zerbrechen …
Wohin steuert nun unsere junge Literatur? Und welches ist ihr künftiges Griensteidl?*

Das Erbe des Griensteidl trat das Café Central an. Verständlich, daß Karl Kraus in das Imperial als neues Stammkaffee übersiedelte. Zwei Jahre später gründete er die literarisch-politische Zeitschrift (besser: Kampfschrift) „Die Fackel" (1899–1936), die der radikale Einzelkämpfer ab 1912 ohne Mitarbeiter 24 Jahre lang bis zu seinem Tode führte. Gleich in der ersten Nummer – 922 sollten es werden – wurde programmatisch die „Trockenlegung des großen Phrasensumpfes" angekündigt. Unentwegt und unerbittlich schrieb er in geschliffener Sprache als Gesellschafts- und Kulturkritiker scharf und treffend gegen seine Zeit, ihre sittliche und sprachliche Heuchelei. Besonders ätzte er gegen die einflußreiche Presse, die „Journaille", die in seinem alle Maße sprengenden Lesedrama (220 Szenen, über 500 Figuren) „Die letzten Tage der Menschheit" (1919, Buchausgabe 1922) die eigentliche Verantwortung für den Ausbruch des Ersten Weltkrieges trägt. Die Reinheit der Sprache erachtete Kraus als Wertmaßstab für Politik, Kultur und Ethik.

Kohlmarkt, Graben und Kärntnerstraße bilden Fußgängerzone und Einkaufsboulevard mit noblen Adressen sowie süßen Verführungen. „K. K. Hof-Zuckerbäcker" prangt heute noch über dem Portal Kohlmarkt 14. Alfred Polgar hat den „Zuckerbäcker" mit satirischem Seitenblick auf den traditionsreichen „Demel", „Chocoladenfabrikant seit 1786", bereits 1917 totgesagt.

Zuckerbäcker
DIE Zuckerbäckerladen in der «inneren Stadt» sind gesperrt. Wien ohne Konditorei! Können Sie sich das vorstellen? Das ist etwa so wie Rom ohne Antike; oder Henri quatre ohne Spitzbart; oder ein deutsch-österreichischer Politiker ohne «voll und ganz».

Hier spielte nämlich die Zuckerbäckerei eine weit größere Rolle, als in irgendeiner Stadt der ehemals zivilisierten Erde. Unsere Literatur und Kunst fanden in der Sachertorte ihr Symbol, ihr wahrlich geschmackvollstes Symbol: zarter, wenig substantieller Teig und darüber eine etwas klebrige, schimmernde Glasur. In der Schriftstellerei hieß sie Geist.

Hier, in diesen kleinen Konditorzimmerchen auf dem «Kohlmarkt» versammelte sich die Schönheit und Eleganz der Stadt. Die zwangloseste Gemütlichkeit herrschte. […]

Das ist nun vorüber. An vier Tagen der Woche ist der Zuckerbäckerladen geschlossen, an den übrigen gibt es nur wenig Bäckerei aus schwärzlichem Mehl, Bonbontüten ohne Bonbons, Kaffee ohne Kaffee. […]

Das süße Wien ist tot.

Daß es schon bei Lebzeiten nach Verwesung roch, war eine Folge seiner Süßigkeit.

Totgesagte leben länger. Nach den Katastrophen zweier Weltkriege ist auch der „Urbis Conditor – Der Stadtzuckerbäcker" (1958) auferstanden wie die Stadt selbst.

> *Wie und wodurch man ein richtiger Demel-Besucher wird –
> dafür gibt es keine Regel, sondern höchstens Anhaltspunkte. Am besten
> kommt man bereits als Kind eines richtigen Demel-Besuchers
> auf die Welt. Man wird dann meistens auch das Enkelkind eines
> solchen sein und wird sich sogar erinnern, daß einem der Großpapa
> beim ersten Demel-Besuch wehmütig davon erzählt hat, wie er von
> seinem Großpapa das erstemal zum Demel mitgenommen wurde.
> Denn der Demel ist mehr als eine Institution. Er ist, auch hierin
> wieder dem Theater vergleichbar, und zwar dem Burgtheater, eine
> Legende.*
>
> *Eine Legende freilich, die sich nicht damit zufriedengibt, es zu
> sein, die nicht von ihrer Vergangenheit zehrt, sondern die Gegenwart
> von sich zehren läßt. Eine höchst lebendige, ständig aus sich
> selbst regenerierte Legende.*

Friedrich Torberg, Wiener und Emigrant wie Polgar, jedoch 1951 zurückgekehrt, setzte in seinen anekdotenreichen, brillant geschriebenen „Tante Jolesch"-Büchern auch dem „Demel" ein literarisches Denkmal. Seine Romane „Der Schüler Gerber hat absolviert" (1930, Neubearbeitung 1954) und „Hier bin ich, mein Vater" (1948) wurden durch Verfilmung einem breiten Publikum bekannt. Hauptthema – aus eigenem Erleben leidvoll vertraut – war für Torberg das jüdische Schicksal im vorigen Jahrhundert.

Im Großen Michaelerhaus (Kohlmarkt 11) „lebte und starb Pietro Metastasio" (Gedenktafel), der römische Dichter (eig. Pietro Antonio Trapassi, 1698–1782), von Kaiser Karl VI. 1729 nach Wien berufen und zum Hofdichter ernannt, wie vor ihm Apostolo Zeno (1668–1750). Metastasios 26 heroisch-idyllische Melodramen mit klassischen Themen in anmutigen Versen, die durchaus ohne Vertonung bestehen können, waren beliebte Opernlibretti („Didone abbadonata" – Die verlassene Dido, „Temistocle", „Attilio Regolo"). „La clemenza di Tito" (Der mildherzige Titus, 1734) wurde gar rund 20mal vertont; von Bedeutung blieb lediglich Wolfgang Amadeus Mozarts Oper (1791). In der benachbarten Michaelerkirche (ehem. Hofpfarrkirche „Zum hl. Michael") wurde Metastasio bestattet. Das Grabdenkmal befindet sich im nördlichen Nebenchor. Später wurde ihm in der Minoritenkirche, der „Italienischen Nationalkirche Maria Schnee" auf dem Minoritenplatz, gleich bei der nach Metastasio benannten Gasse, ein Marmordenkmal errichtet, mit lebensgroßer Sitzfigur und Reliefszenen am Sockel (Vincenzo Luccardi, 1854).

Metastasio gab dem Wiener Theaterleben wesentliche Impulse. Von seinem Wohnhaus konnte er auf das Alte Burgtheater am Michaelerplatz blicken. Geblendet vom imperialen Glanz des Michaelertraktes der Hofburg, kann man eine in ihre Mauer eingesetzte Gedenktafel leicht übersehen: „Hier stand bis zum Jahre 1888 das Alte Burgtheater, das 1776 von Kaiser Joseph II. als Nationaltheater begründet wurde." An der Stelle des „Hof- und Nationaltheaters nächst der Burg" (so der vollständige Name) war aber bereits ein Vorgängerbau als ältestes Burgtheater gestanden. Maria Theresia hatte das Ballhaus (eine Art Federball- oder Tennishalle, außen an die Burg angebaut) zu einem „Opern- respective Komödienhause" umbauen lassen, das 1742 als „Königliches Theater nächst der Burg" eröffnet wurde. Das Wiener Burgtheater, Symbol österreichischer Kultur, ist demnach 34 Jahre älter als man laut Gedenktafel annehmen könnte. Und es hatte 14 Jahre lang (1776–1790) bis zu Josephs II. Tod einen Kaiser zum Direktor.

Karl Gutzkow, einer der Hauptvertreter des „Jungen Deutschland", selber Dramatiker („Uriel Acosta", 1847) und strenger Kritiker, später Dramaturg am Hoftheater in Dresden, unternahm „Eine Reise nach Wien. 1845":

Die Lichtpunkte meines Wiener Aufenthaltes sind meine Theatererinnerungen. Hier hab' ich so viel Schönes erlebt, so viel Überraschendes kennen gelernt, daß ich mit Dank von der schönen Kaiserstadt geschieden bin. [...] Wahrhaft befriedigt fühlt' ich mich durch das Burgtheater. Hier ist denn noch eine Überlieferung der Zeit, die sich in vornehm bedeutungsvoller Größe erhalten hat. Man klagt über den Verfall dieser Bühne, die Deutschlands Musterbühne sein sollte, aber das, was von dem frühern Werthe übrig blieb, ist noch immer so groß, daß es die übrigen deutschen Theaterzustände bei Weitem überragt. Die Aufgabe dieses Theaters fand ich mit einem gewissen feierlichen Ernst gelöst. Ich fühlte mich ergriffen von diesem geregelten Gang der Geschäfte, von dieser voraussichtigen

Beherrschung aller an einer solchen Anstalt vorkommenden Eventualitäten. Die Schauspieler fühlen sich geehrt durch ihre Stellung: sie sind stolz, da zu stehen, wo ihr Talent oder die Gunst des Zufalls sie hinstellte. Das Gefühl, vor einem oft zahlreichen, immer aber gewählten und feinen Publikum, vor einer Kritik zu spielen, die gewohnt ist, ihnen unausgesetzte Aufmerksamkeit zu schenken, läßt sie ihre Kunst mit einer gewissen heiligen Verehrung üben. Nirgend hab' ich auf den Tag, wo er auftritt oder die Reihe einer Darstellung ihn trifft, so viel Freude, so viel Vorbereitung im Wesen des Künstlers bemerkt. Nie hab' ich ein nachlässiges Auftreten gesehen, nie dies Arbeiten um's liebe Brod bemerkt.

Wenig später, wohl im Frühjahr 1849, schrieb Franz Grillparzer „Über das Hofburgtheater". Seine dramatische Dichtung, zur Weltliteratur zählend, ist untrennbar mit dieser Bühne verbunden, an der er zudem von 1818 bis 1823 zum Theaterdichter bestellt war.

Ich höre täglich Klagen über das Hofburgtheater. […] Es dürfte der Mühe wert sein, den Gründen dieser Unzufriedenheit näher auf die Spur zu kommen und daher vor allem zu betrachten von wem denn diese Klagen ausgehen.

Da stoße ich denn, als auf die lautesten, zuerst auf die Journalisten. Damit hat es nun eine eigne Bewandtnis. In der Regel wird einer nur Journalist, wenn er die traurige Erfahrung gemacht hat, daß es ihm an Fähigkeit in jedem Fache menschlichen Wissens und Vermögens gebreche. Wer etwas weiß oder kann, der schreibt etwas und nicht über etwas. Man hilft sich zwar damit, daß man von einem kritischen Talente spricht. Damit hat es aber seine guten Wege. Das kritische Talent ist ein Ausfluß des hervorbringenden. Wer selbst etwas machen kann, kann auch das beurteilen was andere gemacht haben. Die gewöhnliche Kritik zieht sich ihre Regeln aus dem Vorhandenen ab, mit dem sie das Neue vergleicht. Nimmt sie nun Meisterstücke zum Maßstabe, so wird sie ungerecht, da Meisterstücke zu verehren, aber nicht zu begehren sind; vergleicht sie aber das Unbedeutende mit einander, so vergißt sie, daß das Unbedeutende und Zufällige auf Millionen verschiedene Art da sein kann und davon Tassos Wort gilt „s'ei piace ei lice" Erlaubt ist was gefällt.

Mit diesem letztern Satze sind wir auf den Standpunkt des Publikums gekommen, wir wollen vorher aber noch von einer Zweiten Klasse sprechen, die sich mit ihren Klagen über das Theater laut macht, und das sind die Dichter. Diese verlangen vom Theater daß ihre Stücke aufgeführt werden. Sie sind nämlich der Meinung die Schaubühne sei nur der Dichter willen da, damit diese durch die Aufführung belehrt, gefördert, bekannt und belohnt würden. Die Schaubühne ist aber da um dem Publikum Kunstgenüsse zu verschaffen. Sind die Stücke der lebenden Dichter gut d. h. geeignet dem Publikum einen Kunstgenuß zu verschaffen, so müssen sie aufgeführt, sind sie aber schlecht, so müssen sie ausgeschlossen werden. Da aber heut zu Tage das dramatische Talent in Deutschland so ziemlich eingeschlafen ist, so hätten kaum ein paar Dichter, und diese auch nur für einzelne ihrer Werke das Recht eine Aufführung anzusprechen. Die Klage der Dichter zeigt sich daher noch ungegründeter als die der Journalisten, weil Letztere doch auch die Vergangenheit und das übrige Europa in den Kreis ihrer Forderungen hereinziehen.

Aber auch das Publikum klagt über das Theater. Und das scheint schlimm. Um des Publikums willen ist das Theater da. Das Publikum ist, nicht der gesetzkundige Richter, aber die Jury, die ihr schuldig oder nichtschuldig ohne weitere Appellazion ausspricht. Damit ist nicht gemeint, als ob das Publikum im Großen von der Poesie irgend etwas verstehe, als ob es die Idee des Dichters, die Schwierigkeit der Ausführung, die Mittel die er angewendet, das Geistreiche der Verknüpfung zu beurteilen im Stande wäre, sondern sein Urteil hat nur Geltung über das Faktum: ob er in der Ausführung die allgemeine Menschennatur getroffen, ob er gerührt wenn er rühren, erheitert wenn er erheitern, erschüttert wenn er erschüttern, überzeugt, wenn er überzeugen wollte. Man hat wenn man sich der Autorität des Publikums unterwirft, wie bei der Jury, nicht die Gesetzkunde, sondern den gesunden Menschenverstand, die richtige Empfindung, vor allem aber die Unbefangenheit Beider im Auge. Sollte ein Publikum diese Eigenschaften ganz oder zum Teile eingebüßt haben, so ist es in diesem Augenblicke keine Jury mehr, sondern ein mehr oder weniger unwissender und daher unbrauchbarer Richter; unwissend weil von einer aus allen Bildungsstufen zu-

sammengesetzten Menge, die Kenntnis der Sache nicht vorauszusetzen ist.
Wir hatten in Wien vor fünfzehn oder zwanzig Jahren ein vortreffliches Publikum. Ohne übermäßige Bildung, aber mit praktischem Verstande, richtiger Empfindung und einer erregbaren Einbildungskraft begabt, gab es sich dem Eindrucke unbefangen hin. Das Mittelmäßige gefiel oft, denn die Leute wollten vor allem unterhalten sein, aber nie hat das Gute mißfallen, wenige Fälle von höchst mangelhafter Darstellung ausgenommen.

Daß Wien den Ruf einer Theaterstadt hat, ist international bekannt. Wie sehr aber im „Wien von Gestern" eine wahre „Theatromanie" herrschte, konnte nur beschreiben, wer in Wien lebte – wie Stefan Zweig.

[…] der Kulissentratsch über die Hoftheater erfüllte die ganze Stadt. Denn das Theater, insbesondere das Burgtheater, bedeutet den Wienern mehr als eben bloß ein Theater; es ist der Mikrokosmos, der den Makrokosmos spiegelt, ein sublimiertes konzentriertes Wien innerhalb Wiens, eine Gesellschaft innerhalb der Gesellschaft. Das Hoftheater zeigt der Gesellschaft vorbildlich, wie man sich in Gesellschaft benimmt, wie man Konversation macht in einem Salon, wie man sich anzieht, wie man spricht und sich gebärdet, wie man eine Tasse Tee nimmt und wie man eintritt und wie man sich verabschiedet. Es ist eine Art Cortigiano, ein Sittenspiegel des guten Benehmens, denn im Burgtheater darf so wenig ein unpassendes Wort gesagt werden wie in der Comédie Française, in der Oper kein falscher Ton gesungen werden: es wäre eine nationale Schande. Wie in einen Salon geht man nach italienischem Vorbild in die Oper, in das Burgtheater. Man trifft sich, man kennt sich, man begrüßt sich, man ist bei sich, man ist zu Hause. Im Burgtheater und in der Oper fließen alle Stände zusammen, Aristokratie und Bürgertum und die neue Jugend. Sie sind das große Gemeinsame, und alles, was dort geschieht, gehört der ganzen Stadt an. Als das alte Gebäude des Burgtheaters abgerissen wird, dasselbe, in dem die ›Hochzeit des Figaro‹ zum erstenmal erklang, ist ein Trauertag in ganz Wien. Um sechs Uhr morgens stellen sich die Enthusiasten vor

den Türen an und stehen dreizehn Stunden bis abends, ohne zu essen, ohne zu trinken, nur um der letzten Vorstellung in diesem Hause beiwohnen zu können. Von der Bühne brechen sie sich Holzsplitter heraus und bewahren sie genau so wie einstmals Fromme die Splitter vom heiligen Kreuz. Nicht nur der Dirigent, der große Schauspieler, der gute Sänger wird wie ein Gott vergöttert, diese Leidenschaft geht über auf den unbeseelten Raum.

Dieser Raum mit seiner intimen Atmosphäre war verloren. Erhalten ist nur ein ornamentales Gemälde von Gustav Klimt, 1887 vor der Demolierung vom Wiener Stadtrat in Auftrag gegeben, das den Raum von der Bühne aus auf die Zuschauer zeigt: ein Gruppenbild mit rund 150 Einzelporträts der berühmtesten Persönlichkeiten aus Kunst, Wissenschaft, Wirtschaft und Politik – das Publikum des Alten Burgtheaters. Sehen und gesehen werden. Der junge Klimt erhielt dafür den ersten Kaiserpreis. Sein Kollege Franz Matsch hatte das Gegenstück zu malen, den Blick vom Zuschauerraum auf die Bühne. Einziges Original-Erinnerungsstück blieb der „ehemalige Eingang zum Alten Burgtheater", das „Bühnentürl" (in Wahrheit ein respektables, zu einem Fenster umgeformtes Tor, gekrönt von der alten Supraporte). In den Neubau des Michaelertraktes findet man es derart ins Oktogon unter der Kuppel integriert, daß Fremde beim Durchwandern der Hofburg meist achtlos vorübergehen. Zumal die schmale dunkle Gedenktafel wenig dazu angetan scheint, Aufmerksamkeit auf sich zu lenken. Die denkwürdige „Schluß-Vorstellung im alten Hause" (mit Goethes „Iphigenie auf Tauris" und Epilog) fand am 12. Oktober 1888 statt, die „Eröffnungs-Vorstellung im neuen Hause" (mit Prolog, Grillparzers „Esther" und Schillers „Wallensteins Lager") am 14. Oktober, zwei Tage später. Geblieben war nur der Name, den das große Haus am Ring auch heute in goldenen Lettern an der Stirn trägt: K. K. Hofburgtheater.

Die Alte und Neue **Hofburg** mit den Erweiterungen, Zu- und Neubauten seit dem 13. Jahrhundert ist der weiträumigste Gebäudekomplex Wiens (Michaelerplatz/Josefsplatz/Heldenplatz/Ballhausplatz). Bis 1918 kaiserliche Residenz, dienen auch heute noch Teile der Burg

(Leopoldinischer Trakt) der staatlichen Repräsentation: als Sitz des Bundespräsidenten. Kaum bekannt ist, daß es auch Mietwohnungen in der Hofburg gibt, wie sie z. B. der Wiener Schriftsteller Alexander Lernet-Holenia (1897–1976) im Michaelertrakt von 1952 bis zu seinem Tod hatte (Gedenktafel im Oktogon). Seine ironischen Komödien („Ollapotrida", 1926) sind mitunter Tagesprodukte, doch bühnensicher, seine Romane, deren beste er selber als „Militärromane" bezeichnete („Die Standarte", 1934), wurden teilweise verfilmt, seine Lyriksammlungen („Kanzonnair", 1923) gelten als stilistisch anspruchsvoll.

An einem Sonntag, wenn die Stadt ganz still ist, da habe ich stundenlang herumgehen können und mir die alten Palais anschauen; die Portale, und der Blick, der sich in die weiten Höfe erschließt, und dann die hohen Fenster und die Figuren drauf. Dann die engen Gassen, so um die alte Universität herum. Und wie lang bin ich immer auf dem Burgplatz gestanden, vor dem Eingang zum Schweizerhof. Wie gut kenne ich den Burgplatz. An frühen Winterabenden zum Beispiel, wenn der Schnee wie ein weißer ausgebreiteter Teppich den ganzen Platz überspannt, wenn die grauen Fronten schimmern, und wenn hier alles so abseits, so wie in einer anderen Welt ist.

{Felix Salten, 1908}

Touristenströme durchfluten zu allen Jahreszeiten die Hofburg. Die Schauräume (Zugang unter der Michaelerkuppel) mit den Kaiserappartements laden zur Besichtigung ein. Schon die prächtige Kaiserstiege ist beeindruckend.

Ein Kaiser kann nicht im Lift fahren. Man empfindet das, wenn man die Treppe zu den Schauräumen der Burg hinaufsteigt, diese gelassenen breiten Stufen des säulengetragenen Treppenhauses, das sich in schmalem Raum zu kühner Größe emporhebt. Oben die Zimmer Franz Josephs und die anschließenden Elisabeths sind fast ganz entpersönlicht; alle Fenster bieten denselben traurigen Blick in den Hof, auf die asketischen Trakte; nur der Schreibtisch, das Audienzpult sind noch wie gestreift von einer gütigen ermüdeten

Michaelertrakt der Hofburg

Hand. Es war die Majestät selbst, die in Franz Joseph Schicksale trug mit der Last der rasend rotierenden Welt; ein Mensch allein, ohne die sakrale Kraft, die eingeborene Notwendigkeit, hätte es nicht vermocht. Das Größte vielleicht ist, daß er den Charme der Ritterlichkeit unverbittert bewahrte, der ihn für das Volk zum Kaiser machte bis zu diesem Tag, dem einzigen, der in ihm lebt. Von Elisabeth blieb nichts: es seien denn die Bilder der Lipizzaner. Auch an einem Regentag wie heute, vor dem düster verschlossenen, zum Parkplatz gewordenen Burghof, wohnt ein Licht in den schlanken, überhohen Alabastervasen. Ob sie jemals mit Blumen geschmückt waren?

{Reinhold Schneider, 1957/58}

Majestäten konnten nicht nur bildlich Gefangene der Hofburg sein. Michael Beheim, den sein ruheloses Dasein im Dienste verschiedener Herren als Hofdichter, Reimchronist, Meistersinger und Landsknecht weit umherführte, war 1459–1466 als *teütscher poet und tichter* bei Kaiser Friedrich III. Mit der kaiserlichen Familie vom 2. Oktober bis

4. Dezember 1462 in der Burg eingeschlossen, erlebte er als unmittelbar Betroffener die Belagerung durch die mit dem Kaiserbruder Erzherzog Albrecht VI. verbündeten aufständischen Wiener unter Bürgermeister Wolfgang Holzer. Rund 2000 sechszeilige Strophen umfassen seine tagebuchartigen, allerdings parteiischen Aufzeichnungen (in der „Angstweise", d. i. die Melodie): *Dises sagt von den wiener[n] vnd stet, das man es lesen mag* [kann] *als ainen spruch oder singen als ain liet, vnd michel peham hat es gemacht, vnd es haisset in seiner angst weis, wann es vieng an zv wien in der purg, do er in grossen angsten waz.* Kein Wunder, daß er nicht gut auf *die maineidigen Wiener* zu sprechen war und daß diese ihm wiederum sein „Buch von den Wienern" verübelten; „Buch gegen die Wiener" wäre zutreffender. In lockerer Form geschrieben, reicht sein Inhalt bis zur Aussöhnung des Kaisers mit den Wienern im Jahre 1465 und ist durch eine Fülle von Einzelheiten sowie genrehaften Detailzügen aus eigener Anschauung und Kenntnis interessant, u. a. die Darstellung des dreijährigen hungernden „Kindleins", des späteren Kaisers Maximilian I.

Die Weltliche und Geistliche Schatzkammer (Schweizerhoftrakt) verwahren Schätze unermeßlichen Wertes, Insignien und Kleinodien von höchster Symbolkraft.

Aber wie erbebt erst das Herz, sobald die Insignien des alten deutschen Kaisertums im Blick stehen: die tausendjährige Krone, die über ihren Perlen das Kreuz trägt; der mit dem Kreuz ausgezeichnete Reichsapfel aus dem zwölften Jahrhundert – einer großen Zeit deutscher Geschichte; das silberne und das goldene Szepter – beide mit der Würde, dem Ernst, dem Tiefsinn des Mittelalters beschwert! Im Anblick dieser Dinge, im Anblick des Krönungsmantels, den das zwölfte Jahrhundert gebildet hat, und der Kaiserstola aus dem vierzehnten Säkulum; im Anblick des Säbels, den Karl der Große, wie die Überlieferung will, vom Kalifen Harun al Raschid zum Geschenk empfing, des Säbels, mit dem er Ritter schlug; im Anblick der Kaisermäntel, der Königsmäntel, der Ordensmäntel, der Normannenmäntel, der gestickten Erbländerwappen aus Tirol, aus Lothringen, aus Niederland, aus der Lombardei und aus Venetien, aus Österreich selbst; im Hinschauen auf die Figuren der Könige David und Salomon an der Kaiserkrone, in der Wahrnehmung aller dieser tief erregenden Dinge, die der Inhalt der weltlichen Schatzkammer sind, werden spätere politische Unterscheidungen sekundär. Hier ist die symbolische Konzentration deutscher Geschichte.

Diese Worte stehen im Reisetagebuch des kultivierten Kunstschriftstellers, Essayisten und Erzählers Wilhelm Hausenstein, der 1926 bis 1932 auch „Europäische Hauptstädte" (1932) besuchte. Er war jahrzehntelang ständiger Mitarbeiter der „Frankfurter Zeitung", Leiter der Literaturbeilage, durfte jedoch ab 1936 nicht mehr publizieren. Später hat er sich in einem offenen Brief an Thomas Mann über die „innere" Emigration als literarische Widerstandsbewegung im Dritten Reich ausgesprochen. Nach Ende des Zweiten Weltkrieges wurde Hausenstein erster deutscher Botschafter in Paris.

Für alle Pferdeliebhaber zählt die Winterreitschule der Hofburg (Reitschultrakt) zu den Fixpunkten. Im großen Saal der ältesten Reitschule der Welt, der Spanischen Hofreitschule, finden die „Morgenarbeit" (das Training) und Vorführungen der berühmten weißen Hengste statt. Werden die Lipizzaner danach zur Stallburg gegenüber, ihrer Wohnung (in einem Renaissance-Juwel!), geführt, steht der öffentliche Verkehr still. „Das weiße Ballett" findet immer wieder Bewunderung.

> *Welcher Ernst des Tanzes! Welche Sammlung der Anmut: […] die feinen Gelenke, die sorgsam-spielerisch sich hebenden Hufe, der verhaltene Klang, die ernsten nickenden Häupter und wehenden Schweife, die sich aufrichtende Majestät der Kreatur, der Zweispitz an ausgerecktem Arm vor der gnädigen Kaiserlichen Majestät. Spanische Formstrenge vermählt sich österreichischer Anmut.*
> {Reinhold Schneider, 1957/58}

Ganz anders der Blick von Peter Hammerschlag: eigenwillig, skurril, grotesk. Er sieht (in vier Strophen) „Lauter weiße Schimmel":

> *Da kommen die Herrn Lipizzaner,*
> *Wokoppel-wokoppel-wokoppel-kopp-kopp.*
> *Du Radler, du Straßenbahner,*
> *Du Steyr, du Fiat, du Opel, stop stop!*
> *Wenn diese Kleinwagen-Proleten*

Sich einmal hinaufsetzen täten –
Sie wären doch etwas betreten
Vor so viel PS und Nobless'.
Die Herrn Lipizzaner sind kreidig,
Die Wasserfall-Mähne fällt seidig,
Das Broncepferd vom Denkmal schielt neidig
In grünlicher Patina-Dress.

Sie tänzeln mit lächelnden Mienen
Hervor aus den Zimmerln der Burg,
Vor Leute, die's gar nicht verdienen,
Die Schimmerln, die Schimmerln der Burg.
Das trappelt und trippelt und kreiselt,
Das steht wie aus Marmor gemeißelt
Und höchstens vom Ehrgeiz gegeißelt:
Die Hofkunst-Beamten-Elite.
Das Opernballett mag man preisen,
Die Philharmonie, die ist Eisen,
Wiens singende Knäblein, sie reisen –
Hier lebt man im spanischen Tritt.

Hammerschlag, origineller Sonderling, weltfremd und doch Kabarettautor, einmalig begabt für Satirisch-Absurdes sowie Komisches, war im Wien der Zwischenkriegszeit als „Blitzdichter" (auf Publikumszurufe hin) berühmt, ebenso durch seine Groteskgedichte. Der Vergessenheit entrissen hat sie Friedrich Torberg, literarischer Nachlaßverwalter seines Freundes, dessen Spuren sich 1942 im Konzentrationslager Auschwitz verlieren. Wer etwa Hammerschlags gereimtes „Solo für Peter Altenberg" liest, hat ein lebenswahres Porträt des Kaffeehausliteraten und ein Lesevergnügen dazu.

Literatencafés, die sich ins 21. Jahrhundert herübergerettet haben, sind selten geworden. Das Café Bräunerhof in der **Stallburggasse** 2 verdankt diesen Ruf indirekt der immensen Zahl von aufliegenden Zeitungen und Zeitschriften, die zumindest *ein* eifriger Leser, wann immer er in Wien war, durchstudierte. Dieser Stammgast, der das Kaffeehaus – wie so vieles in Österreich – haßte, aber dennoch hinging, weil er an der „Kaffeehausbesuchskrankheit" litt (Eigendiagnose), hieß Thomas Bernhard (1931–1989). Er arbeitete nicht im Café, saß nur lesend dort. Was für seine Fans genügte, das Bräunerhof zum „Thomas-Bernhard-Café" umzuwandeln, und Barbara Frischmuth Stoff für ihre Erzählung „Café Fluch" bot, in der sie sich über die Bewunderinnen wie über den „großen Roman- und Stückeschreiber" lustig macht. Thomas Bernhards eigene Sicht des Cafés kann man in „Wittgensteins Neffe" in nahezu aller manomanischen Ausführlichkeit nachlesen (er war lebenslang mit Paul, dem Neffen des Philosophen Ludwig Wittgenstein, befreundet). Echter Kaffeehausliterat – im Sinne von dort kreativ schreibend – ist Robert Schindel. Sein Roman „Gebürtig", teilweise Wien und Wiener Kaffeehäuser zum Schauplatz des Geschehens wählend, erlebte seine erste Niederschrift im Bräunerhof.

Das Café hat seinen Namen nach dem Gebäude, in welchem es sich befindet und in dem Paul Wittgenstein wohnte: Bräunerhof. Alfred Polgar bezeichnete es als „ein interessantes Haus":

Wien, I. Stallburggasse 2
DIE Stallburggasse, im Zentrum der Stadt Wien, hieß so, weil sie in der Nähe der Burg lag, wo der Kaiser wohnte, und in Nähe der Hof-Stallungen, wo die edlen Pferde der spanischen Hofreitschule ihr Quartier hatten. Die Hofstallungen überdauerten den Hof. Die Republik Österreich hielt pietätvoll den Betrieb der weltberühmten Universität für Pferde aufrecht; nach wie vor lernten dort vierbeinige Abiturienten die schwierigen Pas und Techniken der hohen Schule. Indessen lernten die zweibeinigen Österreicher in der hohen Schule der Arbeitslosigkeit die Techniken des verschleierten Bürgerkriegs. Kanzler Dollfuß riß den Schleier von ihm weg. Im Februar 1934 brach er mit Kanonen, Kerkern und Galgen den Widerstand der österreichischen Arbeiter, beseitigte so das wirksamste Antitoxin gegen das Nazi-Gift, von dem sein unbegreiflicher, «christlich-deutscher Bundesstaat auf kooperativer Basis» damals schon kräftig infiziert war. Fünf Monate später, am 25. Juli 1934, ließ Hitler, undankbar wie er war, den kleinen Mann totschießen.

Stallburggasse 2 war, sozusagen, ein interessantes Haus. Nicht nur, weil ich dort wohnte [von 1914–1938]. Es wohnten dort u. a. auch der Dichter Hugo von Hofmannsthal, der Dramatiker Sil-

Blick von der Stallburggasse zur Michaelerkirche

Vara (sein Stück «Die Frau von 40 Jahren» erwarb europäischen Ruhm), die Operndiva Maria Jeritza; und, im zweiten Stock, der Doktor Dollfuß. […]

Engelbert Dollfuß, 1932–1934 österreichischer Bundeskanzler und Außenminister, wurde während eines nationalsozialistischen Umsturzversuches im Bundeskanzleramt (der einstigen Geheimen Hofkanzlei) am Ballhausplatz 2 ermordet. „Ballhausplatz" steht oft stellvertretend für die (dort gemachte) österreichische Politik in Vergangenheit und Gegenwart. Polgar schrieb den Essay aus Anlaß des 10. Jahrestages der Ermordung.

> *In Wien erblickt man fast an jeder Straßenecke irgend einen großen adeligen Palast, da aber die bürgerlichen Gebäude ebenso hoch sind, bilden die Straßen eine ungeheure und imposante Zeile großer Häuser, die hie und da von kleinen Plätzen unterbrochen wird. Von diesen ist der Josefsplatz der schönste und der Graben der belebteste. Wo immer man sich in der Stadt bewegt, der schlanke Turm von St. Stephan dient überall als Wegweiser.*
> {Charles Sealsfield, 1828}

Auch heute noch, mehr als 175 Jahre später, ist der **Josefsplatz** einer der schönsten Plätze Wiens, ein prachtvoll geschlossenes Ensemble mit dem klassizistischen Reiterstandbild Kaiser Josephs II. in der Mitte. Ein Augenzeugenbericht vom 24. November 1807 über die feierliche Enthüllung des Bronzedenkmals (Franz Anton Zauner im Auftrag von Kaiser Franz) hat sich durch die Schriftstellerin und Salondame Caroline Pichler erhalten:

> *Es war ein milder Herbsttag zu Ende Oktobers oder Anfang Novembers. Auf dem Josephsplatze, wo die kolossale Bildsäule unter ihren Umhüllungen wie ein kleiner Berg dastand, waren in freier Luft Tribunen errichtet, auf welchen man mittelst Billeten Platz erhielt. Frau von Staël war ebenfalls zugegen, ich sah oder kannte sie wenigstens damals nicht, und nebst ihr eine große Menge elegant geputzter Damen und Herren, die dem Schauspiel entgegen harrten. Um die angesetzte Stunde (wenn ich nicht irre 12 Uhr Mittags) donnerte das erste Geschütz auf dem Walle der Stadt, ihm folgten bald die andern ringsherum auf den Basteien, denn – so wollte es des Monarchen liebevolle Dankbarkeit – seines väterlichen Oheims Bild sollte auf dieselbe feierliche Weise, wie die persönliche Ankunft eines regierenden Herrn bei seinen Unterthanen, empfangen und begrüßt werden. Durch eine geschickte Vorrichtung fielen plötzlich die Decken, welche die Statue verhüllt hatten, das majestätische Bild ward sichtbar, und fast in demselben Augenblick zerriß auch, wahr-*

scheinlich durch die Kanonenschüsse zertheilt, die Nebeldecke, welche den Himmel umhüllt hatte. Rein und blau lächelte er hernieder auf das Bild des großen Joseph's [...]

Die k. k. Hofbibliothek des Habsburgerreiches, seit 1945 Österreichische Nationalbibliothek, hat Weltgeltung, besitzt außerdem mit dem Prunksaal (der die gesamte Front des Josefsplatzes einnimmt) den schönsten und größten Bibliothekssaal der Welt. Die ersten Präfekten (Vorstände) der Bibliotheca Palatina Vindobonensis waren die Humanisten Konrad Celtis, Johannes Cuspinian und Wolfgang Lazius. Später bewarben sich um den ehrenvollen Posten – vergeblich – Gottfried Wilhelm Leibniz, der letzte Universalgelehrte, der Wien zum deutschen Kulturzentrum machen wollte, und Franz Grillparzer, sogar 1813 kurzfristig an der Hofbibliothek volontierend, dem aber sein „Dichterkollege" Friedrich Halm vorgezogen wurde.

Eines der herrlichsten Baudenkmale der Ära Karls des Sechsten, wenn nicht das herrlichste, ist der Prunksaal der Wiener Hofbibliothek. Der Saal ist in seiner weichen, kurvenreichen Gesamtform wie in allen Einzelheiten ein Nonplusultra des Wiener Barocks. Säulen aus Stucco lustro, rosa, taubengrau, beige, perlgrau, gehören zu den schönsten, die im Barock gefertigt worden sind; helle, köstlich vergoldete Holzverkleidungen bis hinauf an die Fresken zählen zu den prächtigsten Wandungen, die das gerade in dieser Kunstgattung so ergiebige österreichische Hochbarock vermochte; die braunen, roten, goldenen Lederbände, die mit ihren Rücken in diesen Holzwänden nochmals Wände bilden, sind [...] unvergeßlich [...]
{Wilhelm Hausenstein, 1932}

Der Prunksaal verbindet die Hofburg mit der Augustinerkirche (**Augustinerstraße** 3), die Residenz mit der Herzgruft der Habsburger, dem etwas makabren „Herzgrüftl" (in 54 Silberurnen ruhen die einbalsamierten Herzen von Mitgliedern der kaiserlichen Familie). An dieser Hofkirche St. Augustin wurde 1677 der Augustiner-Barfüßer Abraham a Sancta Clara zum „Kayserlichen Hof-Prediger" ernannt. Seine geistreichen, dabei volkstümlichen deutschen Kanzelreden und seine mehr als 50 moralisch-religiösen Schriften zeigen ihn sprachgewaltig, fabulierfreudig, drastisch originell, virtuos im Wortspiel. Spötter nannten ihn „Pater Fabelhans", Bewunderer wie Eichendorff einen „verschwenderisch begabten Dichter". Schiller wurde er Vorbild für den Kapuzinerpater in „Wallensteins Lager" (8. Auftritt), dem ersten Teil der Wallenstein-Trilogie. Angeregt wurde Schiller durch Goethe, der ihm am 5. Oktober 1798 – nur eine Woche vor der Uraufführung in Weimar – „einen Band des Pater Abraham" sandte, „der Sie gewiß gleich zu der Kapuzinerpredigt begeistern wird". Schiller antwortete aus Jena am 9. Oktober:

Hätte ich gedacht daß die Capuzinerpredigt Morgen früh nicht zu spät kommen würde, so hätte sie noch beßer ausfallen müssen [...] denn dieser Pater Abraham ist ein prächtiges Original, vor dem man Respekt bekommen muß, und es ist eine interessante und keineswegs leichte Aufgabe es ihm zugleich in der Tollheit und in der Gescheidigkeit nach- oder gar zuvorzuthun. Indess werde ich das möglichste versuchen.

Der übersandte Bibliotheksband war Abrahams Predigthandbuch „Judas Der Ertz-Schelm" (1686–1695, 4 Bände). Als 1679 die Pest in Wien wütete, schrieb Abraham seine Pestbußpredigt „Mercks Wienn" (Anfang 1680, noch im selben Jahr mehrere Nachdrucke), eine Ständesatire mit Totentanzelementen, und als 1683 zum zweiten Mal die Türken vor Wien standen, rief Abraham knapp vor Einschließung der Stadt zum gemeinsamen Kampf gegen die Türken und zur Einheit der Christen auf: „Auff / auff Ihr Christen". Das Dank-Tedeum nach der Entsatzschlacht erklang übrigens in der Augustinerkirche. Die Steinfigur Abrahams (Hans Schwathe, 1928) steht heute Ecke Hanuschgasse/Goethegasse, beim Eingang in den Burggarten.

Wilhelm Ludwig Wekhrlin fand 1777 in seinen zuvor genannten „Denkwürdigkeiten" ausschließlich Worte des Tadels.

Die Hofkirche bey den Augustinern ist das vollkommenste Zeughaus in Europa, wegen der Menge Fahnen, Standarten, Roßschweife, Sâbel, Kanonen, Hellebarden, Degen, Petarden [Gefäße für Sprengpulver], *Sturmleitern, Pfeifen, Trommeln u. d. gl. womit der Chor und alle Wandpfeiler ausgeschmückt sind. Man siehet nicht ein, was für eine Verbindung diese Meubles mit der Kirche haben, welches ein friedfertiger, einsamer und stiller Ort seyn soll.*

Selbst die Grablege der Habsburger, die Kapuzinergruft am **Neuen Markt** (Kaisergruft unter der Kapuzinerkirche „Zur hl. Maria von den Engeln"), ist literarisch bedacht worden. Als am 30. November 1916 der „Schwarze Leichenwagen des Hofes" mit den acht vorgespannten Rappen vor der Kapuzinerkirche hielt, um Kaiser Franz Joseph I. nach 68 Regierungsjahren bei seinen Vorfahren zu bestatten, wie es seit 300 Jahren im Herrscherhaus Brauch war, stand ein Zweiundzwanzigjähriger aus Ostgalizien im feldgrauen Spalier der Soldaten: Joseph Roth. Ihn „ergriff […] die Zeremonie, mit der die Majestät (und das war Österreich-Ungarn) zu Grabe getragen wurde". Genau 22 Jahre danach, 1938, als durch „Anschluß" an das Dritte Reich Rest-Österreich zu Grabe getragen wurde, erschien sein Roman „Die Kapuzinergruft". Roth hat die Atmosphäre der untergehenden Donaumonarchie samt Vielfalt ihrer Provinzen und Völker in 13 (teilweise verfilmten) Romanen, vielen Erzählungen und Essays in zumeist mitreißender Diktion nachgezeichnet. Seinen Ruhm als Romancier hat der „Radetzkymarsch" (1932) begründet, dessen militärische Klänge (Johann Strauß Vater, 1848) jeden Sonntag vor dem Haus des Bezirkshauptmanns von Trotta leitmotivisch die – längst bröckelige – Einheit des habsburgischen Vielvölkerstaates versinnbildlichen. Roth hat auch unvergleichlich das Milieu des Ostjudentums künstlerisch geformt („Hiob", 1930). Vom Journalismus kommend, durch zeitkritische Analysen für namhafte Blätter geschult, sah er die politische Entwicklung klar voraus und emigrierte 1933 rechtzeitig nach Frankreich. Kurz nach Fertigstellung der „Legende vom heiligen Trinker" (1939) starb er, alkoholabhängig, in einem Pariser Armenhospital. Stefan Zweig hat ihm einen Nachruf gewidmet.

Die Mitte des Neuen Marktes (des früheren Mehlmarktes) nimmt der figurengeschmückte Providentia-Brunnen ein, den die Wiener nach seinem Schöpfer Donner-Brunnen nennen. Der kaiserliche Kammerbildhauer Georg Raphael Donner, Spezialist für Erzguß in klassischem Ebenmaß, errichtete 1737–1739 die Brunnenanlage im Auftrag der Stadt – die erste öffentliche Initiative zur Verschönerung Wiens. Die sittenstrenge Kaiserin Maria Theresia verurteilte 1770 die nackten Flußgestalten zum Einschmelzen. Sie konnten jedoch gerettet werden (heute im Österreichischen Barockmuseum im Unteren Belvedere) und sind seit 1873 durch Bronzekopien ersetzt.

Donner soll am Neuen Markt im „Lebzelterhaus" (Nr. 17) in einer Mansarde gewohnt und sich unsterblich in Simonae, die schöne Lebzelterin, Frau des reichen, alten Hausherrn, verliebt haben. So will es die Fabel. Franz Karl Ginzkey, einfühlsamer „Biograph" („Der von der Vogelweide", 1912), hat in der Künstlernovelle „Der selige Brunnen" (1940) den Lebensweg Donners bis zum „Mehlmarktbrunnen" poetisch nachgezeichnet.

Stundenlang zeichnet er so, und immer klarer gestaltet sich das holde Bild zu einem der schönsten Brunnen der Welt.

Mit edlem Anstand sitzt jetzt die göttliche Vorsehung [Providentia] auf ihrem muschligen Thron, den Arm auf einen Schild gestützt, der den Kopf des römischen Gottes Janus trägt. Sein Doppelantlitz versinnbildlicht gleicherweise Vergangenheit und Zukunft.

Mit drolliger Grazie hält ein jedes der vier Kindlein, der göttlichen Vorsehung zu Füßen, einen großen Fisch umfaßt, je einen von der Gattung, wie sie im großen Mutterfluß Donau zu Hause sind.

Und nun, am weitausgreifenden Brunnenrand, sind in köstlicher Ungebundenheit die Gestalten der vier Flüsse hingelagert. Nichts bedrückt sie, niemand befehligt sie, sie scheinen wie frohe Himmelsboten in all ihrer Irdischkeit zu uns herabgelangt, und alles ist an ihnen Natur allein:

Da hält der Flußgott der Traun den Dreizack drohend erhoben, indes er nach Beute in die fischreiche Tiefe späht.

Da sitzt ihm gegenüber der würdige Gott der Enns, ein Ruder auf der Schulter, an ein Felsstück gelehnt. Pflug und Eisenstangen deuten die unschätzbaren Gewerke des Landes an, das ihm zugehört.

Da lehnt die March als holdselige Frauengestalt an einem altertümlichen Stein, auf dem die Schlacht des Marc Aurel mit den wil-

den Quaden abgebildet ist. Es war ein Gewitterregen, der damals die ermatteten Legionen erquickte und zum Siege führte. Es war auch hier ein Stück Schicksal. Der edle Kopf des schönen Wesens aber trägt die Züge Simonettens.
Und ihr gegenüber ist ein nicht minder anmutig ausgereifter Frauenkörper liebreizend hingelagert als Göttin des Flusses Ybbs. Aus einer Urne, auf die sie sich stützt, strömt unablässig das Wasser als Element des Lebens und seiner Unabänderlichkeit. Die schöne Göttin aber trägt die Züge Elisabeths [Donners Frau].
So werden sie nun beide in Erz erstehen, die ihn ein Leben hindurch begleiteten, Simonette, die ihn himmlisch, Elisabeth, die ihn irdisch betreute. – –
Es graut bereits der Morgen, da Raphael den Stift aufatmend aus der Hand legt. Eine große, selige Ruhe erfüllt ihn. Er weiß, er ist ans Ziel gelangt, das einzig ihm Erlösung bringen kann, er hat heimgefunden im Werk.

Eines der ältesten Häuser auf dem Neuen Markt hieß die „Mehlgrube", das Mehlmagazin (Neuer Markt 5 / Kärntnerstraße 22, heute Hotel Ambassador). Dorthin zog 1781 der Hofrat Franz Sales von Greiner mit Gattin Charlotte, Hofkammerdienerin Maria Theresias, und seiner zwölfjährigen Tochter, die eine der bekanntesten Schriftstellerinnen ihrer Zeit werden sollte: Caroline Pichler. Ihre „Sämmtlichen Werke" füllen 60 Bände. In ihren aufschlußreichen „Denkwürdigkeiten aus meinem Leben" (4 Bände, 1844), schildert sie anschaulich und lebendig das literarische und gesellschaftliche Leben, den sich wandelnden Zeitgeist.

Ich stehe nun mit meinen Erinnerungen an einem Abschnitte, den man mit Recht einen Wendepunkt in der Geschichte, besonders in der Österreich's, nennen kann, an dem Regierungsantritt Kaiser Joseph's II. […]
Wir in unserm Hausstande fühlten sogleich eine Wirkung dieser Neuerungen. Kaiser Joseph schaffte die sogenannten Hofquartiere ab, nämlich die Wohnungen, welche die Hausbesitzer Wien's seit undenklichen Zeiten den kaiserlichen Beamten hatten einräumen müssen und wofür sie nur einen sehr unbedeutenden Zins erhielten,

weil man vermuthlich in alter Zeit glaubte, daß die Hauseigenthümer, um des Vortheils willen, das Hoflager beständig in ihrer Stadt zu besitzen, für die Beamten ein Übriges thun können. Meine Ältern suchten sich also eine Wohnung auf eigene Kosten und fanden diese in einer sehr angenehmen Lage auf dem Neuenmarkt, wo wir sehr hohe, große, freundliche Zimmer hatten, eine Wohnung, ganz geeignet, um darin viele Leute zu empfangen, Feste zu geben u. s. w. – eine Lebensart, die sich in meiner Ältern Hause ununterbrochen fortsetzte, [...] so daß denn dieß nach wie vor, der Sammelplatz bedeutender und zahlreicher Besuche war.

Caroline Pichler führte den literarischen Salon in der feinsinnigen und kultivierten Art ihres Vaters fort, ab 1804 in der Alservorstadt (heute Oppolzerhaus, 9. Bezirk, Alserstraße 25). Alle Persönlichkeiten, die im Wien des Vormärz und des Biedermeier Rang und Namen hatten, waren ihre Gäste; fast alle Großen, die Wien besuchten, trafen sich in ihrem „Besuchszimmer" (wie sie ihren Salon nannte), mit vielen Bedeutenden der geistigen Welt stand sie in Briefverkehr. Kaum ein Ereignis, von dem sie nicht wußte, und kaum eine Anregung, die sie nicht aufgriff. Sie besaß solch weitverbreiteten Ruf, daß der schwedische Dichter Per Daniel Amadeus Atterbom in seinen „Erinnerungen" (1867) die Pichler und den Stephansturm als die zwei Merkwürdigkeiten von Wien bezeichnete.

In Caroline Pichlers besten Jahren stand das Wiener Salonleben auf seinem Höhepunkt, wie sie selbst schreibt.

In lebhaften Gesprächen über interessante Gegenstände berührten sich die Geister, Witzfunken sprühten, energische oder eigenthümliche Ansichten wurden geäußert, fanden Theilnahme oder Widerspruch. Es war ein lebendiges Aufeinanderwirken der Geister, das oft Gedanken entwickelte oder Gesichtspunkte aufstellte, welche neu und merkwürdig erschienen, Gedichte wurden gelesen, die neuesten Erscheinungen in der Literatur besprochen, Kunstwerke vorgezeigt, zuweilen Musik gemacht.

Als die geistreiche Madame de Staël nach ihrer Verbannung durch Napoleon 1808 auch in Wien Aufenthalt nahm, war das Salonleben bereits verflacht, die gehobene Geselligkeit mehr eine Art, die Zeit totzuschlagen. Germaine de Staël stieg unmittelbar neben der „Mehlgrube" ab, im altrenommierten Gasthof „Zum weißen Schwan" (Neuer Markt 6/Kärntnerstraße 24). Zusammen mit ihrem langjährigen Begleiter und Berater August Wilhelm von Schlegel (dem bekannten Shakespeare-Übersetzer) erregte die faszinierende Frau in den Wiener Salons gehöriges Aufsehen. Ganz persönliche Beobachtungen kann man in ihrem berühmten Deutschland-Buch „De l'Allemagne" nachlesen.

Die Reichen und die Adligen Wiens wohnen fast nie in einer der Vorstädte, und daher ist man einander so nah wie in einer Kleinstadt, obgleich man im übrigen alle Vorteile einer großen Hauptstadt genießt. Diese Leichtigkeit des Verkehrs neben allen Genüssen, die Reichtum und Überfluß bieten können, machen das Leben sehr behaglich, und der Rahmen der Gesellschaft, wenn man so sagen darf, das heißt die Gewohnheiten, Sitten und Manieren, ist äußerst angenehm. […]

Die genaue Beobachtung aller Regeln der Höflichkeit, die in mancher Beziehung eine Tugend ist, da sie sehr häufig ein Opfer von unserer Seite erfordert, hat in Wien die langweiligsten Gebräuche eingeführt, die nur denkbar sind. Die gesamte gute Gesellschaft begibt sich drei- oder viermal wöchentlich in geschlossenen Haufen von einem Salon in einen andern. Man verliert einen Teil seiner Zeit mit der für diese großen Zusammenkünfte erforderlichen Toilette, einen andern auf der Straße, auf den Treppen beim Warten, bis die Reihe an den eigenen Wagen kommt, und bei Tafel, die drei Stunden in Anspruch nimmt, und dabei hört man in diesen zahlreichen Gesellschaften immer nur die hergebrachten Phrasen. Dies tägliche Sichzurschaustellen der Individuen ist eine geschickte Erfindung der Mittelmäßigkeit, um die geistigen Fähigkeiten zunichte zu machen. Wenn man wirklich das Denken als eine Krankheit betrachtete, gegen die eine regelmäßige Lebensweise angewandt werden müßte, so könnte man nichts Besseres ersinnen als diese zugleich abstumpfende und abgeschmackte Zerstreuung: eine solche Zerstreuung gestattet keinen Gedanken und macht die Sprache zu einem Geplapper, das ebensogut von den Vögeln als von den Men-

schen gelernt werden kann. [...] Man geht nicht hin, um dort dem Gegenstand zu begegnen, dem man gefallen möchte, denn die Strenge der Sitten und die Ruhe der Gemüter beschränken in Österreich die Gemütsbewegungen auf den Kreis der Familie. Auch aus Ehrgeiz besucht man sie nicht, denn in diesem Land geschieht alles mit solcher Regelmäßigkeit, daß hier die Intrige wenig Spielraum hat, und übrigens würde sie gerade in der Gesellschaft am allerwenigsten Gelegenheit zum Eingreifen finden. Diese Besuche und Gesellschaftszirkel sind vielmehr nur erfunden, damit jeder gleichzeitig dasselbe tue: man zieht die Langeweile, die man mit seinesgleichen teilt, dem Vergnügen vor, das man sich zu Hause selber schaffen müßte.

Caroline Pichler war die „edelste Genossin und Gehilfin auf der Bahn" seines „vaterländischen Strebens" für den Tiroler Joseph von Hormayr, seit 1803 in Wien Direktor des Geheimen Haus-, Hof- und Staatsarchivs, ehrgeiziger Feuerkopf, dessen Leben entsprechend bewegt verlief. Er tat als leidenschaftlicher Napoleon-Hasser alles, um das vaterländische Selbstbewußtsein Österreichs zu stärken. Aus der Kenntnis um vergangene Größe sollte neue Kraft strömen. Als Historiker, der zudem viel aus einem phänomenalen Gedächtnis frei niederschrieb, ist Hormayr freilich kein sicherer Gewährsmann, aber als Publizist, der die österreichische Geschichte erstmals in lesbarer Form wirklich publik machte, hat er auf weite Kreise starken Einfluß ausgeübt. Sein populärstes Werk, der 20bändige „Österreichische Plutarch" (1807–1814), eine Heldengalerie bedeutender Persönlichkeiten der vaterländischen Geschichte, steht unter dem postulierten Zweck, „Vaterlandsliebe durch Vaterlandskunde zu befördern", eine nicht ganz leichte Aufgabe unter Metternichs vormärzlicher Zensur. Der „Plutarch" ist ausdrücklich „für alle gebildeten Leser geschrieben und nicht nur für die Gelehrten und für die Reichen". Für dasselbe Publikum bestimmt ist sein Werk „Wien, seine Geschicke und seine Denkwürdigkeiten" (1823–1825), mit dem er sich bleibendes Verdienst um Wien erworben hat. Hormayr übersetzte darin für seine intendierten Leser auch die prominenteste Schilderung, die das „ehrwürdige Wien" je erfahren hat: die lateinische Stadtbeschreibung des Enea Silvio Piccolomini aus dem Jahre 1438 (neuere Forschung plädiert für 1451). Hochbegabt, umfassend gebildet, glänzender Dichter, Redner und Gelehrter, dazu die enorme Ausstrahlungskraft seiner Persönlichkeit – kaum ein anderer hat sein Jahrhundert derart beeinflußt wie er. Von Kaiser Friedrich III. zum Dichter gekrönt (*poeta laureatus*) und zum Sekretär der kaiserlichen Kanzlei bestellt, fühlte er sich berufen, dem Norden die neuen Bildungswerte Italiens zu vermitteln. Von Österreich, von Wien aus begann der steile Aufstieg des vielbewunderten Humanisten, um schließlich als Pius II. einer der bedeutendsten Päpste zu werden; von Österreich handelt auch sein historiographisches Hauptwerk, die „Historia Austrialis" (zumeist als „Historia Friderici III. imperatoris" bezeichnet), mit der berühmten Schilderung Wiens, ursprünglich konzipiert als Brief an einen Freund.

Wien also wird von einem Mauerringe, der zwei Tausend Schritte lang ist, eingeschlossen; sie hat bedeutende Vorstädte, die ihrerseits von breiten Gräben und Wällen umgeben sind. Aber auch die Stadt selbst hat einen mächtigen Graben, und davor einen sehr hohen Wall. Hinter dem Graben kommen die dicken und hohen Mauern mit zahlreichen Thürmen und Vorwerken, wie sie für die Vertheidigung geeignet sind. Die Häuser der Bürger sind geräumig und mit reicher Ornamentik versehen, dabei aber doch in ihrer Anlage solide und fest. Ueberall findet man gewölbte Thorgänge und breite Höfe. Aber an der Stelle der Triclinien [Speisezimmer] hat man hier heizbare Zimmer, welche von ihnen „Stuben" genannt werden; denn nur auf diese Weise bewältigt man des Winters Strenge. Fenster von Glas lassen von allen Seiten das Licht durch, die Thore sind meist von Eisen. In ihnen hängen sehr viel Singvögel. Das Geräthe in den Häusern ist reichlich und proper. Für Pferde und Lastvieh aller Art hat man geräumige Ställe. Die hohe Front der Häuser gewährt einen prächtigen Anblick. Nur das macht einen unschönen Eindruck, daß man die Dächer meist mit Holz deckt, nur wenige mit Ziegeln. Im übrigen bestehen die Häuser aus Steinmauern. Innen und außen erglänzen die Häuser von weißem Anstrich. Tritt man in ein beliebiges Haus, so glaubt man in den Palast eines Fürsten gekommen zu sein. Des Adels und der Geistlichkeit Häuser sind frei und es stehen den Behörden der Stadt über diese Gerechtsame nicht zu. Die Weinkeller sind so tief und geräumig, daß man sagen könnte, es gäbe in Wien unter der Erde ebenso gut Gebäude, wie

*über der Erde. Der Plan der Straßen ist mit festen Steinen gepflastert, so daß er nicht leicht durch die Räder der Fuhrwerke eingefurcht wird. Den Heiligen im Himmel und dem höchsten Gott selbst sind geräumige, prachtvolle Kirchen geweiht, erbaut aus behauenen Steinen, hochgewölbt, durch ihre Säulenreihen bewundernswerth. Heiligenreliquien hat man sehr zahlreiche und kostbare, in Silber, Gold und Edelsteine gefaßt. Der Kirchen Schmuck ist großartig, reich das Geräth. Die Priesterschaften sind zum Ueberfluß mit Gütern dotirt. Der Propst am St. Stephansdom untersteht ausschließlich dem römischen Papst. [...]
Es ist kaum zu glauben, wie viel Lebensmittel Tag für Tag in die Stadt geschafft werden. Mit Eiern und Krebsen langen viele Wagen voll an. Mehl, Brod, Fleisch, Fische, Geflügel werden in gewaltigen Mengen zugeführt; und doch, sobald der Abend anbricht, bekommt man von diesen Sachen nichts mehr zu kaufen. Die Zeit der Weinlese dehnt sich hier bis in die vierzig Tage aus; aber kein Tag vergeht, an dem nicht 300 mit Wein beladene Wagen zwei- ja dreimal einfahren. 1200 Pferde spannt man täglich an, um die Weinernte einzubringen. Außerdem hat jeder bis zum Martinifest die Berechtigung, von seinen Landgütern Wein in die Stadt zu schaffen. Es ist nicht zu sagen, welche ungeheure Masse Wein eingefahren wird, der theils in Wien selbst getrunken, theils ins Ausland die Donau aufwärts unter großen Anstrengungen versandt wird.*

Nach dem Schlemmerleben schildert Enea anschaulich Reibereien und lose Sitten in der „so großen und so bedeutenden Stadt", erotische Leichtfertigkeit, Erbschleicherei, Rechtsbruch, Stadtverwaltung, Bevölkerungsfluktuation, rückständiges Universitätsstudium. Haben sich auch manche Irrtümer in die Darstellung eingeschlichen, scheint manches sozialkritische Urteil allzu hart, Eneas Schilderung ist eines der glänzendsten literarischen Städtebilder, die der Humanismus hervorgebracht hat; im lateinischen Original eine poetische Topographie.

Verständlich, daß sie Nachahmer fand. Bei Antonius de Bonfinis etwa ist die Abhängigkeit mit Händen zu greifen. Der Italiener, Historiker und Jurist, weitgereist, humanistisch gebildet, war Hofhistoriograph bei Matthias Corvinus, König von Ungarn, der 1485–1490 Wien besetzt hielt und hier starb. Bonfinis Beschreibung des zeitgenössischen Wien ist eingebettet in seine „Chronik von Ungarn". Hormayr bietet seinen Lesern auch die Übersetzung von „Bonfin's Gemählde von Wien". Ein Vergleich mit Enea zeigt Anlehnung im Darstellungsinventar (was man auch in der Schedelschen Weltchronik, bei Hans Sachs und Wolfgang Schmeltzl beobachten kann), bringt indessen doch auch Eigenständiges.

Wien (sagt er) gehört gewiß unter die schönsten Städte der Barbaren, obgleich viele sie an Ausdehnung weit übertreffen. Sie liegt in einem Halbmond an der Donau und gleich als strebte dieß mächtige Wasser, der Stadt zu desto größerer Zierde zu seyn, bildet es Werder oder Inseln, darin viele schöne Gärten mit herrlichen Fruchtbäumen die Bürger erlustigen, zu Gastmahlen und zu Tänzen einladen und die Freude der Jugend sind. Die Stadtmauer hat wohl über 2000 Schritte und doppelte Wälle, damit das grobe Geschütz ihnen desto weniger Abbruch thue. Rings um die Wälle ist ein schöner Spaziergang; auch sieht man von dort viele schöne Thürme, einige ganz von Quadern und viereckigt, andere aus gebrannten Ziegeln mit schönen Gittern und Fenstern geziert und mit eisernen Pförtlein versehen. Die Schußlöcher stehen 30 Schuhe hoch und fassen jedes Geschütz. In den Gräben sind mehrere Quellen und es ist leicht, sie schnell und ringsum mit Wasser zu füllen. Neben den Stadtthoren stehen große, viereckigte Thürme, haltbar gegen den wüthendsten Angriff. Die eigentliche Stadt liegt wie ein Palast inmitten der sie umgebenden Vorstädte, deren mehrere an Schönheit und Größe mit ihr wetteifern. Betritt man die Stadt, so glaubt man nur zwischen verschiedenen Gebäuden einer ungeheuren Königsburg hin und her zu wandeln. Jede Wohnung hat ihr Sehenswerthes, ihr Denkwürdiges; der Schaulustige kömmt gar nicht weiter. Fast jedes Haus hat seinen Hinterhof und seinen Vorhof, weite Säle, aber auch gute Winterstuben, denn von den nahen Bergen blasen gar rauhe Winde. Die Gastzimmer sind besonders schön getäfelt, herrlich eingerichtet und haben Öfen statt der Sommerlauben. In alle Fenster sind Gläser eingeschnitten, viele sehr schön bemahlt, durch Eisenstäbe gegen die Diebe beschirmet. Unter der Erde sind weite Weinkeller, heimliche Gewölbe und viel Raum für die Vorräthe der Handelsleute. Die Gewölbe über der Erde, sind den Apo-

theken, Niederlagen, Kramläden und Miethwohnungen für Fremde und Einheimische gewidmet. Die verschwenderische Pracht in Fenstern und Spiegeln übertrifft jene der Alten. In den Sälen und Sommerstuben halten sie so viele Vögel, daß der, so durch die Straßen zieht, wohl wähnen möchte, er sey inmitten eines grünen, lustigen Waldes. – Auf den Marktplätzen, Gässen und Kreuzstraßen wogt ein recht gefälliges und lebendiges Leben. [...] Wiens ganzes Gebieth ist ein ungeheurer, herrlicher Garten, mit schönen Rebenhügeln und Obstgärten bekrönt. An diesen liegen anmuthreiche, lustige Vorberge, geziert mit den lieblichsten Landhäusern, geschmückt mit Fischteichen, Jagdbarkeit, Häusern und Gärten, mit jedem Bedürfniß, mit jedem Genusse des Lebens. Die nahen Bergeshöhen erfreuen des Wanderers Auge unbeschreiblich durch die Menge von Burgen und Edelsitzen, von Dörfern und blühenden Ortschaften. Betritt man das Gelände zwischen Neustadt und Wien, um welche eine große Ebene sich breitet, würde man diese Gegend an Freundlichkeit und Abwechslung leicht jeder andern vorziehen und deckte nur der goldne Frieden seine warmen, milden Fittige über diese Gauen, so würde man das Wiener Leben, selbst dem südlichen Himmel vorziehen und lieber in Österreich als in Italien wohnen. (!!)

Nach der Übersetzung fügt Hormayr zu Enea und Bonfini hinzu:

Die, so bisher über Wien geschrieben, ließen meist aus beyden Schilderungen alles dasjenige getrost hinweg, was sie dem Leumund ihrer guten Stadt für minder zuträglich hielten.

Das war 1823. Gab es auch danach nur Lobredner?

In der **Kärntnerstraße**, der alten Ausfallstraße nach dem Süden, stand bis 1870 – etwa an der Stelle des heutigen Nobelhotels Sacher hinter der Oper – das Kärntnertortheater. Mit kaiserlicher Genehmigung vom Wiener Magistrat erbaut und am 30. November 1709 eröffnet, wurde es vor allem durch seinen Prinzipal (ab 1712) Joseph Anton Stranitzky (1676–1726) bekannt, der als Darsteller des von ihm kreierten vital-derben Hanswurst Triumphe feierte und ein wahrer Kassenmagnet war. Er hatte solchen Zulauf, daß er sich 1717 ein dreistöckiges Zinshaus um 50 000 Gulden leisten konnte und dadurch auch den gesellschaftlichen Aufstieg schaffte.

Es ist ein bekanntes Axiom, daß derjenige ein reicher Mann ist, welcher in der Stadt Wien ein schuldenfreies Haus besitzt; darum macht hier der Besitz eines Hauses einen eignen Stand aus, der seinen Mann wohl nährt, dessen Prädikat in öffentlichen Akten und in der Todtenliste ist: bürgerlicher Hausinhaber ...
{Johannes Pezzl, 1786}

Stranitzky war der erste Große der Altwiener Volks- und Stegreifkomödie, die in Raimund und Nestroy ihren Höhepunkt fand und deren Ausläufer bis Grillparzer reichen. Als 1761 bei einer Vorstellung das Theater völlig abbrannte, wurde es sofort am selben Platz wiederaufgebaut, danach am 9. Juli 1763 neu eröffnet – als „K. K. Hoftheater nächst dem Kärnthnerthor". Wien hatte sein zweites Hoftheater. Dieses wurde immer öfter für Ballett-, Opern- und Singspielaufführungen herangezogen, bis schließlich 1810 die beiden Theater nach den Bühnengattungen Schauspiel und Oper getrennt wurden, es bis heute mit Weltgeltung geblieben sind: Burg und Oper (korrekt: Burgtheater und Staatsoper). Ein Jahr nach der Eröffnung des neuen Operngebäudes am Ring – mit Mozarts „Don Giovanni" – wurde das Kärntnertortheater demoliert.

Die fingierten „Briefe über die Wienerische Schaubühne", geschrieben von Joseph von Sonnenfels, dem unermüdlichen Propagandisten der Aufklärung unter Maria Theresia und Joseph II., wettern – ganz im Sinne Gottscheds – gegen das Volkstheater mit den Hanswurstiaden, daher auch gegen dessen Begründer.

Stranitsky [!] war der Erschaffer einer Rolle, die sich von der Hauptstadt Deutschlands auf die übrigen deutschen Schaubühnen verbreitet hat, damit Wien zur Bildung des allgemeinen Geschmacks nicht etwan nichts beigetragen haben möchte. Dieser Stranitsky führte die Hanswürste dem wienerischen Publikum auf. Sein Hut, seine Jacke und Pritsche waren nach der Zeit immer das Looszeichen, wenn die Zuschauer lachen sollten.
Wien, den 13. Jänner 1769

Ziel war eine Hebung des Theater- und Sprachniveaus, dem auch die 1765–1775 von Sonnenfels herausgegebene Wochenschrift „Der Mann ohne Vorurtheil" diente. Daß 1776 die Tortur (Folter) in Österreich abgeschafft wurde, ist hauptsächlich dem Staatsrat Sonnenfels zu verdanken. Sein Denkmal steht wieder (1940–1945 entfernt) vor dem Rathaus am Ring (unter den Statuen der ehemaligen Elisabethbrücke) und als Nischenfigur bei den „Stützen des Thrones" am Maria-Theresien-Denkmal, dem imposantesten der Ringstraßendenkmäler.

Als die Wienerin Hilde Spiel nach zehnjähriger Emigration Anfang 1946 als britische Kriegskorrespondentin ihre Heimatstadt wiedersah („Rückkehr nach Wien. Ein Tagebuch"), war die Kärntnerstraße – wie so vieles in Wien – ein Trümmerhaufen aus Brandruinen und Bombentrichtern. Vereinzelt nur war in den Seitengassen manches verschont geblieben, wie z. B. in der **Führichgasse**.

> *Ich blicke zur Führichgasse hinab, auf die kleinen Läden, in denen früher so viel elegantes, ja frivoles Zeug zu haben war. Jetzt sind die Schaufenster leer. Aber nein, dort unten liegt hinter spiegelndem Glas ein Sammelsurium, das mich schon in meiner Kindheit berückte: falsche Schnauzbärte, Polizeihelme, Masken wilder Tiere und lachender Clowns, Kästen voll Taschenspielertricks, gezinkte Spielkarten, Würfel, auf denen die Sechs dreimal wiederkehrt, dazu Spinnen, die man in Wassergläsern finden, Wachsäpfel, in die man unschuldig beißen kann, und Blumenbuketts, an denen man nur zu riechen braucht, um Kreidestaub in die Nase zu bekommen. Sie allein, Reste einer nicht mehr zeitgemäßen Scherzlust, werden in dieser Gasse verkauft. Der Name des Ladens aber hat schon meine Kindheitsträume reizvoll durchläutet – ein Mozartischer Name: Die Zauberklingl.*

Die „Zauberklingl" (Führichgasse 4) existierte auch noch, als Hilde Spiel 1963 endgültig nach Wien zurückkehrte und das kulturelle Leben mit ihrer erzählenden Prosa, den Gesellschaftskritiken, ihren historischen („Glanz und Untergang. Wien 1866–1938", 1987) und autobiographischen Werken („Welche Welt ist meine Welt?", 1990) wieder mitprägte.

Die „Zauberklingl" in ihrem altmodisch verstaubten Charme hat bis heute überlebt – ohne zum „Curiosity-Shop" modernisiert zu werden. Literaturkundige werden den Laden des „Zauberkönigs" in Ödön von Horváths Volksstück „Geschichten aus dem Wiener Wald" assoziieren, für das Horváth den Kleist-Preis erhielt, dessen Uraufführung in Berlin 1931 ebenso einen Skandal provozierte wie die Erstaufführung in Wien 1948. Horváth (1901–1938) bringt gesellschafts- und moralkritisch die vermeintlich heile Vorstadtwelt des Wiener Kleinbürgertums auf die Bühne und entlarvt satirisch – auch sprachlich – die rührselig-sentimentalen Klischees vom goldenen Wiener Herzen, von der Gemütlichkeit und Heurigenseligkeit. Was Wunder, daß man eine „Verunglimpfung Wiens" darin sah. Erst nach Jahrzehnten und durch Verfilmungen im Zuge einer „Horváth-Renaissance" wurde das Stück einem breiteren Publikum bekannt.

In der Kärntnerstraße 35 (Ecke Johannesgasse 2), im Kommendehaus seines Ordens neben der Kirche, dichtete im Jahre 1300 der Johanniter (später: Malteser) Johannes, gebürtig aus Frankenstein in Schlesien, den „Krûzigere" („Kreuziger", nach dem ersten Kreuzträger Jesus Christus, dessen Marter geschildert wird) – nicht ohne Mühe, wie er selber eingesteht. Die 11 476 Verse dieser neutestamentlichen Bibeldichtung nach einer lateinischen gelehrt-theologischen Quelle dienten dem Zweck, das Bibelwort verständlich zu machen, d.h. Laien ohne theologische Vorbildung das Sinnverständnis der Bibel zu erschließen. Im ausgehenden Mittelalter stand geistliches Schrifttum im Vordergrund. Aufgrund unsagbarer Leiden durch Kriege, Seuchen und Epidemien – „das große Sterben", das immer wieder aufflammte – brauchte der Mensch Trost und suchte ihn in religiöser Dichtung.

Österreichs größter Dramatiker Franz Grillparzer war „ein treuer Dichter seines Staates", wenn er auch in der Beamtenhierarchie nicht allzu weit aufgestiegen ist. 1813 trat er als Praktikant in den Dienst der Finanzbehörde, wurde zwei Jahre später an der Hofkammer (dem späteren Finanzministerium) angestellt, 1832 zum Archivdirektor ernannt und 1856 pensioniert – von Kaiser Franz Joseph mit dem Titel Hofrat ausgezeichnet. In diesen 43 Dienstjahren erlebte er genug „Verdrießlichkeiten", aber er wußte sich durch seine „Nebentätigkeit" als Dichter zu trösten:

> *Hier sitz ich unter Fascikeln dicht,*
> *Ihr glaubt, verdrossen und einsam –*
> *Und doch vielleicht – das glaubt ihr nicht:*
> *Mit den ewigen Göttern gemeinsam.*

Hier: meint sein „Bureau" im Hofkammerarchiv in der **Johannesgasse 6** (einer Seitengasse der Kärntnerstraße), wo heute noch das „Grillparzerzimmer" im 4. Stock zu besichtigen ist: sein schlichtes Direktorszimmer, in dem er 24 Jahre lang amtierte (Gedenktafel). Obwohl längst ein berühmter Dichter, war er bis zum Alter von 65 im Amt geblieben.

Caroline Pichler erinnert sich in ihren „Denkwürdigkeiten" der Anfänge Grillparzers.

> *Denselben Herbst* [1817] *sprach man viel von der Erwartung eines ersten Produkts eines bisher ganz unbekannten Dichters, Herrn Grillparzer's, dessen wahrlich sehr unromantischer Name bei dieser Gelegenheit zum erstenmal genannt wurde, und von dem wenig Jahre darauf Lord Byron, der gewiß juge compétent war, mit Recht und prophetischem Geiste sagen konnte: Die Welt und Nachwelt werde diesen etwas seltsamen Namen schon aussprechen lernen.*

Grillparzers erstes Stück, das ihn sogleich bekannt machte, das zeittypische Schicksalsdrama „Die Ahnfrau", wurde im Theater an der Wien (1817) uraufgeführt, die Folgedramen alle am Hofburgtheater, dem ersten Theater des deutschen Sprachraumes: „Sappho" (1818) – der große Erfolg brachte Grillparzer eine öffentliche Ehrung; die Trilogie „Das goldene Vlies" (1821), seine Gestaltung der Argonautensage; „König Ottokars Glück und Ende" (1825), Grillparzers erstes Geschichtsdrama mit der intendierten Analogie zu Napoleon. Als 1828 die Uraufführung des Trauerspiels „Ein treuer Diener seines Herrn" in Anwesenheit von Kaiser Franz unter großem Beifall stattfindet, will der Monarch das Stück privat erwerben (was Aufführungs- und Druckverbot bedeutete). Als Grillparzer ablehnt, verschwindet das Drama vom Spielplan. „Des Meeres und der Liebe Wellen" (1831), die Liebestragödie von Hero und Leander, konnte sich nur vier Vorstellungen halten; vielleicht aufgrund von Fehlbesetzungen. Erst 1851 in der Neuinszenierung durch Heinrich Laube wird der internationale Erfolg begründet. „Der Traum ein Leben" (1834) dagegen, das „dramatische Märchen" in der Tradition des Volksstückes, findet wieder den gewohnten Beifall beim Wiener Publikum. Aber die Uraufführung des – philosophischen – Lustspiels „Weh dem, der lügt!" brachte einen Theaterskandal. Grillparzer fühlte sich völlig mißverstanden und zog sich verbittert aus der Öffentlichkeit zurück. Seine späten großen Dramen „Die Jüdin von Toledo", „Ein Bruderzwist in Habsburg" und „Libussa" wurden, fest verschlossen in der Schreibtischlade, zu Vermächtniswerken, die erst postum (1872) aufgeführt werden konnten.

Will unsre Zeit mich bestreiten,
Ich laß es ruhig geschehn,
Ich komme aus andern Zeiten
Und hoffe in andre zu gehn.

Die wahre überzeitliche Größe Grillparzers wurde erst von der Nachwelt voll erkannt. Das Damoklesschwert der Zensur drohend über sich, schwankend zwischen Hochstimmung und lähmendem Selbstzweifel, widersprüchlich in seinem ganzen Wesen, mußte es zu schöpferischen und menschlichen Krisen kommen. 18mal hat Grillparzer in Wien die Wohnung gewechselt. In der letzten, als „Zimmerherr" bei den Schwestern Fröhlich in der Spiegelgasse 21, 4. Stock, Tür 40 lebte er vom 1. Mai 1849 bis zu seinem Tod. Die stürmische Beziehung zu Katty Fröhlich, seiner „ewigen Braut", die er seit 1821 kannte, hatte sich nach Liebe und Groll allmählich in stille Freundschaft gewandelt. In der Tragödie „König Ottokars Glück und Ende" setzt er ihr als „Katharina Fröhlich, Bürgerskind aus Wien" ein literarisches Denkmal. Am 24. Mai 1878 machte Katty persönliche Gegenstände sowie Möbel der Räumlichkeiten, in denen Grillparzer 23 Jahre lang gelebt hatte, der Stadt Wien zum Geschenk. So kam Wien zu seinem zweiten „Grillparzerzimmer". Im Historischen Museum der Stadt Wien (heute Wien Museum Karlsplatz), 2. Stock wurde die Wohnung wiederaufgebaut: kleines dunkles Vorgemach, schmaler Bibliotheksgang und helles Wohnzimmer, das zugleich Arbeitsraum, Musik- und Schlafzimmer war. In der Spiegelgasse ist das Haus längst abgerissen. Lediglich eine

Gedenktafel und zwei kleine Porträtreliefs im Flur des gesichtslosen Neubaues erinnern an Österreichs Klassiker.

Grillparzer hat seine Vaterstadt geliebt (dabei nicht unkritisch gesehen). Am Tag des Aufbruchs zu seiner Konstantinopel-Reise, am 27. August 1843, schrieb er ein Abschiedsgedicht, in dem er Wien „Kapua der Geister" nennt, was sogleich zum geflügelten Wort wurde (im Winterlager zu Capua erschlaffte Hannibals Heer an Körper und Geist, wie Livius berichtet).

Abschied von Wien.

Leb wohl, du stolze Kaiserstadt,
Zwar nicht auf lange denk' ich;
Zu andern Gränzen, lebensmatt,
Die irren Schritte lenk' ich.

Schön bist du, doch gefährlich auch,
Dem Schüler wie dem Meister,
Entnervend weht dein Sommerhauch,
Du Kapua der Geister.

Auf deinen Fluren geht sichs weich,
Und Berg' und Wälder breiten
Rings um dich her ein Zauberreich,
Durch das die Ströme gleiten.

Weithin Musik, wie wenn im Baum
Der Vögel Chor erwachte,
Man spricht nicht, denkt wohl etwa kaum
Und fühlt das Halb≈Gedachte.

Dazu dein Volk, ein wackres Herz,
Verstand, und vom gesunden,
Das sich mit Märchen und mit Scherz
Der Wahrheit Bild umwunden.

Man lebt in halber Poesie,
Gefährlich für die ganze,
Und ist ein Dichter, ob man nie
An Vers gedacht und Stanze.

> *Doch weil, von so viel Schönheit voll,*
> *Wir nur zu atmen brauchen,*
> *Vergißt man, was zum Herzen quoll,*
> *Auch wieder auszuhauchen:*
>
> *Die Tafel bleibt, die Leinwand leer.*
> *Drum fort aus diesen Gründen!*
> *Ob von der Reiselast Beschwer*
> *Sich festre Bilder ründen.*

Ferdinand von Saar berichtigt Grillparzer in den „Wiener Elegien" (1893): „War es ein Capua auch, so war es doch keines der Geister".

Zu Grillparzers Zeiten sah die „stolze Kaiserstadt" etwa so aus, wie sie Eduard Pötzl etwas wehmütig durchstreifte.

> *Ein eigenes Vergnügen, so im Zickzack durch diese schmalen Häuserschluchten zu gehen, die aus dem Wien unserer Väter noch übrig geblieben sind.* […]
> *Jedes der himmelhohen, runzeligen Häuser scheint uns bekannt und ist doch fremd, wenn man genauer zusieht. Wie kommt es nur, daß wir dieses feine Portal mit seinem Barockgiebel und geschmiedeten Pförtchen noch nie erblickt haben? Und hier die dicken Eisengitter im Erdgeschoß, mit Drahtnetzen durchflochten, als ob ein mittelalterlicher Kerker da drinnen wäre, jenem ähnlich, der einst in der Rauhensteingasse, im „Ambtshauß for die Malefizpersonen"* [Polizeigefangenenhaus für die Schwerverbrecher] *Heulen und Zähneklappern erregte. Dort ein bauchiger Erker mit geschnörkelter Inschrift samt Patrizierwappen; darunter auf der Gasse der Schöpfbrunnen und ein Guckfensterchen in der Hauswand, mit erblindeten Scheiben. Und alles so still und tot, daß man das Blatt Papier rascheln hört, mit dem der Sturm auf dem Pflaster sein Spiel treibt.*

Durch die **Rauhensteingasse** ist Grillparzer unzählige Male gegangen, weil er 1831 auf Nr. 6 wohnte, zuvor 1823 bis Mitte 1826 in der **Ballgasse** 4, diesem Winkelwerk der Altstadt. Im Nebenhaus (Ballgasse 6) befand sich die Keimzelle der geselligen Künstlervereinigung „Ludlamshöhle".

Viele lustige Jünglinge (und man war zu jener Zeit viel lustiger als jetzt) kamen schon in den Jahren 1816 und 1817 im Gasthause „Zum Blumenstöckchen" [heute „Zum alten Blumenstock"] im Ballgäßchen täglich abends zusammen und unterhielten sich da mit Gespräch, mit Gesang von Gesellschaftsliedern, ja mitunter auch mit sehr hitzigen Wortstreiten über Kunstgegenstände.

Der Initiator Ignaz Franz Castelli erinnert sich in seinen „Memoiren" (1861) neben einer Fülle von kulturhistorischen Einzelheiten auch des Geschickes der „Ludlamshöhle".

Da geschah es, daß im Theater an der Wien [Adam] Oehlenschlägers „Ludlamshöhle" zum ersten Mal gegeben wurde. Unsere ganze Gesellschaft verabredete sich, die Vorstellung zu besuchen und nach derselben die einzelnen Meinungen darüber im Gasthause [Haidvogel] im Schlossergäßchen [existiert heute nicht mehr], von welchem wir so viel Gutes gehört hatten, auszutauschen. Wie verabredet, so geschehen! Wir kamen am obigen Orte zusammen, und auch Oehlenschläger selbst, welcher sich dazumal eben in Wien befand und mit mir in freundschaftlichen Verhältnissen stand, war in unserer Mitte.

Das Gasthaus wird zum Stammlokal und „Ludlamshöhle" zum Vereinsnamen. Bei der Aufnahme der „Ludlamiten" werden „Namen ersonnen und erteilt":

Saphokles, der Istrianer, Grillparzer, als Erinnerung an sein vorzügliches Werk „Sappho" und als echter Oesterreicher, welcher am Ister [an der Donau] geboren ist. […]
Cif Charon, der Höhlenzote, Castelli, weil die Anfangsbuchstaben meiner Namen: I. F. C., wenn sie versetzt werden, Cif geben. Charon, weil dieser die Schatten auf den Styx in das Elysium übersetzt und ich auch viele Stücke aus dem Französischen übersetzte. Das Prädikat Höhlenzote erhielt ich als Professor der Frivolitätswissenschaft.

Was ein bezeichnendes Licht auf die Witze und Anekdoten wirft, die der Salonlöwe Castelli stets zum besten gab. Im April 1826 wird die

"Ludlamshöhle" von der vormärzlichen Polizei "mit der höchsten Lächerlichkeit" (Castelli), aber mit Folgen für die 100 Mitglieder beim Prozeß, aufgelöst. Die Vereinsnamen und -regeln waren als staatsgefährdend eingestuft worden. Versuche, die Vereinigung wiederzubeleben, sogar nach 1945, schlugen fehl.

Castelli genoß zu Lebzeiten hohes Ansehen. Er gilt als *der* Biedermeierdichter schlechthin – mit einer großen Zahl künstlerisch wenig bedeutsamer, doch erfolgreicher Schauspiele und Dramenbearbeitungen (1811–1814 Theaterdichter am Kärntnertortheater). Das "Kriegslied für die österreichische Armee" (1809) gab Grund für seine Ächtung durch Napoleon. Castelli war überdies Menschenfreund, der sich für die Armen Wiens einsetzte, und Tierfreund. 1847 gründete er den Wiener Tierschutzverein, der bis heute besteht. Wien ist eine der tierfreundlichsten Metropolen der Welt.

Die "Ludlamshöhle" hat auch eine Satire gegen Castelli und andere "Ludlamiten" hervorgebracht, gespickt mit Anspielungen und humoristischen Seitenhieben. Trotz Hilfestellung durch das Motiv vom Untergang Wiens wäre eine Quizfrage nach dem Autor wohl nur schwer richtig zu beantworten.

Schreiben
des jungen Tomes Dikson *an seinen Vater in*
Philadelphia.
von der Donau im Jahr 2826.

Lieber Vater!
Ich bin auf meiner Reise durch das einst so blühende, nunmehr aber beinahe wüste liegende und nur noch für den Antiquar merkwürdige Europa, im Donautale angekommen, dort, wo das so viel besprochene Wien stand, das, wie Sie wohl wissen, gerade vor tausend Jahren, in der Nacht zwischen dem 8 und 9 April 1826 um ein Uhr nach Mitternacht während des großen Jubiläums, durch einen vulkanischen Ausbruch des früher unbeachteten, jetzt aber an Höhe dem Chimborasso zu vergleichenden Spittelberges verschüttet wurde.

Es war schon Nacht als ich ankam, ich ging aber doch hinaus in die furchtbar schöne Gegend, von den Flammen des lodernden Vulkans beleuchtet, über Schlacken und Trümmer, die Überbleibsel von Menschen-Wohnungen und Menschen-Glück. […]

> *Hier machte ich Halt und ging zurück in das Gasthaus zum roten Mohren wo ich die Nacht durch recht gut schlief. Nur konnte ich den Gedanken nicht los werden, nach dem Vorbilde von Herkulanum und Pompeji, unter der Lava Wiens nach Spuren und Überbleibseln entschwundener Zeiten zu forschen. Der hiesige Polizeikommissär, ein humaner, feingebildeter Mann, dem ich fünf Gulden schenkte, gab mir jede gewünschte Erlaubnis, ich dingte Bauern, und mit Karst und Spaten gingen wir an die Arbeit. Ich ließ mir den Ort bezeichnen wo der Hauptplatz Wiens, Graben genannt, liegen mußte, und dort schlugen wir ein.*
>
> *Kaum hatten wir einige Klafter tief gegraben, als wir schon auf eine Innschrift stießen. Ich eilte hinzu.* **Schlossergasse** *stand mit roten Buchstaben leserlich geschrieben –*

Der Autor (erraten?) ist Franz Grillparzer, der „einige vergnügte Abende dort" (in der Künstlerrunde) zubrachte, dessen Mitgliedschaft aber „nicht länger als sechs oder acht Wochen" währte (Selbstbiographie).

Das Haus **Franziskanerplatz** 4/Singerstraße 26 war einst im Besitz von Peter Suchenwirt (dichtete 1347/49–1395), der zuvor in der Seitzergasse ansässig gewesen war. Er war ursprünglich Fahrender (Suchden-Wirt!) und machte sich einen Namen als Spruchdichter. Walther von der Vogelweide hatte durch Verschmelzung ritterlicher mit spielmännischer Dichtung im Spruch den Berufsdichtern ihre ureigenste Ausdrucksform geschaffen: die Möglichkeit, gezielte Tendenzlyrik zu betreiben, Publizistik. Was heute die Tageszeitungen und Massenmedien bewirken, tat damals die Spruchdichtung. Dementsprechend breit fächerte sich ihre Thematik. Suchenwirts Spezialgebiet war die Herolds- oder Wappendichtung. Als Reimredner in höfischem Dienst (am Wiener Hof Herzog Albrechts III.) verfaßte er in „Ehrenreden" Lobgedichte auf (zumeist) verstorbene Fürsten und Adelige, in die jeweils eine kunstgerechte Beschreibung (Blasonierung) des Wappenschildes eingefügt ist. Durch die ausführliche Schilderung der Taten des Gepriesenen sind die gereimten Ehrenreden als biographische und historische Quellen wertvoll, wie auch seine politisch-didaktischen Zeitgedichte manch unmittelbaren Einblick gewähren.

Ein Stück Innere Stadt wie der Franziskanerplatz – der jüngste in Wien, erst 1624 zu seiner jetzigen Gestalt erweitert – wirkt wie ein Musterbild ihrer Überlieferung. Die kleine Kirchenfassade in Formen süddeutscher Renaissance mit gotischen Fenstern und einem schlichten, schön geschwungenen Portal, die anschließende Klostermauer mit ihrem seltsamen Zierat, der Mosesbrunnen, 1798 aus dem Haus «Zum steinernen Löwen» hervorgeholt und in der Mitte des Platzes aufgestellt, die schmiedeeisernen Balkone und runden Portes Cochères [Torwege] *ringsum, die lukullische Gaststätte an einem Ort, wo man bereits im Biedermeier ausgezeichnet speiste, und gegenüber der Kirche das vornehme Großbürgerhaus* [Franziskanerplatz 1; Gedenktafel], *in dem Egon Cäsar Conte Corti* [1886–1953] *seine Bücher über die letzten Mitglieder des Erzhauses schrieb: all das veranschaulicht, was zur Tradition der Residenzstadt beigetragen hatte. Führt man einen Fremden zuallererst an diesen Ort, man vermöchte ihm die Schönheit Wiens am unmittelbarsten nahezubringen.*

{Hilde Spiel, 1971}

Singerstraße 10, heute Sitz einer Bank, gehörte einst dem universell gebildeten kaiserlichen Leibarzt und Superintendenten der Wiener Universität Johannes Cuspinian (eig. Spießheimer; 1473–1529), der nach dem Tod seines Freundes Konrad Celtis (dem er zur ehrenvollen Leichenfeier die Trauerrede hielt und einen letzten Abschiedsgruß, *ultimum vale*, dichtete) die poetische Professur übernahm. Obschon in erster Linie wohlredender Diplomat und Staatsmann – dessen Geschick Kaiser Maximilian I. nicht zuletzt das Zustandekommen der weltgeschichtlich wichtigen Doppelheirat des Jahres 1515 verdankte, die den Erbfall Ungarns und Böhmens brachte –, leistete der *poeta laureatus* überdies Bedeutendes als Historiograph (Landesgeschichte „Austria"; Kaiserbuch „Caesares"). In seinem Haus fanden zumeist die Versammlungen der *Sodalitas litteraria Danubiana* statt, der literarischen Donaugesellschaft, einer Art Gelehrtenakademie, der die besten Köpfe des humanistischen Wien angehörten. Noch bis zum Jahre 1911 erinnerte der Original-Gedenkstein Cuspinians (im Hof des Neubaues) an die glanzvolle Vergangenheit. Aus seiner Hauskapelle kam der „Cuspinianaltar" (1515) in die gegenüberliegende Deutschordenskirche. Der Stifter ist darauf mit seinen beiden Gattinnen und allen Kindern ebenso verewigt wie – als Bildnisbüste selbstbewußter Ausstrahlung – auf seinem Epitaph im Stephansdom (an der Wand neben der Tyrna- oder Kreuzkapelle).

Im vierten Stock eines der ältesten Häuser des alten Wien wohnen seit vielen Jahren die Schwestern Elise und Johanna Moser. Das Haus befindet sich in der Singerstraße und hat einen geräumigen Hof, und auf diesen herab sehen die immer spiegelblanken Fenster, durch die Licht und Luft in das Quartier der Fräulein dringen. Es besteht aus einer Küche und aus zwei Zimmern und wird so nett gehalten, als ob es nicht von menschlichen Wesen, sondern von puren Geistern bewohnt würde.
{Marie von Ebner-Eschenbach, 1885}

Im ehem. Deutschordenshaus (Singerstraße 7) erinnert im 1. Hof, Stiege 3 eine Gedenktafel „an den heimischen Dichter Cornelius Hermann Paul von Ayrenhoff, welcher in diesem Hause am 28. Mai 1733 geboren wurde" († 1819). Der Feldmarschall-Leutnant schrieb Tragödien („Hermanns Traum", 1778) und vielgespielte Komödien, von denen „Der Postzug oder Die noblen Passionen" (1769) von Friedrich II. von Preußen gerühmt wurde.

Gestern noch ein beschwingter lustig-trauriger Abschiedsabend in einem Beisel in der Singerstraße [28, „Zu den drei Hacken"]; es hat ein blutrünstiges Wirtsschild, beruft sich aber auch auf humanistische Bestrebungen und den Zuspruch Schuberts und Nestroys, dem bekanntlich selbst das Beste zu Hause nicht schmeckte.
{Reinhold Schneider, 1957/58}

Das ehem. Franz-Josephs-Gymnasium, **Stubenbastei** 6–8, ist sichtlich stolz auf seine Absolventen. Dem zweiflügeligen gläsernen Schultor ist eine Holzplatte vorgelegt, aus der ohne Wortabstände in fortlaufend aneinandergereihten Blockbuchstaben die Namen berühmter Schüler und Proben ihres Könnens ausgesägt sind. Unter den elf Angeführten finden sich der Lyriker Josef Maria Stowasser (1854–1921) – allen Lateinschülern besser bekannt als Lexikograph –, der zeitkritische Erzähler und Dramatiker Fritz Habeck (1916–1997), etwas hochgegriffen als „österreichischer Hemingway" bezeichnet („Der Tanz der sieben Teufel", 1950), und Karl Kraus. Nicht angeführt ist Kraus' Mitschüler Hugo Bettauer (1872–1925), tendenziöser Erzähler und Journalist, dessen erfolgreichster Roman „Die freudlose Gasse" (1924) mit Greta Garbo verfilmt wurde. Wegen seiner freisinnigen Zeitschrift „Er und Sie. Wochenschrift für Lebenskultur und Erotik" wurde er stark angefochten und starb an den Folgen eines Attentats. Von Karl Kraus stammen auf dem linken Torflügel die Verse (hier in Normalschreibung):

Am Scheideweg der Worte muß man schwanken,
ob dies da besser oder jenes dort.
Denn der Gedanke hält nicht immer Wort,
jedoch das Wort hält mancherlei Gedanken.

Sollte das Gymnasium Stubenbastei dadurch zu einer Sehenswürdigkeit geworden sein, hätte es sich Karl Kraus zum Feind gemacht:

Aus manchen meiner Äußerungen wird man schon entnommen haben, daß ich ein Feind von Sehenswürdigkeiten bin. [...] An Sehenswürdigkeiten, die bloß das Auge erfreuen, ist ja diese Stadt sonst überreich. Ihre Straßen sind mit Kultur gepflastert, während die Straßen anderer Städte bereits mit Asphalt gepflastert sind. Die Vergangenheit reicht in die Gegenwart hinein [...]

Karl Kraus hat übrigens eine Zeitlang ganz in der Nähe, **Dominikanerbastei** 22, gewohnt.

Der (Alte) Universitätsplatz mit der Jesuiten-(Universitäts-)Kirche heißt heute **Dr.-Ignaz-Seipel-Platz**. Die 1365 gestiftete Alma Mater Rudolphina, deren Häuser und Bursen alle in diesem Viertel, dem Stubenviertel, lagen, hatte ein hartes Urteil durch Enea Silvio, den eleganten Stilisten, in der bereits zitierten Stadtschilderung zu ertragen.

Jemand vom Humanismus Durchdrungenen wie Enea mußte die in Wien noch dominierende spätscholastische Methode als altmodische Rückständigkeit und unfruchtbare Gelehrsamkeit erscheinen.

Rede≈ und Dichtkunst sind bei ihnen, deren ganzes Studium in Titeln und eitlen Sophistereien aufgeht, fast vollständig unbekannt; von ernsthaften Studien merkt man wenig. Solche, die des Aristoteles und anderer Philosophen Schriften in Besitz haben, wird man nur selten finden; meistentheils bedient man sich der Commentarien. Die Studenten selbst übrigens fröhnen dem Vergnügen; nach Wein und Speise sind sie lüstern. Wenige gehen als Gelehrte aus ihnen hervor. Freilich stehen sie auch unter keiner Censur; Tag und Nacht streifen sie umher und verursachen den Bürgern großen Verdruß. Dazu lenkt noch der Weiber Lüsternheit ihren Sinn ab.

Ein in dieser Schärfe wohl überzogener, persönlich gefärbter Tadel an Professoren und Studenten. Oder sollte Enea, der selbst zwei Reden an der Universität hielt – eine 1445 sogar in Gegenwart des Kaisers –, die Universitas Viennensis so genau kennengelernt haben?

Erst ein gutes Menschenalter später konnte das antik-gelehrte Ideal des Renaissance-Humanismus auch in Wien siegen. Schon 1490 hatte Konrad Celtis, der nimmermüde Wanderlehrer und erfolgreiche Organisator, erstmals Wien berührt, sieben Jahre später nahm er hier dauernden Wohnsitz. Kaiser Maximilian I. berief mit Schreiben vom 7. März 1497 den (noch von seinem Vater Friedrich III. 1487 zu Nürnberg als ersten Deutschen gekrönten) *poeta laureatus* als Professor der Beredsamkeit und Dichtkunst an die Wiener Universität. *Jetzt erst rief mich das Los freundlich zu festem Sitz: / Hier am Donaugestad* dichtete der „deutsche Erzhumanist" in einer Ode. Mit Celtis besaß Wien das große Vorbild, das imstande war, zu begeistern und mitzureißen – Wien erlebte unter ihm die Hochblüte des Humanismus.

Celtis' letztes fruchtbringendes Jahrzehnt, das er in Wien verbrachte, zeitigte all die großen Werke („Quatuor libri Amorum", Vier Bücher Liebesgedichte, 1502, sein lyrisches Hauptwerk; „Libri Odarum quatuor", Vier Bücher Oden; fünf Bücher Epigramme) und Ausgaben (die Germania des Tacitus, die lateinischen Dramen der Roswitha von Gandersheim, die Propositiones des Cusaners). Celtis ließ nicht nur in der Aula durch seine Studenten Terenz, Plautus, Seneca aufführen, er schrieb und inszenierte mit dem „Ludus Dianae" (1501) und der „Rhapsodia, laudes et victoria de Boemannis" (Rhapsodie von Ruhm und Sieg [Maximilians I.] über die Böhmen, 1505) auch selbst die zwei denkwürdigsten der humanistisch-allegorischen Festspiele, bestimmt zur Galaaufführung vor versammeltem Hof und zur Huldigung des zum Teil persönlich in das Spielgeschehen eingreifenden Kaisers; in ihrem Zusammenklang von Dichtung, Musik, Schauspielkunst und prachtvoller Ausstattung Vorläufer der barocken *ludi caesarei*.

Der berühmte Lehrer kleidete nicht nur das Erhabene in formvollendet elegante Humanistenverse, sondern auch das Alltägliche und Amtliche, wie die Absage einer Vorlesung.

An seine Hörer
Nichts in den Dingen der Menschen ist sicher, es wirbelt der Zufall
 Alles umher und das Los lenkt uns nach vielerlei Art;
Kürzlich betrat diese Stadt ich, Celtis, bei guter Gesundheit,
 Fühlte zur Gänze mich wohl, nirgends am Körper versehrt.
Jetzt (ich weiß nicht, welch scheeles Geschick mir den Stein in den Weg warf)
 Schwillt mir der Fuß und gewinnt nicht mehr die richtige Haut.
Nehmt's denn, bitte, ihr Jünglinge hin, daß der Dichter euch fernblieb:
 Morgen das labende Licht bringt ihn euch treulich zurück.

In der literarischen Donaugesellschaft vereinigte Celtis seine humanistischen Freunde und Schüler, auf seine Anregung gründete Maximilian I. das *Collegium poetarum et mathematicorum* mit dem ganz außergewöhnlichen Recht der Dichterkrönung. Als er 1508 viel zu früh starb, wurde er ehrenvoll in St. Stephan bestattet. Sein reliefiertes Epitaph, von ihm selbst entworfen, ist im stark beschädigten Original unter der Orgelempore, als Kopie an der nördlichen Außenwand des Domes (links vom Adlertor) heute noch zu sehen.

Die Liste literarisch tätiger Professoren an der (Alten) Universität ist lang, und auch jene der zu Dichterehren gelangten Absolventen kann sich sehen lassen. In ihrer humanistischen Glanzzeit war die Universität imstande, Schüler an sich zu ziehen, die später zu markanten Persönlichkeiten wurden, wie Ulrich Zwingli, den Schweizer Reformator, oder Aventinus (Johannes Turmair), den bayerischen Geschichtsschreiber. Manche legten früh Proben ihrer Begabung ab, wie Ulrich von Hutten, der 1511 als 23jähriger nach Wien kam.

Der Fremdling Ulrich v. Hutten grüsset Wien
Jetzo, nachdem ich die sämtlichen Lande von Deutschland durchirrt, und
  Neue Völker sogar rings auf dem Erdball erblickt;
Nach in Menge bestandenen Leiden zu Land und zu Wasser,
  Zieh' ich, erhabenes Wien, ein in die Mauern zu dir.
Nicht als ob der Besuch absichtlich zuletzt dir gegolten,
  Nein, weil die das Geschick lenken, es also gewollt. [...]
Reich', hochherrliche Stadt, dem Dichter die freundliche Rechte,
  Bei den Gefeierten dein fleht er um solches dich an!

Hutten war der *doctor ac miles*, der Reformhumanist und Reichsritter, der unerschrocken die heißen Eisen seiner Zeit anpackte und mit Feder und Schwert bis zum letzten Atemzug kämpfte. Als Publizist zeigte er erstmals, daß man in deutscher Sprache – im Gegensatz zum omnipräsenten Latein – die öffentliche Meinung beeinflussen kann.

Joachim von Watt (Vadianus) hat in 17jähriger Verbundenheit an der Wiener Universität alle akademischen Stufen bis hinauf zum Rektor durchmessen. Er wurde in seinem reichen, vielschichtigen Werk zum Mitschöpfer der modernen Erdkunde, der kritischen Geschichtsschreibung und zum Begründer der Literaturwissenschaft. Seine im Wintersemester 1512/13 gehaltene Vorlesung „De poetica et carminis ratione", ein Aufriß der „Wissenschaft von der Dichtung", ist die erste Vorlesung über deutsche Literatur, zugleich die einzige, deren voller Wortlaut sich aus damaliger Zeit erhalten hat; kostbares Dokument für den hohen Stand des Universitätsunterrichtes im humanistischen Wien. Als Vadian die Vorlesung 1518 drucken läßt, wird sie sein Abschiedsgeschenk. Er kehrt fast überstürzt in seine Schweizer Heimat zurück – am Vorabend der Reformation, die der Universität den Niedergang, der Stadt selbst schwere Zeiten bringen sollte.

Im mächtigen Komplex des heutigen Jesuitenkonvikts (Dr.-Ignaz-Seipel-Platz 1), einem Teil des alten Universitätsareals, war das Akademische Gymnasium untergebracht (bevor es 1866 auf den Beethovenplatz übersiedelte), kurzzeitig von Franz Grillparzer und Johann

Nestroy besucht. Als Jura-Studenten frequentierten sie danach die gegenüberliegende ehem. Universitätsaula (Dr.-Ignaz-Seipel-Platz 2), einen prächtigen Rokokopalast, von Maria Theresia der (Alten) Universität gestiftet. Jahrzehnte später besingt der welterfahrene Nestroy das Studieren, das er selbst bald abbrach, in einem seiner vielen Couplets aus ganz anderer Sicht.

> *Zum Lernen und Studier'n könnt' mich gar nix beweg'n,*
> *Ich bin einziger Sohn und d'Mama hat Vermög'n,*
> *Zu was wär' das gut, wann ich's Hirn mir anstopf',*
> *Nur wer wenig in Sack hat, der braucht viel in Kopf.*
> *Auch finden an d'Gelehrten die Mädln kein' G'schmack,*
> *Ein Esel mit Geld steckt fünf Newton in Sack,*
> *Professors, die in Disputationen brillier'n,*
> *Quäl'n sich jahr'lang, ei'm Madel was aufz'disputier'n,*
> *Mit Brillanten und Brass'letten geht alles in ein' Tag,*
> *Drum sag' ich: 's Studier'n is a unnöt'ge Plag'.*

> *Als Bub' hab'n s' mir beibringen woll'n d'fremden Sprachen,*
> *Hab'n mich aber nicht dran'kriegt mit die faden Sachen,*
> *Zu was Französch lernen, die Müh' is so groß,*
> *Wenn ich Taler herzeig', versteht's jeder Franzos;*
> *Meine Wünsch' tut a Russin, a Türkin erraten,*
> *Ich brauch' nur so umz'scheppern mit die Dukaten;*
> *Und kommt man in Not und muß zu die Leut' gehn,*
> *Um a Geld sie anz'reden – o nein, da verstehn*
> *Die wenigsten Deutsch, g'schweig'nst erst sonst eine Sprach',*
> *Drum sag' ich: 's Studier'n is a unnöt'ge Sach'.*

An der Alten Universität studierten auch die Dichtergrößen Adalbert Stifter und Nikolaus Lenau sowie der politische Lyriker des Vormärz Anastasius Grün (eig. Anton Alexander Graf Auersperg, Autor der zu Hamburg anonym erschienenen „Spaziergänge eines Wiener Poeten", 1831), der bedeutende Mundartdichter Franz Stelzhamer und der klassizistische Epigone Robert Hamerling. Stifter hat im weitgehend autobiographischen Werk „Leben und Haushalt dreier Wienerstudenten" den ersten Tag auf der Uni beschrieben.

Man war förmlich und richtig eingeschrieben worden und begab sich nun zusammen auf die Universität – aber wie war das stille, ernste Gebäude, welches sie vor ein paar Wochen, als noch Ferien waren, mit beklemmenden Vorgefühlen betreten hatten – wie war es verwandelt! Einen wimmelnden Ameisenhaufen trafen sie heute an. Schon unter dem Schwibbogen, der von der Wollzeil auf den Universitätsplatz führt, standen Gruppen bärtiger und unbärtiger Leute, sämtlich als Musensöhne erkennbar, und lasen die ungeheuren angeklebten Zettel, auf denen Kost, Wohnung, Unterricht, Theater, Meerschaum, verlorne Gelder, Lehrbücher, verlaufene Hunde, Bälle und Conzerte angeschlagen waren; die nicht lasen, neckten sich oder rauchten gar Cigarren. […]

Endlich legte sich der Tumult nach und nach; ein bedeutend großer Saal saß voll Menschen, die Thürflügel thaten sich auf und – Stille überall – denn der Professor war hereingetreten.

Im Revolutionsjahr 1848 fanden in der Aula die Studentenversammlungen statt. Der Augenzeuge Heinrich Laube – von ihm stammt das Wort „Wien heilt alle Wunden" – berichtet in seinen „Erinnerungen" darüber.

Diese schwarz~rot~goldene junge Welt gab im Monate Mai 1848 den Ton an im schwarz~gelben Wien, und es bildete sich bald ein Sammelplatz und Schwerpunkt in der sogenannten Aula.

Dies ist der Saal in dem Akademiegebäude am Ausgange der beiden Bäckerstraßen. Die Front des stattlichen Hauses geht auf einen kleinen Platz, welchen eine Kirche und das alte Universitätsgebäude begrenzen, unschön wie die jesuitischen Bauten überall sind.

Hier also, wo die Jesuiten ihr Lehrlager jahrhundertelang aufgeschlagen, hier im östlichen Teile der Wienerstadt bildete sich zwischen engen Straßen der Mittelpunkt einer treibenden, später übertreibenden Bewegungspartei, deren Masse sich allmählich aus Studenten zusammensetzte. Sie waren jetzt schon als Nationalgarde bewaffnet, der rasselnde Schleppsäbel spielte bei den Offizieren eine lärmende Waffe, und die Feuergewehre flößten allen Leuten, die am Leben bleiben wollten, ernstliche Besorgnis ein. Ich geriet später einmal bei einem Alarm unter diese Gewehrtragenden auf diesem schmalen Universitätsplatze und fand es wunderbar, daß nicht jeden Augenblick Schüsse losknallten, so harmlos und kunstlos wurden die Flinten gehandhabt.

In der damaligen Akademischen Legion diente der Student Robert Hamerling (1830–1889), der vergängliche Romane („Aspasia", 1876) und pathetische Versepik („Ahasverus in Rom", 1866) schreiben und dennoch Wirkung erzielen wird. Nach Niederschlagung des Aufstandes wurde die Aula zur Kaserne degradiert. Seit 1857 ist sie Sitz der 10 Jahre zuvor gegründeten Akademie der Wissenschaften. Ihr erster Präsident, der Dramatiker und Epiker Joseph von Hammer-Purgstall (1774–1856) erschloß, elf Sprachen beherrschend, dem Abendland die orientalische Dichtung und initiierte – nicht nur in seinem Wiener Salon – eine neue orientalisierende deutsche Dichtung. Seine sprachgewandte Hafis-Übersetzung hat Goethe benutzt, sie gab ihm Anregung zum „West-östlichen Divan". Als Friedrich Rückert 1818 nach Wien kam, war Hammer-Purgstall sein Lehrmeister – Grundlage für Rückerts virtuose Nachdichtungen morgenländischer Poesie.

Drei Jahrzehnte nach ihrer Gründung wurde die Akademie der Wissenschaften von dem humorigen Wiener Volksschriftsteller Franz Ferdinand Masaidek aus der „Spottvogelperspektive" gesehen.

Wien besitzt eine bedeutende Anzahl von wissenschaftlichen und künstlerischen Instituten, was zwar wenig bekannt ist, wovon sich aber Jedermann überzeugen kann, wenn er ein ausführliches Häuserschema zur Hand nimmt.

Den ersten Rang unter diesen geheimen Anstalten nimmt die k. k. Akademie der Wissenschaften ein, deren Mitglieder alljährlich am 30. Mai eine feierliche Sitzung halten, um sich persönlich zu überzeugen, ob sie noch alle am Leben sind. Ist Einer oder der Andere von den „Unsterblichen" gestorben, so hält ihm ein überlebender Unsterblicher die übliche Leichenrede.

Die malerischen Altstadtwinkel der **Schönlaterngasse** – jüngst zu philatelistischen Ehren aufgestiegen (Motiv für die 0,51-€- und 0,04-€-Marke) – lassen das pulsierende Großstadtgetriebe völlig vergessen.

Der Lyriker Ernst Waldinger, 1938 emigriert, sieht „Die Schönlaterngasse" oder den „Piaristenplatz in der Josefstadt" bildlich vor sich, wenn er in den USA von seiner Heimatstadt träumt.

> DIE SCHÖNLATERNGASSE
> *Im alten Hof aus Pflasterfugen*
> *Wächst schamhaft dünnes Gras heraus;*
> *Die Huren aus den Fenstern lugen*
> *Zum Drachen gegenüber, kraus*
> *Gemalt ans Basiliskenhaus.*
>
> *Nach Äpfeln riecht's aus einem Laden;*
> *Wie Fuchsienstöcke, zag besonnt,*
> *Im letzten Abendglanz sich baden!*
> *Entlang der Kirche Hinterfront*
> *Schwimmt Orgelhall zum Horizont.*
>
> *Die Türme über Dächern, rauchig,*
> *Skurril im Jesuitenstil,*
> *Sind viel zu spitz und viel zu bauchig;*
> *Fern läutet leis ein Glockenspiel,*
> *In dem die Zeit sich selbst gefiel.*
>
> *Aufschwillt die Flut, die an den Strand hier*
> *Mich warf, in einem Spieluhrklang;*
> *Ein Traum reicht in der sanften Hand mir*
> *Gedanken, süß und heimwehbang,*
> *Nach stillen Gassen und Gesang.*

Schönlaterngasse 7 muß als Adresse des bekannten Basiliskenhauses genannt werden. Wien ist, wie andere traditionsreiche Städte auch, sagen- und legendenumwoben – reichlich Stoff für Autoren die Jahrhunderte hindurch. Bereits die erste Stadtgeschichte von Wien, die „Vienna Austriae" des Wolfgang Lazius, kennt das Basiliskenhaus, datiert die Sage vom Bäckermeister Martin Garhiebl und dem Untier in seinem Hausbrunnen in das Jahr 1212. Die immer wieder erneuerte Inschrifttafel an der Hauswand erinnert noch heute an den Basilisken – von einer Kröte aus dem Ei eines Hahnes ausgebrütet, Blick und Atem todbringend – ebenso wie das Hauszeichen in der

Nische des 2. Stockes, das freilich nur eine verwitterte Sandsteinbildung aus den Tegelschichten des Wiener Beckens ist, wie sie beim Brunnengraben durchstoßen wurden und „giftige" Erdgase ausströmen ließen – die nüchterne geologische Erklärung einer der ältesten Sagen Wiens.

Schönlaterngasse 5 und **Grashofgasse** 3 umschließen den alten, idyllisch-behäbigen Heiligenkreuzerhof – bis zum heutigen Tag eine Oase der Stille.

Und die mit dem Doppelkreuz geschmückte Kapelle des Heiligenkreuzerhofs, die getönte, geschwungene Front, der breite Torbogen, die weiße, weite Stille dahinter sind in der Tat wie von [Moritz von] *Schwind erträumt.*
{Reinhold Schneider, 1957/58}

Im innersten Wien, dem historischen Stadtkern mit seinem engen Gewinkel verborgener Schönheiten, können sich sogar geborene Wiener verirren, wie der Kulturphilosoph und Chefdramaturg am Burgtheater Friedrich Heer eingesteht.

Seit meinem zehnten Lebensjahr streich' ich hier herum. In einem Geviert von Gassen, von Gäßchen, von kleinen Plätzen, Wollzeile, die Dominikaner, das Griechenviertel, ich schaue nicht auf die Namen der Gassen, der kleinen Plätze. Wohl weiß ich, daß es eine Schönlaterngasse gibt, und den Heiligenkreuzerhof und die Köllnerhofgasse und die Sonnenfelsgasse und ein paar Gassen und Straßen da herum, deren Namen ich kenne, wenn man sie mir nennt. Mit der Nase finde ich wohl hin, doch kann ich einem Fremden nicht erklären, wo sie wirklich liegen, wie man genau gehen muß, um genau hinzukommen. Deshalb verirre ich mich, vergehe ich mich noch heut', wenn ich eine ganz bestimmte Adresse suche. Dort.

Wo sich der **Fleischmarkt** etwas erweitert, sind zwei Häuser (9 und 11) durch einen Schwibbogen verbunden, unter dem die **Griechengasse** steil bergab führt. Gleich neben dem Bogen, auf dem „Haus mit gotischem Wohnturm" (Griechengasse 9 = Fleischmarkt 11) ist die Holz-Relieffigur eines Dudelsackpfeifers als Einkehrschild angebracht: „Der liebe Augustin". Ein Schriftband hält fest, daß an dieser Stätte zum 1. Mal sein Lied erklang. Auf dem Flur zum Eingang kann man ihn durch Gitterstäbe hindurch im Weinkeller sitzen sehen. Touristen werfen Münzen zu ihm in die Tiefe. Fontana di Trevi à la Vienna – ganz ohne Brunnen. Das heutige „Griechenbeisl", stadtbekannt als urtümlich wienerisches Wirtshaus, besteht unter wechselnden Namen seit dem 15. Jahrhundert. Prominente Lokalbesucher aus Politik und Kultur haben im „Unterschriftenzimmer" die Wände und die Decke „signiert", darunter auch Dichter und Schriftsteller wie z. B. Anzengruber, Rilke oder Roda Roda – eine etwas andere Art Gästebuch. Grillparzer und Nestroy kehrten ebenfalls häufig ein.

Friedrich Schlögl, lokalhistorisch versierter Journalist, bekannt durch seine originellen Skizzen aus dem Wiener Volksleben („Wiener Blut", 1873; „Wiener Luft", 1875; „Wienerisches", 1883), berichtet aus einer alten Chronik über den fröhlichen Bänkelsänger und Stegreifdichter.

Ich meine den unsterblichen „Sackpfeifer und Bänkelsänger" (Max?) Augustin, den populärsten Meistersänger der damaligen Bierschenken, von dessen zahllosen, von ihm selbst gedichteten und komponierten Liedern sich aber nur das noch heute bekannte
Ey du lieber Augustin:
's Geld is hin, 's M..sch is hin;
Ey du lieber Augustin –
alles is hin!
im Munde des Volkes erhielt. Von diesem „Bruder Liederlich" erzählt nun die Chronik, daß er im Jahre des Unheils [im Pestjahr] 1679 aus seiner Lieblingskneipe „Zum roten Dachl" (heute Griechengasse Nr. 9, „Zum weißen Engel", auch „Schlosserbierhaus" genannt) nachts volltrunken nach Hause gewankt, später von den Siechknechten als vermeintliches Opfer der Pest auf den Totenkarren geladen und zu den Toten in die Pestgrube (in der Nähe von St. Ulrich [im 7. Bezirk]) geworfen wurde. Dieses schauerliche Nachtlager habe jedoch, so heißt es weiter, dem wüsten Kumpan nicht im mindesten geschadet, im Gegenteile, als er am nächsten

Tage sich ausgeschlafen und aus dem Leichenhaufen sich hervorgearbeitet habe, sei er ganz wohlgemut seinem Geschäfte (und noch mehr der Weinflasche) wieder nachgegangen und habe noch ein volles Vierteljahrhundert sein tolles Abenteuer unter schallendem Gelächter des begeisterten Auditoriums in „ergötzlichen Verslein" abgesungen.
[Die Aussparung ist mit *en* zu ergänzen: Mensch, verächtlich für Weibsstück.]

Trotz Chronikreferenz ist der liebe Augustin historisch nicht faßbar. Er bleibt eine legendäre Gestalt aus einer populären Wandersage. Und das ihm zugeschriebene fünfstrophige Lied datiert die Forschung erst in das ausgehende 18. Jahrhundert. Dennoch kennen in seiner Stadt fast alle den lieben Augustin – vielleicht sogar den Augustinbrunnen (7. Bezirk, Neustiftgasse 32) – und man sagt, daß in jedem Wiener ein Quentchen seiner Überlebenskunst steckt.

Seitenstettengasse 2 wohnte von 1842 bis 1848 das Ehepaar Stifter (Gedenktafel). Adalbert Stifter, der „Dichter des Böhmerwaldes" – wie er gemeinhin apostrophiert wird –, hat 22 Jahre, ein Drittel seines Lebens in Wien verbracht. Im Oktober 1826 war der 21jährige als „Landstudent" aus dem Gymnasium Kremsmünster mit zwei Kameraden donauabwärts geschifft (wie sein Romanheld Witiko vier Jahrzehnte später ebenfalls eine Donaufahrt machen wird), um in Nußdorf (heute 19. Bezirk) an Land zu gehen: inmitten schöner grüner Auen „und aus diesen ragte ein sonnenbeglänzter, grauer, feinzackiger Turm empor – der Turm von Sankt Stephan". In seinem Schatten wird Stifter, anfangs schwankend zwischen Malen und Schreiben, zum Dichter heranreifen, der, im Mai 1848 als Schulrat nach Linz übergesiedelt, an den großen Romanen „Nachsommer" (1857), „Witiko" (1865–1867) sowie „Die Mappe meines Urgroßvaters" (1841–1868) seine Meisterhand zeigen kann. An Stifters epischem Erzählstil und seinem „sanften Gesetz" (näher ausgeführt in der berühmten Vorrede zur Erzählsammlung „Bunte Steine", 1853), seinem poetischen Credo, scheiden sich die Geister. Denn „bei Stifter gibt es ja keine starke Spannung, keine Entladung und Explosion, kein Feuerwerk der Leidenschaft, weshalb man ja immer geneigt ist, ihn langweilig zu nennen" (Stefan Zweig). Zeitgenössische Kritik setzt am bissigsten mit Friedrich Hebbel ein, der Polemiken gegen Stifter schreibt („Das Komma im Frack"), ihn als Naturdichter der Käfer und Butterblumen verspottet und jenem die polnische Krone versprach, der Stifters „Nachsommer" zu Ende lese. Friedrich Nietzsche dagegen prophezeit, man werde den Roman immer und immer wieder lesen und stellt ihn auf eine Ebene mit Goethes „Wilhelm Meister", was 1921 Stefan Zweig bekräftigt:

> *Über Stifter läßt sich nicht streiten, es ist eine Frage des Gefühls, des Empfindens, eines besonderen künstlerischen Sinns. Wer diesen aber hat, dem wird Stifter nie großartiger erschienen sein als in seinen wahrhaft großen, solange verkannt gebliebenen Romanen, dem »Nachsommer« und dem »Witiko«, wo er sich nicht, wie die Törichten so lange meinten, als eine Art österreichischer Theodor Storm oder Paul Heyse erweist, sondern nur mit Goethes lautersten Prosawerken, dem »Wilhelm Meister« und den »Wahlverwandtschaften« in sprachlicher Kunst und reiner Ruhe verglichen werden kann.*

Von Stifters Werken haben die frühen Erzählungen ganz oder teilweise Wien zum Ort der Handlung: „Der Condor", „Feldblumen", „Das alte Siegel", „Die [Zwei] Schwestern" – alle vier überarbeitet in die Sammlung „Studien" aufgenommen (1844–1850), Stifters größten Publikumserfolg; „Turmalin" fand Aufnahme in die Sammlung „Bunte Steine". Manche Freunde wie Bekannte aus seiner Wiener Zeit – als Hauslehrer oder Vorleser kam er in die ersten Häuser – waren ihm Modell für Gestalten im „Nachsommer". Wie groß des Dichters Zuneigung zur Kaiserstadt war, und wie vertraut er sich mit ihrem Leben und Treiben zeigte, kann man am besten in Stifters Beiträgen zum Sammelwerk „Wien und die Wiener" (1844) nachlesen. Zwölf Skizzen „Aus dem alten Wien" hat er geschrieben, darunter Heiteres und Ernstes über die Aussicht vom Stephansturm, die Katakomben (unterm Dom), den Prater, den Tandelmarkt, die Karwoche in Wien, das Wiener Wetter, die Salons, schließlich über das Leben dreier Studenten, einer davon Stifter selber.

Stifters Beobachtungsgabe und Genauigkeit der Schilderung, sein Wahrnehmen mit dem Auge des Malers, nicht zuletzt seine tiefe Naturverbundenheit ließen die Beschreibung der totalen Sonnenfinsternis vom 8. Juli 1842 zu einem vollendeten Meisterstück werden. Der Dichter erlebte das Ereignis auf dem Flachdach seines Wohnhauses, dem sogenannten Kornhäuselturm, der heute noch steht (Gedenktafel). Joseph Kornhäusel, gesuchter Architekt seiner Zeit (u. a. Erbauer der benachbarten Synagoge), hatte sich, ein wenig schrullig, 1825–1827 ein turmartiges, acht Stock hohes Haus erbaut, ohne straßenseitigen Eingang, mit Zugbrücke in seinem Atelier – das höchste Haus Wiens.

Ich stieg um fünf Uhr auf die Warte des Hauses Nr. 495 in der Stadt, von wo aus man die Uebersicht nicht nur über die ganze Stadt hat, sondern auch über das Land um dieselbe bis zu dem fernsten Horizonte, an dem die ungarischen Berge wie zarte Luftbilder dämmern. Die Sonne war bereits herauf und glänzte freundlich auf die rauchenden Donauauen nieder, auf die spiegelnden Wässer, und auf die vielkantigen Formen der Stadt, vorzüglich auf die Stephanskirche, die ordentlich greifbar nahe an uns aus der Stadt, wie ein dunkles, ruhiges Gebirge aus Gerölle, emporstand. Mit einem seltsamen Gefühle schaute man die Sonne an, da an ihr nach wenigen Minuten so Merkwürdiges vorgehen sollte. Weit draußen, wo der große Strom geht, lag eine dicke, langgestreckte Nebellinie, auch im südöstlichen Horizonte krochen Nebel und Wolkenballen herum, die wir sehr fürchteten, und ganze Theile der Stadt schwammen in Dunst hinaus. An der Stelle der Sonne waren nur ganz schwache Schleier, und auch diese ließen große, blaue Inseln durchblicken.
Die Instrumente wurden gestellt, die Sonnengläser in Bereitschaft gehalten, aber es war noch nicht an der Zeit. Unten ging das Gerassel der Wägen, das Laufen und Treiben an – oben sammelten sich betrachtende Menschen; unsere Warte füllte sich, aus den Dachfenstern der umstehenden Häuser blickten Köpfe, auf Dachfirsten standen Gestalten, alle nach derselben Stelle des Himmels blickend, selbst auf der äußersten Spitze des Stephansthurmes, auf der letzten Platte des Baugerüstes stand eine schwarze Gruppe, wie auf Felsen oft ein Schöpfchen Waldanflug – und wie viele tausend Augen mochten in diesem Augenblicke von den umliegenden Bergen nach der Sonne schauen, nach derselben Sonne, die Jahrtausende den

Segen herabschüttet, ohne das Einer dankt – heute ist sie das Ziel von Millionen Augen – [...] die Spannung stieg auf's höchste – einen Blick that ich noch in das Sternrohr, er war der letzte [...] – deckend stand nun Scheibe auf Scheibe – und dieser Moment war es eigentlich, der wahrhaft herzzermalmend wirkte – das hatte Keiner geahnt – ein einstimmiges „Ah" aus Aller Munde, und dann Todtenstille, es war der Moment, da Gott redete, und die Menschen horchten.

Stifter ist Österreichs bedeutendster Erzähler und weltweit einer der großen Naturschilderer, wenn nicht der größte. Das Denkmal, das ihm die Wiener gesetzt haben (Carl Philipp, 1919), steht im Türkenschanzpark (18, Hasenauerstraße/Gregor-Mendel-Straße), wo sich auch die Porträtbüste Arthur Schnitzlers befindet. Im Geburtshaus Franz Schuberts ist das Stifter-Museum untergebracht (9, Nußdorfer Straße 54). Von den zwei Adalbert-Stifter-Straßen, die Wien lange Zeit hatte, ist jene im 20. Bezirk geblieben.

Der kleine **Ruprechtsplatz** im ältesten Teil Wiens hieß früher Kienmarkt und auf diesem stand bis 1852 der **Lazenhof** in der **Judengasse** (heute ein „Volkswohnhaus"), benannt nach dem erwähnten „Doctor Wolffgang Laz, / Der hohen Schul ein thewrer schatz" (Wolfgang Schmeltzl). Lazius (1514–1565) war Leibarzt, Hofhistoriograph und Geheimer Rat Ferdinands I., betreute die kaiserlichen Sammlungen, lehrte ein Vierteljahrhundert an der Wiener Universität und entfaltete erstaunlich zielstrebige Forscher- und Sammeltätigkeit auf quellenkundlichem Gebiet. Alle seine umfangreichen latein- und deutschsprachigen Werke sollten den Unterbau für sein (Fragment gebliebenes) Lebenswerk bilden, eine großangelegte österreichische Geschichte. Am bekanntesten und für Wien am bedeutendsten ist seine „Vienna Austriae" (1546), die Geschichte seiner Vaterstadt von ihrem Ursprung bis zur damaligen Gegenwart. Das vielzitierte Werk wurde 1619 durch Heinrich Abermann, Rektor der Stephansschule, ins Deutsche übertragen: „Historische Beschreibung der Weitberümbten Kayserlichen Hauptstatt Wienn In Österreich". Lazius verband mittelalterliches Geschichtsdenken mit humanistischem Wissensdrang. Bei ihm findet sich das letzte literarische Zeugnis des Nibelungenliedes für lange Zeit.

Als Gründungsjahr der altehrwürdigen Ruprechtskirche, direkt vor den Fenstern seines Hauses, gibt Lazius 740 an.

> *Düster umragen hohe Häuser einen engen Platz. In ihrer Umrahmung steht eine altersgraue Kirche, die, nicht eben groß, den Platz dennoch fast ausfüllt. Nur an der Vorderseite bleibt eine mäßige Straßenbreite Raum übrig. Klein und doch ungefüg, plump und ohne viel Zierat, mit einem Turm, der mancher Dorfkirche zu armselig wäre, so sieht sie halb bescheiden, halb trotzig, verängstigt und doch rechthaberisch drein. Die Ruprechtskirche! In der Schule haben wir gelernt, daß sie die älteste Kirche von Wien ist, und haben das sehr ehrfürchtig angehört. Wer von uns aber hat sie jemals aufgesucht, ihr die schuldige Respektsvisite gemacht? Wohl die wenigsten. Vergessen und vernachlässigt steht sie da, nicht anders wie eine alte Muhme im Ausgeding.*
> {Hermine Cloeter, 1912}

Die Zerstörungswut des Zweiten Weltkrieges hat den „engen Platz" brutal gelichtet, aber lieblose Wohnbauten haben St. Ruprecht neuerlich eingezwängt. Lediglich nach Norden frei stehend, darf die kleine Kirche auf den Franz-Josefs-Kai und den Donaukanal hinabblicken.

Ähnlich dicht umgeben von sichtbehindernden Häusern findet sich die zierliche Kirche mit dem filigranen Turmhelm, Maria am Gestade in der **Salvatorgasse** (Tschechische Nationalkirche).

> *Den Fremden und wohl auch vielen Einheimischen gilt einzig der Stefansturm als das Wahrzeichen Wiens schlechthin. Sieht man ihn doch, von wo immer man sich der Stadt nähert, mit seiner schlanken Nadel aus dem unendlichen Meer von Nebel, Rauch und Häusern in den Himmel stechen. Doch gibt es ein zweites, versteckteres und zarteres gotisches Baudenkmal, das wohl wert wäre, neben dem Stefansturm als anderes Wahrzeichen Wiens und einer anderen Stimmung gleicher Werkzeit zu gelten: die Kirche Maria am Gesta-*

de, gewöhnlich „Maria Stiegen" genannt, weil eine schmale hohe Stiege von ihr zum einstigen Donauufer hinabführt. Sie ist nicht gar weit vom Stefansplatze, ungefähr zur gleichen Zeit wie der Dom an den Nordwestrand der damaligen Stadt, in die Ecke, auf die steile Uferhöhe des alten Donaukanalbettes gestellt worden, das als Seitenarm in der Länge des heutigen Salzgries verlief. Bereits damals konnte und sollte der Turm nicht von allen Seiten frei wahrgenommen werden, obschon die Kirche recht hoch stand. Sie befand sich nämlich inmitten eines dicht bewohnten ältesten Viertels mit Häusern, deren Mauern und Dächer von drei Seiten den Blick auf den Turm verhinderten. Nur von Nordwesten, also von der Donaurichtung her, etwa vom Kahlenberg stromabwärts sollte er weither sichtbar sein, denn er gehörte einer Kirche der Fischer und Schiffer, lag am „Gestade" und sollte ein Zeichen der nahenden Heimatstadt für die Schiffe und Kähne bedeuten, wie man ihn auch heute erst recht bloß von dieser Seite, aber freilich nur aus der Nähe frei aufsteigen sieht, wenn man vom Schottenring in die Börsegasse einbiegt. Da erhebt er sich aber noch so unbekümmert anmutig aus den aufgetürmten Dächern und Mauern rundherum, wie je, so daß man aus diesem einzigen Zeugnis einer früheren Zeit durch die Kraft der Einbildung das Aussehen und die Bauweise des alten Wien zu einem ganzen Stadtbild vervollständigen zu können glaubt.

So episch breit votierte für Maria am Gestade der Wiener Otto Stoessl, bekannt durch Romane („Das Haus Erath", 1920) und Erzählungen („Unterwelt", 1917), in denen sich der zunehmende Verfall Alt-Österreichs sowie jener der bürgerlichen Welt spiegelt. Stoessls Essays zur deutschsprachigen Literatur und europäischen Kulturgeschichte sind von Rang.

An der südlichen Außenwand der Kirche Maria am Gestade – diesem bezaubernden schlanken gotischen Fährschiff, das nicht mehr vom Ufer kam – erinnert ein Medaillon an Heinrich Suso Waldeck; [...] priesterlicher Dichter, der Seuses Namen, dieses Mystikers religiöser Tragik, nicht vergeblich führte und – wie der vielverkannte Meister vom Bodensee – eine herbe männliche Gestalt. »Rast im Dunkel« heißen die nachgelassenen Gedichte.
{Reinhold Schneider, 1957/58}

In einer Kapelle von Maria am Gestade befindet sich der Altar des Wiener Stadtpatrons, des hl. Klemens Maria Hofbauer (1751–1820), als Redemptoristenpater seit 1808 in Wien lebend und still, doch nachhaltig wirkend. Um ihn scharte sich ein katholisch-romantischer Kreis, obwohl es eine Wiener Romantik im Grunde nicht gab. Denn die Romantik wurde in Österreich von Fremden getragen, die in einer Epoche politischer Hochspannung, als auf den Schlachtfeldern Europas die Napoleonischen Kriege tobten, ihre Hoffnung in das neue Kaiserreich setzten, dessen Stern im Aufgehen war, während das Heilige Römische Reich versank. Zu diesem „Hofbauer-Kreis" zählten die Brüder Schlegel (August Wilhelm und Friedrich), Joseph von Eichendorff, Theodor Körner, Justinus Kerner (den als Arzt die Wiener Spitäler interessierten), Zacharias Werner, Ludwig Tieck (der in Wien Fuß fassen wollte), Bettina und Clemens Brentano. Sie alle weilten damals – unterschiedlich lang – in der Stadt und trafen einander auch in den Salons. Das Denkmal des Heiligen, eine Bronzebüste (Vigil Rainer, 1913), im „Dritten Reich" eingeschmolzen, steht als Nachbildung vor der Minoritenkirche, deren Rektor er 1808–1813 war.

Paula Grogger, deren heimatgebundener Erstling „Das Grimmingtor" (1926), ein Roman um den steirischen Berg, sogleich großen Erfolg brachte, war auch Lyrikerin. Aus schlichten Versen spricht tiefe Gläubigkeit.

O Maria am Gestade
Birg dein Antlitz unterm Schleier.
Draußen vor dem Turmgemäuer
Rauscht der Strom der Welt vorbei.
Weh, die Welt ist ungerade;
Prasser leben lustbesessen,
Arme in der Not vergessen,
Daß noch eine Zuflucht sei. […]

O Maria, voll der Gnade,
Leuchtende, im Fensterbogen!
Halte vor dem Wurf der Wogen
Deine Hände schmerzensbleich.
Schirm uns, daß kein Feind uns schade,
Hilf uns! Auch den Letzten lade
An dein heiliges Gestade,
Liebe Frau von Österreich.

Der **Hohe Markt**, Wiens ältester Platz, führender Markt im Mittelalter, war einst das Forum des römischen Legionslagers Vindobona (Praetorium: Hoher Markt 8). Einen denkmalschutzwürdigen Ensemble-Bestand vornehmer Zunft- und Bürgerhäuser hat zuletzt der Feuersturm des Zweiten Weltkrieges mitgerissen. Wie devastiert Wien noch 1949 aussah, zeigt der Filmklassiker von Carol Reed „Der dritte Mann" (mit Orson Welles). Verschont geblieben sind nur der Vermählungsbrunnen, das Ankerhaus mit seiner Uhr und das Haus Nr. 5. Im Nachbarhaus (Nr. 3) hatte Friedrich Halm gewohnt (eig. Eligius Franz Joseph von Münch-Bellinghausen, 1806–1871; Schottenschüler, dessen Name auf zitierter Gedenktafel fehlt), Grillparzers erfolgreicher Konkurrent in der Beamtenlaufbahn und auf der Bühne des (Alten) Burgtheaters. Aus heutiger Sicht verdient Halm viel eher wegen seiner Novellen und Erzählungen („Die Marzipanliese", 1862; „Das Haus an der Veronabrücke", 1862) genannt zu werden denn aufgrund seiner epigonalen Dramen („Griseldis", 1837; „Der Fechter von Ravenna", 1854).

Du bist mir in allen Beförderungen zuvorgekommen,
Selbst im Tod, den ich für mich in Anspruch genommen.

Bitter-ironisches Notat des alten Grillparzer dazu.

Das Ankerhaus, im Besitz der Allgemeinen Versicherungs-AG „Der Anker" (Hoher Markt 10/11 [Gedenktafel] und 12), ist zweigeteilt und durch einen Schwibbogen verbunden, der als Uhrbrücke (10 m) gestaltet wurde. Die Uhr, ein Jugendstil-Kunstwerk (Franz von Matsch, 1911–1914), soll Wiens große Vergangenheit an 12 historischen Figuren oder Figurenpaaren zeigen, die im Laufe von 12 Stunden, die Stundenziffer über sich, im Kreisausschnitt vor dem alten Wiener Wappen über die Brücke ziehen, um 12 Uhr mittags zu einem jeweils zeitgenössischen Musikstück gemeinsam paradieren. Walther von der Vogelweide (IV Uhr) wird von seinem Kreuzfahrtlied begleitet, bei Meister Puchsbaum (VI Uhr), Dombaumeister von St. Stephan, erklingt das Volkslied „Es liegt ein Schloß in Österreich", an Johann Andreas von Liebenberg (IX Uhr), Bürgermeister zur Zeit der Pest und Zweiten Türkenbelagerung, erinnert das unverwüstliche „O du lieber Augustin". Unter dem Kreisausschnitt, in der Mitte von einem prachtvollen Teppich überdeckt, lagert der Basilisk aus Wiens Sagenwelt. Die

"Anker-Uhr", von der Versicherung den Wienern gewidmet, ist längst auch Fremden zu einer Attraktion geworden.

Am **Lugeck** mit dem platzbeherrschenden Gutenberg-Denkmal (Hans Bitterlich, 1900) war früher der lebhaft frequentierte Versammlungsort von Großhändlern und Kaufleuten.

> *An das Lugek kam ich ongfer* [zufällig],
> *Da tratten Kauffleut hin vnd her,*
> *Al Nacion in jr claidung.*
> *Da wirt gehört manch sprach vnd zung,*
> *Ich dacht ich wer gen Babl khumen,*
> *Wo alle sprach ein anfang gnomen,*
> *Vnd hört ein seltzams dräsch* [Lärm] *vnd gschray*
> *Von schönen sprachen mancherlay.*
> *Hebreisch, Griechisch vnd Lateinisch,*
> *Teutsch, Frantzösisch, Türkisch, Spanisch,*
> *Behaimisch, Windisch, Italianisch,*
> *Hungarisch, guet Niederlendisch,*
> *Naturlich Syrisch, Crabatisch* [Kroatisch]*,*
> *Rätzisch* [Serbisch]*, Polnisch vnd Chaldeisch.*
> *Des volcks auch was ein grosse meng.*
> *Ich macht mich pald auß dem gedreng* [...]
> {Wolfgang Schmeltzl, 1547}

Im ehemaligen Strobelkopfhaus (Ecke **Strobelgasse** 3/**Wollzeile** 8), nahe dem Stephansplatz, soll der Nürnberger „Schuh- / macher und Poet dazu" (wie ein Spottvers lautet) als wandernder Schustergeselle gearbeitet haben. Hans Sachs selbst bezeugt diesen Wien-Aufenthalt in seiner späteren Dichtung „Von dem verlorenen redenden Gulden": *Als ich wandert von Nürnberg / Gen Wien und zum Kalenberg.* 1567 widmet der über Sechzigjährige der „weit perümbten haubtstat" Wien, die er in jungen Tagen in Augenschein genommen hat, einen volkstümlichen „lobspruech" in Knittelversen:

> *Wien, die gros, weit und volckreich stat,*
> *Der umbkrais ir stat-mawren hat*
> *Zwey-dausent schrit ringweis umbfangen;*
> *Auch hat die stat ein weiten, langen*
> *Grabn mit aufgeworffner schüete mer* [Wall]
> *Mit thürnen, zinen und vorwer* [Vorwerk];
> *Die gassen sint mit stainen hart*
> *Gepflastert, ser werhafter art,*
> *Darin die pürgerhewser hoch,*
> *Stainen, mit gmel* [Gemälden] *geziret doch,*
> *Gwelbt mit schwinpogen, gmachsam, weit,*
> *Stueben vor frost zu winters zeit*
> *Stallung zu pferdn und ander thier,*
> *Auch gar kostliches hausgeschier,*
> *Durchscheinende glasfenster füer,*
> *Daran eysren leden und thüer:*
> *Alle gemach zirlich zw-mal*
> *Als eines füersten schöner sal,*
> *Die weinkeler so dieff und weit,*
> *Das man vermaint zu dieser zeit,*
> *Stat Wien die hab unter der erd*
> *Mer gepews* [Gebäude], *den drob funden werd.*

Der **Stephansplatz** ist das Herz der Stadt, in seiner Herzmitte erhebt sich der Dom, überragt vom Turm, den die Wiener liebevoll „Steffl" nennen – weltbekanntes Wahrzeichen Wiens. Unzählbar sind seine Spiegelungen in der Literatur, Sichtweisen, die von ihm entworfen, Bilder, die verbal von ihm gemalt, Lieder, die von ihm gesungen werden. „Wir Wiener sprechen nie vom Stephansdom, sondern immer nur von der Stephanskirche. Sie [...] ist Wiens guter Geist" (Hans Weigel). Auch für Adalbert Stifter war St. Stephan Kirche, nicht Dom.

> *Wer immer* [...] *gegen die Stadt kömmt, der wird die alte, ernste, große Stephanskirche mitten in dem Häusermeere, wie einen Schwerpunkt, ruhen sehen und sich dieser Symmetrie erfreuen* [...]

Der „Steffl"

Für Justinus Kerner sang „Der Stephansturm" (1809) personifiziert ein Klagelied über den Unglauben der Zeit, für Friedrich Hebbel stand er als „ein Fels, von menschlichen Händen, / und verkündest der Welt, wie man das Dauernde schafft!" („Auf den Dom zu Sanct Stephan in Wien", 1851), Franz Karl Ginzkey sah den „Stephansturm am Abend" („Er wartet wie ein guter Hirt") und Paula von Preradović erlebte mit, wie der Dom im April 1945 in Flammen stand und die Pummerin am Boden zerschellte.

DER DOM

[...] Eines Abends aber stiegest du,
So, als wolltst du eine Fackel werden,
Funkenübersprüht, von Flammenherden
Eingeglüht, den kühlen Sternen zu.

Standest feurig leuchtend in der Nacht,
Deine Stadt noch einmal überkrönend,
Liebevoll ihr Unglück noch verschönend,
Und dann fielst du in der Frühlingsschlacht.

Der Wiederaufbau war nicht nur den Wienern, vielmehr allen Österreichern Herzensangelegenheit (Gedenktafeln beim Gitter zum Hochaltar).

Wien-Besucher vergangener Jahrhunderte wußten über St. Stephan mitunter recht Kurioses zu berichten. Evliyâ Çelebi, Weltreisender aus der Türkei – für unseren Kulturkreis vom genannten Orientalisten Hammer-Purgstall entdeckt –, kam 1665 im Delegationsgefolge des Großbotschafters Kara Mehmed Pascha (der nur drei Jahre später als oberster Heerführer des Großwesirs Kara Mustapha Wien belagern wird). In Evliyâs zehnbändigem Fahrtenbuch ist der gesamte 7. Band diesem Aufenthalt gewidmet. Ringt ihm der Dom staunende Bewunderung ab, reißt ihn bei der Orgel und Pummerin die Fabulierlaune allzu heftig mit.

Alle zusammen werden sie [die vielen Kirchen Wiens] *aber in den Schatten gestellt von dem sogenannten Stephansdom, der genau in der Mitte der Stadt steht. Niemals ist in der Türkei, Arabien* oder Persien, im übrigen Giaurenreiche [Reich der Ungläubigen] oder sonstwo in den sieben Zonen unserer Erde ein derartig riesenhafter Bau und ein solch altehrwürdiges Kunstwerk errichtet worden und wird auch niemals mehr errichtet werden. Alle Reisenden der Länder und Meere meinen, daß diese Kirche in der ganzen bewohnten Welt ihresgleichen nicht hat. Und das stimmt wahrhaftig. [...]

Diese Orgel hat einen urgewaltigen, schreckenerregenden und herzzerreißenden Klang, wie die Stimme des Antichrists, daß einem bei ihrem Brausen alle Haare am Körper zu Berge stehen. Kurz und gut, [...] daß einem beim Zuhören die Sinne in Verwirrung geraten. [...]

In diesem Turme befindet sich die größte aller Kirchenglocken. Ihr Körper hat die Größe der Kuppel eines Badehauses, ihr Schwengel die eines Pferderumpfes. Wenn diese Glocke zwölf Uhr schlägt, ist ihr Schall auf eine Strecke von zwei Tagreisen hin zu hören. Zur Winterszeit umhüllt man den Schwengel, damit die Glocke unter seinen Schlägen nicht in Stücke springt, mit Lappen aus Filz, so daß der Schlag gedämpft wird. Geläutet wird diese Glocke auf vierzig bis fünfzig verschiedene Arten. So haben sie ein eigenes Glockenzeichen für den Fall, daß die Tataren kommen und die Stadt überfallen wollen.

Rund 230 Jahre vor Evliyâ hatte die Domorgel ebenfalls schauerlichen Eindruck hinterlassen. Pedro Tafur, ein kastilianischer Edelmann, geboren in Sevilla, ansässig in Córdoba, hatte 1436–1439 eine Art Weltreise mit beeindruckender Route unternommen. Seine Reiseaufzeichnungen – später zu einer Beschreibung ausgearbeitet – berichten, er sei 1438 „unter großer Mühsal und Gefahr" von Breslau über Prag nach Wien gereist.

Die Stadt liegt am Donauflusse und ist sehr groß, etwa wie Cordova; die Häuser sind innen und außen sehr schön, die Straßen sind sehr hübsch, ebenso auch die Gasthäuser und die Kirchen, unter welchen die Hauptkirche sehr hervorragend ist. Ihr Thurm ist dem von Straßburg nachgebildet, welcher sehr schön ist. Es ist darin eine Orgel von solcher Größe, dass man, wenn sie gespielt wird, glauben möchte, die ganze Kirche falle zusammen.

Der biedere Wolfgang Schmeltzl hingegen empfand nur Freude, als er 1547 das Innere des Domes besichtigte und dabei besonderes Gefallen an zwei Kunstwerken fand, die auch heute jeden Besuch wert sind: an *Des alten Kayser Fridrichs grab* (Hochgrab Kaiser Friedrichs III.), *Von Marmelstein so schön gemacht*, und an der Domkanzel.

> *Den Predigstuhl ich schawet an,*
> *Gedacht: „wo lebt ein mensch, der kan*
> *Von stainwerg so subtil ding machn?!"*
> *Mein hertz vor freudn mir thet lachn.* [...]
> *Der maister, der diß stuck gepawt,*
> *Hat sich so kunstlich selbs eingehawt*
> *In stain am Predigstuel sein hauß,*
> *Schawt vnden zu dem Fenster auß.*

Das Selbstporträt des Meisters Anton Pilgram am Kanzelfuß ist als „Fenstergucker" weithin bekannt (auch am Orgelfuß hat er sich selbst dargestellt).

Die Aussicht vom Stephansturm (136,7 m) hat noch fast alle überwältigt, die den Aufstieg über die 343 Stufen der Wendeltreppe bis zur Türmerstube geschafft haben, wie z. B. 1798 Ernst Moritz Arndt.

> *Welch eine Welt öffnet sich einem hier! Man genießt einer der gränzenlosesten Aussichten über den lieblichsten Fleck der Erde. Unter sich hat man die große Stadt mit allen ihren Vorstädten, mit den blauen Adern der Donau, die sich durch die grünen Eilande hinschlingen, und fernher begegnet einem ein Kranz schöner Berge mit ihren Schlössern und Dörfern. Sehnend läuft das Auge dem stolzen Strome nach und findet ferne seine Ruhe an einem hohen Berge, an den sich ein kleinerer stützt, auf dessen Hange man das Schloß von Preßburg in Ungarn herüberschimmern sehen kann. Wir genossen stumm und staunend dieses himmlischen Anblicks eine gute Stunde [...]*

Helmuth von Moltke jedoch, später Graf und Generalfeldmarschall, konnte schon 1835 sein rein militärisches Interesse nicht verleugnen. Ihm scheint die Aussicht zweitrangig.

Rund um St. Stephan

Auch die Spitze des Thurmes erstiegen wir; 757 Stufen führen auf den sogenannten Starhembergssitz: eine kleine Bank in einer Nische, von welcher aus man das weite Marchfeld überblickt und weit hinein nach Mähren und Ungarn schaut. Da saß mit kummervollem Herzen der alte Starhemberg [Ernst Rüdiger Graf Starhemberg, der Verteidiger Wiens 1683] *und bewachte die stets näher rückende Macht der Türken. Die weite Ebene war bedeckt mit ihren Zelten und Pferden, die große, hunderttausend Centner schwere Kette, die jetzt im Kaiserlichen Zeughaus hängt, war geschmiedet, um die Donau zu sperren, die österreichische Streitmacht war vernichtet, der Kaiserliche Hof nach Linz geflohen, das Reich von Uneinigkeit, wie immer, zersplittert, und keine Hülfe war daher zu hoffen. Damals gab es noch keine Vorstädte vor Wien, die heute zehnmal so viel Raum bedecken wie die eigentliche Stadt. Derselbe Wall, wie er jetzt noch steht, nur nach einer Seite mit ein paar kleinen Außenwerken versehen, war das Bollwerk des Christenthums. Hunger und Krankheit hatten die unglückliche Stadt aufs Aeußerste gebracht, es handelte sich um Tage und Stunden, so glänzte der Halbmond auf dem Stephan, der Islam triumphirte in der Hauptstadt der christlichen Welt. Wie ganz anders möchte es dann in Europa geworden sein. Die Reiter Sobieskis* [des polnischen Königs] *entschieden damals das Schicksal der Welt.*

Von Starhembergs Sitz steigt man noch über 100 Stufen in die Spitze des Thurmes. Von hier übersieht man ganz Wien wie auf einer Landkarte: die Glacis, welche die Vorstädte von der Stadt trennen und die Bastei zu einer der schönsten Promenaden der Welt machen, die Schlösser und Landsitze der Umgegend, das nahe Kahlengebirge und die fernen Karpathen und Alpen, welche schon ganz mit Schnee bedeckt sind.

Am eindrucksvollsten hat den Panoramablick (beim Erwachen der Stadt am Morgen) wohl Adalbert Stifter geschildert: „Aussicht und Betrachtungen von der Spitze des St. Stephansthurmes".

Der Theil gerade zu unsern Füßen ist die eigentliche Stadt. Wir sehen sie, wie eine Scheibe um unsern Thurm herumliegen, ein Gewimmel und Geschiebe von Dächern, Giebeln, Schornsteinen,

Thürmen, ein Durcheinanderliegen von Prismen, Würfeln, Pyramiden, Parallelopipeden, Kuppeln, als sei das Alles in toller Kristallisation an einander geschossen, und starre nun da so fort. – In der That, von dieser Höhe der Vogelperspective angesehen, hat selbst für den Eingebornen seine Stadt etwas Fremdes und Abentheuerliches, so daß er sich für den Augenblick nicht zu finden weiß. Wie eine ungeheure Wabe von Bienen liegt sie unten, durchbrochen und gegittert allenthalben, und doch allenthalben zusammenhängend, nur die Gassen nach allen Richtungen sind wie hineingerissne Furchen, und die Plätze wie ein Zurückweichen des Gedränges, wo man wieder Luft gewinnt. Senkrecht im Abgrund unter uns liegt der Platz St. Stephans, die Menschen laufen auf dem lichtgrauen Pflaster wie dunkle Ameisen herum, und jene Kutsche gleitet wie eine schwarze Nußschale vorüber, von zwei netten Käferchen gezogen, und immer mehr und mehr werden der Ameisen und immer mehr der gleitenden Nußschalen. Dort, nur durch eine dünne Häuserschicht von uns getrennt, steht die schöne schwarze Kuppel St. Peters, von dieser Höhe erst sichtbar, wie weit sie die Häusermasse überragt – hinter ihr der freundliche Thurm der Schottenabtei, links das schlanke Stift St. Michaels, dann die Augustiner, die Kapuziner, und zwischen ihnen allen – (selber eine kleine Stadt) die ehrwürdigen Gebäude der kaiserlichen Hofburg. Dann schwingt sich von Süd gegen Ost herum die Häusermasse des Kärnthnerviertels, durchschnitten von dem sanften Bogen der Kärnthnerstraße, der menschenwimmelnden – dort ragen die Franziskanerthürme, weiter links die der Universität empor, und dort gegen Nordwest – du kleines bescheidenes Thürmchen! St. Ruprecht, ältestes der Stadt – und wieder links davon die zart durchbrochne Spitze von Maria am Gestade – und noch andere und andere Thürme, Giebel, Erker und Balkone.

Ein reicher Sagen- und Legendenschatz rankt sich um St. Stephan. Franz Karl Ginzkey (als Novellist schon genannt), der sich besonders um die Balladendichtung verdient gemacht hat, gestaltete manches aus diesem Sagenkreis sehr humorvoll in seinen „Balladen aus dem alten Wien" (1922; „Balladenbuch", 1931), unter denen sich auch die „Ballade vom lieben Augustin" sowie „Der Basilisk" finden. Ginzkey, sich selbst in seiner autobiographischen „Reise nach Komakuku"

(1923) als eine Kreuzung zwischen Soldat und Lyriker bezeichnend – man muß hinzufügen: in bester alt-österreichischer Tradition –, erweist sich durch seine rund 50 Werktitel tatsächlich als hervorragender Lyriker, zugleich als Epiker durch seine Künstlernovellen („Der Wiesenzaun", 1913), als Kinderbuchautor („Hatschi Bratschis Luftballon", 1904), ferner als Tiergeschichtenerzähler von Rang („Der Kater Ypsilon", 1926). Auch Sagen hat er in Prosa erzählt.

DER ZAHNWEH-HERRGOTT

*A*N DER RÜCKSEITE DER STEPHANSKIRCHE *zu Wien kann man unter allerlei anderen ehrwürdig verwitterten Bildwerken auch einen steinernen Ecce-Homo gewahren, ein Bildnis des Erlösers mit der Dornenkrone. Es ist ein sehr altes, von verschollener Meisterhand stammendes Kunstwerk, und es soll früher inmitten der Gräber auf dem Petersfreithof gestanden sein. Man hat es, als der Friedhof aufgelassen wurde, an die rückwärtige Mauer der Stephanskirche gestellt, neben das bekannte Fegefeuerbild des Historienmalers [Joseph] Danhauser. Dort bleibt es nun, von einem Dächlein geschützt, und führt in seiner stillen Weise Zwiesprache mit jedem, der es mit mehr oder minder gläubigem oder nachsinnendem Herzen betrachten will.*

Im Wiener Volksmund heißt das Bild der »Zahnweh-Herrgott«, woran sich eine lehrreiche Sage knüpft. Ein altes frommes Weiblein soll nämlich im Drange nach einem besonders gottesfürchtigen Werke dem Heiland einen Kranz aus roten Rosen um die Dornenkrone gewunden und ihn, damit der Wind ihn nicht verwehe, mit einem Tüchlein befestigt haben, das sie dem Heiland ums Kinn band. Kamen bald darauf drei schwerbezechte adelige Junker und höhnten den Gekreuzigten: ob er etwa Zahnweh habe? Noch in selbiger Nacht aber schwollen den dreien die gottlosen Backen in entsetzlicher Weise auf, und sie brüllten vor Schmerzen wie der Stier von Salzburg. Kein Hausträwnklein half, kein Bader und kein Zauberssprüchlein, bis sie endlich reuigen und zerknirschten Sinnes ihre Missetat bekannten und den Heiland um Gnade anflehten, worauf sie von ihren Qualen wieder erlöst wurden.

Die gotische Skulptur des „Zahnweh-Herrgotts" befindet sich in der Halle unter dem unausgebauten Nordturm, in unmittelbarer Nähe der

Capistran-Kanzel, einer steinernen Nachbildung jener hölzernen Kanzel, auf welcher nicht nur der bekannte Johannes Capistran gepredigt hat, sondern 1451 auch Nikolaus von Cues, der an der Schwelle vom Mittelalter zur Neuzeit als gelehrtester Geist seiner Zeit ein richtunggebendes Weltbild gestalten konnte, überall um Versöhnung der Gegensätze bemüht, um Überwindung des Gott-Welt-Dualismus. Als päpstlicher Legat reiste der Kardinal und Fürstbischof von Brixen durch das gesamte damalige Reich. Die erste Predigt dieser Legationsreise hielt der Cusaner am 1. oder 2. März von der Capistran-Kanzel herab *in der loblichen stat auf sand Steffans freythoff zw Wyenn* (der Kirchenraum reichte für die Volksmenge nicht aus). Die Predigt hat sich in der Nachschrift eines Wiener Hörers erhalten als *ein kurcze ler vnd auslegung vber den heyligen pater noster* – die Wiener Vaterunser-Predigt.

Eine Gedenktafel am Churhaus (Stephansplatz 3) erinnert an den Vorgängerbau, die berühmte Schule bei St. Stephan, die älteste (bereits 1237 erwähnt) und bedeutendste höhere Lehranstalt der Stadt bis zur Gründung der Universität. Der „Doligamus" (Weibertücke) des Adolfus von Wien, 1315 nicht eben mühelos in lateinischen Distichen abgefaßt, verherrlicht in der panegyrischen Widmung an den Lehrer Ulricus (tatsächlich einer der fähigsten Rektoren) zugleich Stephanskollegium und geistiges Wien:

Großes erhabenes Wien, du Österreichs adlige Hauptstadt,
Lernende, reich an Zahl, strömen dir, herrliche, zu.

Unmerklich geht der Stephansplatz in den **Stock-im-Eisen-Platz** über, der eigentlich durchs Einmünden der Kärntnerstraße in den Graben gebildet wird. An jener Ecke in einer verglasten Nische des Palais Equitable ist der namengebende „Stock im Eisen" zu finden, ein mit Nägeln beschlagener Fichtenstrunk aus dem 15. Jahrhundert, den Sagen und Mären umwuchern (einige auf den Bronze-Torflügeln des Palais und in Plastiken über dem Tor dargestellt), dessen wahre Bedeutung jedoch nicht geklärt werden konnte (Original im Wien Museum Karlsplatz).

Rund um St. Stephan

Der **Graben** ist seit jeher die Flaniermeile der Stadt. Johannes Pezzl, Bibliothekar und Vorleser des Staatskanzlers Fürst Wenzel Kaunitz, schriftstellerisch als „Wiener Voltaire" von seinen Zeitgenossen überschätzt, hingegen als Stadthistoriker heute noch von Bedeutung, beschrieb in seinen „Wiener Skizzen" den Graben des Jahres 1788.

Der Graben ist das für Wien, was der San Marco in Venedig. Er wird den ganzen Tag über nicht von Menschen leer. Wer eine überflüßige halbe Stunde hat, wo er gern etwas Bewegung machen möchte, spaziert ein paarmal den Graben auf und nieder. Von 11 bis 1 Uhr Mittags besonders, und Abends in der Dämmerung, wimmelt es hier zu allen Jahreszeiten von Mannsleuten. Da über den Graben der Weg nach der Burg, nach dem Theater, nach der Michaeler-Kirche aufwärts, und nach der Stephans-Kirche abwärts führt, so sieht man hier stets vornehme und schön geputzte Leute beiderlei Geschlechts in Wagen, zu Pferde und zu Fuß vorüber gehen, auch ist man sicher, täglich, ja beinahe stündlich, einige seiner Bekannten zu treffen. … In den Sommermonaten ist die ganze untere Seite des Grabens von sieben Uhr Abends bis Mitternacht mit Stühlen besezt, worauf man aus den benachbarten zwei Kaffeehäusern mit Gefrornem – einer Lieblingsleckerei der Wiener – und andern Erfrischungen bedient wird.

Der schon gewohnte allgemeine Zusammenfluß von Menschen auf diesem Plaz, macht, daß die gutwilligen Mädchen ihn vorzüglich besuchen, um dort ihre Netze auszuwerfen: darum sind die Worte Graben-Nymphe,*) Graben-Mädchen und Lustmädchen von Einerlei Bedeutung.

*) Man hat ein Taschenbuch für Graben-Nymphen, ein kleines drolliges Ding, das die Künste und Lebensart dieser Geschöpfe sehr komisch und witzig darstellt.

Am Graben locken die Auslagen alteingesessener Traditionsgeschäfte wie vor 160 Jahren.

Wenn ein Mann, der sein gehöriges Geld hat, vom Lande hereinkommt und nur den Stephansplatz, Stock im Eisen, Graben, Kohlmarkt entlang geht und all die glänzenden, lockenden Gläserkästen

ansieht, wie sie ohne Unterbrechung endlos fortlaufen – der Mann ist verloren, er muß etwas kaufen, vorzüglich, wenn er etwa eine Frau und Töchter zu Hause hat, an die er denkt.
{Adalbert Stifter, 1844}

Bereits im Mittelalter galt es als nobel, am Graben zu wohnen. Der gelehrte Mediziner Heinrich von Neustadt (d. i. Wiener Neustadt), belesen und poetisch begabt, dichtete mitten am Graben, wo er seit 1312 mit dem Freisingerhof (Nr. 29–29a) belehnt war, den letzten großen Liebes- und Abenteuerroman der späthöfischen Zeit, „Apollonius von Tyrland", aber in seinem zweiten Werk, der religiösen Lehrdichtung „Von Gottes Zukunft" („Herabkunft", Erscheinen Gottes auf Erden), zeigt er sich von einer ganz anderen Seite, theologisch geschult, auch mit geistlicher Literatur vertraut, zudem – als Frauenfeind. Oder hat der Arzt, zieht er über die gefräßige (und somit gewiß mollige) Wienerin her, nur Bedenken wegen der übermäßigen Kalorienzufuhr? Wenn man will, kann man die erste Erwähnung des Wiener Backhendls herauslesen.

Frazheit [Gefräßigkeit] *hat genomen ubern hant,*
Und aller meiste in Osterlant [Österreich]
Trunken, vol und uber sat
Ist manig man in Wiener stat
Und etteliche frauwe auch al da.
Wie sie ez gewůnne oder wa [wo],
Sie můz iemer gnůg haben,
Gar fruhe ir krankes hertze laben.
E [Ehe] *sie dann zu der kirchen ge,*
Sie drinkt liht [leicht] *ein engstel* [enghalsiger Krug] *e*
Und ißet auch viel liht ein hůn.
Daz můz ir dann gar sanfte důn
In dem heubt und in dem magen.
Sie machent veizt [feist] *iren kragen* [Hals],
Daz sie phnesten [grunzen] *als die swin* [Schweine]*:*
Da mit wil sie dann heilig sin.

Der Freisingerhof mußte dem Trattnerhof weichen; als auch dieser 1911 demoliert wurde, zog Peter Altenberg, stets gut informierter Stadtflaneur, gegen die modernen Architekten zu Felde.

DER TRATTNERHOF.
Also dieser aristokratisch-einfache, zweckmäßig gegliederte alte Bau soll nun auch verschwinden!
Statt dessen werden schreckliche Unnötigkeiten erstehen, Türmchen mit Kupferplatten versehen, oder eiserne schwarze, oder vergoldete; riesige Emailplatten in allen Farben; kleine Balkone, auf die niemand hinaustreten kann, mit Geländern wie irrsinnig gewordene Schlänglein! Ein Tohuwabohu der Unzulänglichkeiten! Ein architektonischer Hexensabbat alles Unnötigen, Unzweckmäßigen, blöd Verschwendeten auf Erden! In unseren geliebten Spielereischachteln einstens waren Häuser mit glatten edlen Wänden, breiten Fenstern, hohen Dächern, großen Haustoren. Da konnten wir uns weite, stille, abgeschiedene Zimmer hineindenken, in denen man ein Refugium fand vor den Stürmen des äußeren Lebens! Aber heutzutage ist man ehrlich; an der Schnickschnackfassade sollst du es nämlich sogleich zu spüren bekommen, daß du auch in deinem eigenen, von dir selbst bezahlten Zimmer, keinerlei klösterlichen Frieden, Ruhe, Sicherheit, Vereinsamung, Abgeschlossenheit mehr finden könntest - - -! Die Menschen suchen Ornamente, Verschnörkelungen, Zieraten (ein ekelerregendes Wort), weil sie zu ihren eigenen, in sie von Gott gelegten Paradieseseinfachheiten noch nicht vorgedrungen sind!
Der alte, einfache, edle Trattnerhof hat durch Jahrzehnte niemanden gestört, belästigt. Ich sehe nun schon alle Künsteleien ihre schändlichen Orgien feiern. Häuser werden zum Bewohntwerden errichtet, meine Herren Architekten; architektonische Knockabouts [Radaubrüder] gehören in den Wurstelprater!

Im ehemaligen Storchenhaus (Graben 19) wohnte Marx Treitzsaurwein von Ehrentreitz, Geheimschreiber (Sekretär) Maximilians I. Erfüllt von der ruhmfreudigen Idee des Fortlebens, griff der Kaiser sogar persönlich zur Feder, um jenes Bild zu zeichnen, das die Nachwelt von ihm erhalten sollte. Die kaiserlichen Geheimschreiber (neben Treitzsaurwein noch Melchior Pfinzing) sollten – ähnlich modernen Ghostwritern – nach kaiserlichen Anweisungen, Entwürfen und zeitweisen Diktaten die drei poetischen Prachtwerke der Selbstdarstellung Maximilians in stilistische Form bringen: den Prosaroman „Weisskunig"

– ursprünglich war Konrad Celtis mit der Abfassung betraut gewesen –, das Versfragment „Freydal" und die versifizierte Allegorie „Theuerdank", 1517 als erstes deutsches bibliophiles Buch gedruckt. Wien war damals Zentrum des gesamten Geisteslebens der Epoche. Franz Ferdinand Masaidek, erwähnter Volksschriftsteller („Staberl als Fremdenführer in Alt- und Neu-Wien", 1868), krächzte als „Spottvogel" 1873 auch über dem Graben.

> *Graben und Kohlmarkt, die elegantesten Punkte Alt-Wiens, sind zugleich die Mittags- und Abendbörse für unplatonische Liebesgeschäfte. Wenn jedes Weiblein, das hier stehen bleibt, um sich umzusehen, gleich Madame Loth in eine Salzsäule verwandelt würde, dann könnte unser Finanzminister bei Aufrechthaltung des Salzmonopols in fünf Jahren die gesammte Staatsschuld zurückzahlen; vorausgesetzt, daß diese nicht schneller zunehmen würde, als die Aussichten auf Aufhebung der Staatsmonopole.*

Nur ein Lustrum später (1878) beobachtete Friedrich Schlögl sozialkritisch das lebhafte Treiben am Graben.

> *Der „Graben" war stets der Mittelpunkt des „Wiener Lebens"; er blieb's in guten und schlimmen Tagen. […]*
> *Er bildet den Hauptsammelplatz Wiens und zugleich den gesuchtesten Durchgangspunkt der meisten städtischen Passanten. Alle Stände, Schichten und Klassen der residenzlichen Bevölkerung haben ihre Delegierten hierher gesendet; reich und arm, vornehm und gering, Adel und Bettler kommen hier in drängende Berührung und dies mitten im farbigen Chaos einer Musterkarte von Pferden und Wagen jeglichen Genres, die von und nach allen Richtungen sich vorwärts sputen oder mühsam forthumpeln. Ein anregender, charakteristischer, die Weltstadt auf den ersten Blick signalisierender Wirrwarr! Ein Mosaikgemälde voll der schreiendsten Kontraste, ein Farbenspiel in allen denkbaren Nuancen!*
> *Was haben die Leute hier alle zu tun und zu suchen? Was führt sie hierher? Die Notwendigkeit oder die Gewohnheit? Wohl beides. Neben dem eiligen Geschäftsmann der phlegmatische Bummler; neben der eleganten Dame die leichtgeschürzte Grisette; neben kal-*

kulierenden Bankiers und witzelnden Börsianern die Vertreterinnen der Halb-, Viertel-, Achtel- und Sechzehntelwelt; neben sinnenden Peripatetikern lärmende Spielzeughändler; neben ernsten Würdenträgern eitle Modegecken; neben asketischen Schwärmern juxvolle Taugenichtse; neben frommen Himmelsbräuten orthodoxe polnische Kratzer; neben hastigen Liebesboten dralle Ammen; neben schmucken Offizieren züchtige Ballerinen und übermütige Tragödinnen; neben spähenden Taschendieben zugeknöpfte Detektivs; neben geröteten Gourmands bleiche Hungerleider; neben schmunzelnden Krösussen abgezehrte Bettelkinder. [...] – sie alle treten in frappierender Wahrheit mit ihren pronnonziertesten Merkmalen uns vor Augen und markieren in ihren heterogensten Eigenschaften zugleich den kosmopolitischen Charakter des Platzes, wo Rosenkränze in schwerer Menge und Schminke in zahllosen Schachteln in derselben Stunde verkauft werden, wo in engster Nachbarschaft jauchzende Lust und das trübseligste Elend zu schauen ist!

Welch Leben in dem Bilde, das uns den Graben so recht wiedergibt, wie er in Wirklichkeit ist!

Dominiert wird der Graben von der hochbarocken Pestsäule oder Dreifaltigkeitssäule (u. a. Johann Bernhard Fischer von Erlach, Paul Strudel, Lodovico Burnacini; 1693 geweiht), die Kaiser Leopold I. während der verheerenden Pestepidemie von 1679 gelobt hatte. Die hölzerne Vorläuferin, gleich nach Erlöschen der Pest provisorisch errichtet, diente Abraham a Sancta Clara zur Kanzel, als er 1680 bei der Dankfeier auf dem festlich geschmückten Graben eine große Dreifaltigkeitspredigt hielt. Seine eindringlich-aufrüttelnden Kanzelreden und Schriften über die „Pestilentzische Seuch" gipfeln in dem mächtigen Memento mori in „Mercks Wienn".

[W]er aber Anno 1679. in der Wiennstatt in dem Monath September hat gelebt / der muß es hoch betheuren / das solches Elend allen Mahlern zu entwerffen vnhmöglich scheinet / dann der Todt solcher gestalten gewütet / daß vielen vorkommen / es sey der allgemeine Epilogus vnd Weltschluß verhanden / es findet sich nicht ein einige Gassen noch Gassel / deren doch so viel in dieser Volckreichen Residentz Statt / welche deß Todts Grimmen nicht hätte außgestanden.

*In der **Herrengassen** hat der Todt geherrschet. In der **Klugerstrassen** / ist der Todt nicht klueg gewest / sondern verschwenderisch. In der **Bognergassen** / hat der Todt ziemlich seinen Bogen abgeschossen; In der **Singerstrassen** / hat der Todt vielen das Requiem gesungen. In der **Schulerstrassen** / hat der Todt kein Vacanz gesetzt. [...] In der **Naglergassen** / hat der Todt seine Pfeil gespitzt; In der **Himmelportgassen** / hat manchen der Todt geschickt im Himmel oder darneben. In der **Joannesgaß** / ist der Todt Joannes in eodem gewest. Auff dem **Hohenmarckt** / hat der Todt viel erniedriget. Auff dem **Fischmarckt** / hat der Todt keinen Fastag gehabt. Auff dem **Neuenmarckt** / hat der Todt keinen nichts Neues gemacht. Auff dem **Kohlmarckt** / hat der Todt nichts als kohlschwartze Trauerkleider verursachet. [...] Im **Stock in Eysen** / hat sich der Todt hart gnug erzeigt: Summa es ist keine Gassen noch Strassen / ob auch ihre Nahmen nicht alle hier beygefügt / so wohl in Wienn als in dero grossen weiten Vorståtten / welche der rasende Todt nicht håtte durchstrichen; Man sahe das gantze Monath vmb Wienn / vnd in Wienn nichts als Todte tragen / Todte führen / Todte schlaiffen / Todte begraben [...]*

Ein wortspielreicher, topographisch präziser Gang durch das damalige Wien, die heutige „Innere Stadt". Einige Namen nur sind abgekommen, die meisten bestehen noch. Manche Gassennamen erinnern an einstige Viertel, in denen jeweilige Berufe, streng reglementiert nach Zünften, ansässig waren.

Der nach Jans Enikel zweite bedeutende Reimchronist, Ottokar aus der Geul, hat in seiner fast 100 000 Verse umfassenden „Steirischen Reimchronik" (entstanden zwischen 1301 und 1319) auch detailfreudige Genrebilder des Wiener Alltagslebens gegeben, selbst in durchaus ernstem Zusammenhang. Als er den Aufstand der Wiener Bürger 1287 gegen Herzog Albrecht I. schildert, gibt er einen nahezu lückenlosen Katalog der (notleidenden) Wiener Handwerker und Gewerbetreibenden, die sich ihrerseits gegen die Bürger auflehnten. Eine Vielfalt von Spezialisten kann er aufzählen, insgesamt 46 an der Zahl. Sie alle, erzählt Ottokar, wurden zornig über die Teuerung von Holz und Kohle, die sie für das Feuer bei der Arbeit brauchten. Und noch einen großen Mangel vermeldet er: In der ganzen Stadt gab es nicht so viel Holz, daß man hätte ein Bad zurichten können. Daher mußte man Frauen und Mädchen schmutzig sehen, die vorher doch so schön und rein gewesen waren. Die letztlich humorvoll endende Liste funktionsteiliger Erwerbsarbeit macht die Zünfte nahezu lebendig. Selbst ihr Chronist ist lebendig geblieben. Grillparzer hat seinem Gewährsmann ein rühmendes Denkmal als Ottokar von Horneck gesetzt, der im Drama „König Ottokars Glück und Ende" das „Loblied auf Österreich" sprechen darf.

Im Jahre 1781 stand der einflußreiche Berliner Buchhändler und Verleger Friedrich Nicolai, Autor des Romans „Das Leben und die Meinungen des Herrn Magister Sebaldus Nothanker" (3 Bände, 1773–1776), vor der Pestsäule. Über den Graben mit dem Hof seines Berufskollegen Trattner – trotz dessen bekannter Nachdruckpraxis – fand er ungewohnt gute Worte, die monumentale Wolkenpyramide entlockte ihm ausschließlich Worte des Abscheues.

*Auf dem Graben. Dieß ist nächst dem **Hofe** der schönste Platz in Wien, und bey weitem der volkreichste. Er dient nebst dem benachbarten **Kohlmarkte** im Sommer zum Abendspaziergange, weil der Prater und Augarten des Abends geschlossen wird, und auf der Bastey des Abends zu gehen nicht erlaubt ist; und wird mehr besucht, wie der **Hof**. Die vornehmste Zierde des **Grabens** ist das vor einigen Jahren neuerbaute große Gebäude des **Herrn von Trattner** Hofbuchdruckers und Buchhändlers. Es begreift sechs ehemalige Häuser, daher es die Nrn. 591 bis 596 führt, und da es ehemals dem **Bischoff von Freysingen** gehörte, so führt es noch den Namen der **Freysingerhof**. Es ist unstreitig das prächtigste und größte Privatgebäude in Wien.*

*Auch soll dieser Platz durch die sogenannte **Dreyfaltigkeitssäule**, eine 66 Fuß hohe Masse von Salzburger Untersperger Marmor, gezieret seyn. Man macht in manchen Büchern viel Wesens von diesem Werke. Es ist wahr, daß gute Bildhauer daran gearbeitet haben, und daß die einzelnen Figuren wohl besser sind, als z. B. die elenden Figuren an der Säule **Auf dem Hofe**. Aber das Ganze ist, als **Kunstwerk** betrachtet, ein ungeheures Gemengsel von unzusammenhängenden Dingen. [...] Kein Kunstkenner, welcher der großen Eindrücke, so die simplen und edlen Werke der Bildhauerkunst gewäh-*

Dreifaltigkeits- oder Pestsäule

ren, gewohnt ist, kann diese Masse von ungruppirten und ohne Effekt über einander gethürmten Figuren mit einigem Wohlgefallen ansehen [...] Wolken von Stein, die in der Luft schweben, müssen immer unnatürlich bleiben.

In seiner „Beschreibung einer Reise durch Deutschland und die Schweiz im Jahre 1781. Nebst Bemerkungen über Gelehrsamkeit, Industrie, Religion und Sitten" (12 Bände, 1783–1796) bringen die Bände 2 bis 6 alle Wiener Beobachtungen, Befunde, Kommentare und Urteile eines Mannes, der aus dem protestantischen Norden in den katholischen Süden kam und hier vielem verständnislos gegenüberstand, wie z. B. der ausführlich festgehaltenen Wiener Fronleichnamsprozession (mit ihren 47 Zünften an der Spitze). Ein kulturgeschichtlich bedeutsamer, dabei völlig einseitiger, voreingenommener Reiseschriftsteller. Vier Wochen genügten Nicolai, an den Wienern kein gutes Haar mehr zu lassen.

*Wien ist eine **alte** Stadt, und auch schon seit alten Zeiten wegen des **Wohlstandes** und **Reichthums** ihrer Einwohner, und wegen aller guten und schlimmen Folgen des Reichthums, berühmt gewesen. Besonders sind Pracht und Wohlleben, übermäßiger Hang zum Genusse, Weichlichkeit und Zerstreuung, Sorglosigkeit und Leichtsinn von je her für charakteristische Eigenschaften der Einwohner Wiens gehalten worden. [...]*

*Das **Wohlleben**, die **Weichlichkeit**, die vielen **Schmausereyen der Wiener**, fallen jedem Fremden in die Augen. Daß die Tafeln vornehmer und reicher Leute mit vielen und ausgesuchten Speisen besetzt sind, findet sich allenthalben, ob man gleich dieses in Wien viel weiter treibt, als an andern Orten. Aber wie weit Schleckerey und Gefräßigkeit bey den mittlern und niedern Ständen dieser Stadt geht, davon kann man keine Idee haben, wenn man es nicht gesehen hat. [...]*

*Die meisten Wiener halten dieß beständige Schmausen für einen sehr großen Vorzug ihrer Stadt. Sie glauben, wer nicht so viel esse wie sie, sey ein elender Mensch, ein Hungerleider. Besonders thut man meinem Vaterlande Brandenburg in Wien sehr oft die Ehre, es das **Hungerland** zu nennen. [...] Alles liebt in Wien Gemächlich-*

keit, Vergnügen, Zerstreuung, Genuß; und wer dieses liebt, findet gewiß keinen Ort diesem gleich. Sicherlich giebt es nirgends in Deutschland so viel Müßiggänger als in Wien. Man darf zu allen Zeiten des Tages in die Kaffeehäuser und im Sommer in die Kaffeegärten gehen, so findet man beständig eine Menge Menschen, die sich mit **Nichts** beschäftigen.

Glimpflicher als die Bewohner selbst kommen bei dem genau beobachtenden Kritiker die Häuser weg, die in der Folgezeit vielfach reizlosen Neubauten weichen mußten.

Die Häuser in der Stadt Wien sind sehr solide, größtentheils von Bruchsteinen, zum Theil auch von Ziegelsteinen erbaut. [...]
Ich habe schon im vorigen Theile angemerkt, daß alle Häuser mit einer an dieselben angeschriebenen **Nummer** bezeichnet sind. Außer diesen haben noch die meisten bürgerl. Häuser ein besonderes Zeichen, wornach die Häuser benennt werden. Dies rührt vermuthlich noch von der Zeit her, da die Häuser noch nicht mit Nummern bezeichnet waren. Dieses Zeichen ist entweder ans erste Geschoß angemalt, oder die Abbildung hängt von einer eisernen Stange herab. Einige Häuser führen auch den Namen noch, wenn gleich die Zeichen nicht mehr vorhanden sind. Verschiedene dieser Zeichen klingen wunderlich genug, z.B. beym *) **Esel in der Wiege; beym Roß in der Wiegen; beym Stoß im Himmel; beym blauen Herrgott; beym Herrgott auf der Wiesen; beym drey Herrgott; bey der schwarzen Mutter Gottes; bey der kleinen heiligen Dreyfaltigkeit; beym goldnen Auge Gottes; bey der unbefleckten Empfängniß; beym blauen Mondschein; bey der Möglichkeit; beym fröhlichen Bauer; beym süßen Mann; beym lösch den Durst; beym Strobelkopf; beym goldnen Rauchfangkehrer; beym Franzosen nach der Mode; beym Küß den Pfennig; wo der Wolf den Gänsen predigt; wo der Hahn im Spiegel schaut; wo die Kuh im Brette spielt;** u. d. gl. m. [und dergleichen mehr]
Die genaue Bezeichnung der Häuser ist wohl nöthig, sonst möchte man öfters nicht finden können, was man sucht [...]

*) Das Wort bey wird in Wien nicht für die Gegend des Hauses, sondern für das Haus selbst gebraucht. Man sagt z.B.: Er wohnt beym Elephanten, das heißt im Hause selbst, das dieses Zeichen hat, nicht etwa neben an.

Friedrich Nicolai hatte sein Berliner Verlagshaus zum Mittelpunkt des geistigen Lebens und sich selbst zum „Literaturpapst" der Aufklärung gemacht. Letztlich überzog er seine angemaßte Stellung durch doktrinäre Kritik, auch Parodien – u. a. auf Goethes „Werther" („Die Freuden des jungen Werthers", 1775) sowie Herders Volksliedersammlung –, wurde angefeindet und verspottet: von Goethe (vgl. „Faust" II, Walpurgisnacht) und Schiller gemeinsam („Xenien"), Ludwig Tieck („Prinz Zerbino"), Johann Gottfried Herder, Johann Heinrich Jung-Stilling, Christian Garve, Johann Gottlieb Fichte. Aus Wien gab es ebenfalls verärgerte Reaktionen von Johann Aloys Blumauer (bekannt durch das komische Versepos „Vergils Aeneis travestiert", 1782) und Lorenz Leopold Haschka (Dichter der alt-österreichischen Hymne „Gott erhalte Franz, den Kaiser"; Vertonung: Joseph Haydn).

Grillparzer, der Nicolais Beschreibung von Jugend an kannte, nahm sie während der Vorbereitung seiner Deutschlandreise 1826 wieder zur Hand und schrieb gegen Ende Mai ein stachelig-spöttisches Epigramm mit deutlichen Verweisen auf Nicolai-Stellen.

> *O weh, o weh, du armes Land!*
> *Es haßt dich Nikolai;*
> *Er spricht dir ab Sinn und Verstand,*
> *Als wärst du ein Owai*[1]*.*
> *Denn ach, sein kritisch Auge fand*
> *Zu viel Genuß, zu wenig Sand*[2]*,*
> *Und keinen Nikolai.*[3]

[1] Gebräuchlicher Ausdruck für Hawaii.
[2] Nicolai lobte den märkischen Sand seiner Heimat.
[3] Der Aufklärer suchte in den Bibliotheken vergebens nach den über 100 Bänden der von ihm begründeten und herausgegebenen „Allgemeinen Deutschen Bibliothek" (1765–1796) – eine der umfassendsten Literaturzeitschriften –, die der österreichischen Zensur zum Opfer gefallen war.

Karl Kraus, schonungsloser Diagnostiker des Verfalls, hat sein gigantisches Antikriegsdrama, wie er selbst sagte, einem Marstheater zugedacht (es würde etwa zehn normale Theaterabende umfassen). Bei dem unablässigen Wechsel der Schauplätze und Figuren (außer dem pessimistischen Nörgler und dem Optimisten) siedelte er manche Szenen an markanten Punkten Wiens an.

MONOLOG DES NÖRGLERS
(Aus der Tragödie »Die letzten Tage der Menschheit«.)
Schluß eines Aktes.

Nacht. Der Graben. Es regnet. Menschenleer. Vor der Pestsäule.
Man kann in eine Seitengasse blicken.

So merk ich wieder, wie's von unten regnet.
Aus Schlaf und Schlamm die alte Schlamperei,
sie spricht den schlaff zerlassenen Dialekt
des letzten Wieners, der ein Pallawatsch
aus einem Wiener ist und einem Juden.
Hier ist das Herz von Wien und in dem Herzen
von Wien ist eine Pestsäule errichtet.

(Er bleibt vor der Pestsäule stehen.)

Dies Wiener Herz, es ist aus purem Gold,
drum möchte ich es gern für Eisen geben!
O ausgestorbene Welt, das ist die Nacht,
der nichts mehr als der jüngste Tag kann folgen.
Verschlungen ist der Mißton dieses Mordens
vom ewigen Gleichmaß sphärischer Musik.
Der letzte Wiener röchelt noch im Takt
und läßt die Seele irdischen Behagens
rauschend, den letzten Regen dieser Welt
durchdringend, auf das nasse Pflaster fließen.

(Er blickt in die Seitengasse und sieht dort einen Betrunkenen,
der mitten auf der Straße ein Bedürfnis verrichtet.)

Hier steht er, eine Säule seiner selbst,
in riesenhafter Unzerstörbarkeit!
Er kann nicht untergehn, es überlebt
dies Wahrzeichen der staubgebornen Lüge
das Ende aller Schöpfung und er weiß,
nur er allein ist von dem allen übrig,

das Sterben geht ihn einen Schmarren an,
sein innerstes Bedürfnis muß er stillen,
es bleibt die Spur von seinen Erdentagen,
und dieses ist der Weisheit letzter Schluß.
Und gierig lausch ich seinem letzten Willen,
er hat dem Kosmos noch etwas zu sagen –

(Der Betrunkene steht unverändert da und spricht in rhythmischer
Begleitung, immer wiederholend:)

Ein Genuß! – Ein Genuß! – Ein Genuß!

Kraus konnte voraussetzen, daß Wien-Kenner um die „Bedürfnisanstalt" (1905) unweit der Pestsäule wußten (die heute unter Denkmalschutz steht), was die Wirkung der zitatenreichen Szene noch erhöhte. Die Seitengassen des Grabens, deren eine so polemisch mißbraucht wird, haben für literarisch Interessierte manches zu bieten.

In der **Bräunerstraße** (genau gegenüber der Pestsäule) hat sich auf Nr. 3 ein Beispiel bürgerlicher Wohnkultur der Rokokozeit (1761) erhalten, mit schönem idyllischem Hof, überwachsenen Pawlatschen (Wohnungseingänge über offene Stiegen und Balkone) und lebendem Wandbrunnen. „In diesem Hause wurde Johann Nestroy am 7. Dezember 1801 geboren" verkünden gleich zwei Gedenktafeln. Die untere, spätere Tafel ist wahrscheinlich die freundlichste in ganz Wien: „Wir laden herzlich zur Besichtigung ein!" Vier Schaukästen im breiten Hausflur informieren über Leben, Werk, Wirkung und jeweils Aktuelles. Bei Johann Nepomuk Nestroy bilden Schauspieler und Dichter eine ausgeprägte Einheit. In den meisten seiner über 80 Stücke – davon etwa ein Dutzend von bleibendem Wert – stand er selbst auf der Bühne, hatte sich die Rolle auf den Leib geschrieben, improvisierte, extemporierte, verteilte aggressive Seitenhiebe gegen Zeitereignisse und Politik (wofür er gelegentlich ins Gefängnis kam). Der Schauspieler Nestroy war kein Brachialkomiker und der Dichter Nestroy kein Possenschreiber im Sinn der damals gängigen Lokalposse mit schablonenhaften Personentypen und vordergründiger Situationskomik. Nestroy hat das Wiener Volksstück entscheidend erneuert, durch seine virtuose Sprachkunst auf literarisches Niveau gehoben. Der Wiener Theaterpreis trägt heute seinen Namen: „Der Nestroy". Seine lebenskräftigen Hauptwerke mit ihren boshaften Wahrheiten und der unfehlbaren Menschenkenntnis stehen immer wieder auf den Spielplänen und wurden mehrfach verfilmt: „Der böse Geist Lumpazivagabundus oder Das liederliche Kleeblatt" (1833), „Zu ebener Erde und erster Stock oder Die Launen des Glückes" (1835), „Der Talisman" (1840), „Einen Jux will er sich machen" (1842), „Der Zerrissene" (1844), „Freiheit in Krähwinkel" (1848) u.a. Manche Zitate aus seinen Stücken machten sogleich die Runde und wurden zu geflügelten Worten. Allein aus dem „Lumpazivagabundus" z.B. die Bänkelsang-Parodie „Eduard und Kunigunde / Kunigunde und Eduard" (nur aus diesem Verspaar bestehend, das endlos gesungen wird), der Refrain des „Kometenliedes" („Da wird einem halt angst und bang, / Die Welt steht auf kein' Fall mehr lang") oder der Ausspruch des Schusters Knieriem „Wann ich mir meinen Verdruß nit versaufet, ich müßt' / mich grad aus Verzweiflung dem Trunk ergeben".

Man hat Nestroy den „Wiener Aristophanes" genannt. Seine Sitten- und Lokalstücke sind der satirische Spiegel seiner Zeit, der brüchig gewordenen Biedermeier-Welt.

> *Er schilderte die Welt, wie sie war, so erbärmlich, so haltlos, richtungslos, wie er sie vorfand, und befreite sich durch Spott und keckes Spiel von dem Drucke, der auf ihm lastete wie auf jedem andern. Er stand weit über den Figuren, die er schuf, und war im Leben der ehrenhafteste Charakter.*
> {Eduard von Bauernfeld, 1873}

Das Lob Wiens lautet auf Nestroy-Art:

> *Was Kunst und Natur alles Reizendes hat,*
> *In ein' Bündel zusamm'gebunden, das ist die Stadt.*

Nestroy kannte das Volksleben, speziell in seiner Vaterstadt. Er brauchte keine Milieustudien zu machen.

> *Es gibt eine Stadt, die heißt Wien,*
> *Da war all's, was nur ang'nehm is, drin;*

Wie hab'n d'Straßeneck' ausgeschaut vor der Umgestaltung!
Da war alles ganz vollpappt mit Tanzunterhaltung,
Kein Ernst auf den G'sichtern, es war alles froh,
Jeder Mund war voll gute und schlechte Bonmots;
Wiener Spaß war gemütli und hat troff'n wie der Blitz,
's war berühmt der Fiaker- und Schusterbub'nwitz.
  Jeder hat an Wien sehnsuchtsvoll dacht,
  Denn das Leb'n in Wien, das war a Pracht! –

Wie sich das jetzt hat g'spalten, 's geht über d'Begriff':
D'Schusterbub'n radikal, d'Fiaker konservativ,
Es sitzt kein'r in ein' Wirtshaus, der nicht in sein' Hirn
Sich denkt, wie das schön wär', wann er tät regier'n.
's Elysium sogar, was die Quintessenz g'west,
Is in heurigen Fasching ein trübselig's Nest;
So weit is's jetzt kommen, für Wien is's a Schand,
Wir sind noch fad'r als Berlin mit sein' Sand und Verstand.
  Fallt d'Umg'staltung so aus, sag' i: „Nein,
  Da hört es auf, ein Vergnügen zu sein."

Geschrieben 1849, ein Jahr nach der gescheiterten Revolution. Seine eingängigen geistreichen Couplets, bei Aufführungen jeweils leicht adaptierbar, haben unter humoristisch-witziger Tarnung einen nicht zu überhörenden zeit- und sozialkritischen Unterton. Nestroy war, ob im Dialekt oder im Hochdeutschen, ein souveräner Meister der Sprache.

In der Bildergallrie erhebt Einer sein Stimm,
Als wenn der Michl Angelo g'lernt hätt von ihm;
„Höchst gelungen dies Genrebild! Sehen Sie – hier tritt
Das Helldunkel vor aus dem Schmelz-Collorit!
Die Fleischtöne dieses Apollo verbinden
Conturen und Schlagschatten mit ·Mezzo·-Tinten,
Doch die Colonade ist schlecht, völlig schief,
Und die Schäferin dort hat gar kein Perspektiv;"
Da kann man nur sagen: es hat kein Hand und kein Fuß,
's ist a gschwollner Discurs.

> *Was recht ist, ist recht, doch was z'viel ist, ist z'viel,*
> *Was schreiben s' in den Zeitungen jetzt für ein'n Styl,*
> *von Geisteserschütterungstiefe in Sentenzen,*
> *Gemüthlichkeitsblumen durchdufteten Kränzen,*
> *Von Weihe durchdrungenen Aufschwung der Klarheit*
> *Ästhetischem Ahnungsgewebe der Wahrheit*
> *Von Gefühlssaiten Anregung, Grazieverschwebung,*
> *Poetischer Geniusschwingen-Durchbebung.*
> *Da kann man nur sagen: es hat kein Hand und kein Fuß,*
> *'s ist ein gschwollner Discurs.*

Nestroys Couplet für die Reinheit der Sprache mußte dem radikalen Sprachkritiker Karl Kraus Musik in den Ohren sein. Er sah in Nestroy, zudem Satiriker gleich ihm, seinen literarischen Vorfahren, schrieb 1912 in der „Fackel" zum 50. Todestage „Nestroy und die Nachwelt" (mit Werkauszügen), was einer Wiederentdeckung gleichkam, und machte ihn durch Lesungen aus den Werken erneut bekannt. Kraus war ein glänzender Rezitator. Elias Canetti hat bei einem dieser Abende, die er auch beschrieb, seine spätere Frau Veza kennengelernt.

Unter den Parodien, für die Nestroy ein besonderes Talent besaß, bildet „Judith und Holofernes" (1849) den genialen Höhepunkt. Friedrich Hebbels Erstlingsdrama „Judith" (1841) war 1849 am Wiener Burgtheater aufgeführt worden, und nach nur sechs Wochen folgte Nestroys Travestie am Carl-Theater. Schonungslos werden die künstlerischen Schwachstellen bloßgelegt und das Pathos ins Komische gesteigert. Hebbels oft zitierte Meinung über Nestroy, „Wenn der an einer Rose gerochen hat, so stinkt sie", erklärt sich aus diesem Zusammenhang. Von acht Wohnungen, in denen Hebbel von 1845 bis zu seinem Tod 1863 wohnte – er hatte Wien zu seiner Wahlheimat gemacht –, war eine genau gegenüber von Nestroys Geburtshaus (Bräunerstraße 4–6). „In diesem Hause schrieb Friedrich Hebbel seine Dichtungen Agnes Bernauer, Gyges und sein Ring, Mutter und Kind, Die Nibelungen" (Gedenktafel). Wenige Schritte weiter (Bräunerstraße 11) entstand Franz Grillparzers Drama „Der Traum ein Leben".

Die mit Grillparzers Namen so verbundene **Spiegelgasse** – in der sich auch sein Stammlokal „Matschakerhof" befand (Nr. 5; Gedenktafel) – diente im Eckhaus zum Graben (Spiegelgasse 1/Graben 8) der großen Erzählerin Marie von Ebner-Eschenbach von 1904 bis 1916 als letztes Domizil. Sie hat mit 7 Jahren heimlich zu schreiben begonnen, gelobte sich mit 13, „die größte Dichterin" zu werden – sehr zum Entsetzen ihrer Familie –, schrieb mit 85 immer noch und *war* die größte Dichterin Österreichs, neben Annette von Droste-Hülshoff die bedeutendste Dichterin des 19. Jahrhunderts. Dazwischen aber lag ein enttäuschungsreicher Irrweg. Denn ihr Jugendtraum war gewesen, das Burgtheater zu erobern (in dem ihr Vater, wie es sich für Aristokraten ziemte, eine Stammloge hatte). Sie wähnte sich zum Drama berufen. Erst mit 43 erkannte sie ihre wahre Berufung als Erzählerin. Ihr gesamtes Prosawerk hat die Doppelmonarchie mit der Residenzstadt Wien zum Schauplatz und Vertreter aller Stände zu Handlungsträgern, wenn nicht zu Titelhelden: „Das Gemeindekind" Pavel (1887), die Magd „Božena" (1876), „Lotti, die Uhrmacherin" (1889), „Zwei Komtessen" (1885), „Die Freiherrn von Gemperlein" (1879), den Musteradeligen „Oversberg" (1897), Vorbild für alle Standesgenossen. Wo immer ihre Gestalten im Sozialgefüge stehen, sie sind einfühlsam und psychologisch vertieft gezeichnet, haben in ihren realistisch geschilderten menschlichen Schwächen und auch in ihrer menschlichen Größe etwas zeitlos Wahres. In der Sammlung „Dorf- und Schloßgeschichten" (1883; „Neue Dorf- und Schloßgeschichten", 1886) findet sich die bekannteste (auch mehrfach verfilmte) ihrer Tiergeschichten, der Treuekonflikt des Hundes „Krambambuli". Von Anfang an erfolgreich war die Ebner mit geistreichen „Aphorismen" (insgesamt 500; 1880–1890), aus Erfahrung geformte Lebensweisheit in prägnanter Kürze. Sie stehen unter dem Motto „Ein Aphorismus ist der letzte Ring einer langen Gedankenkette" und zählen bis heute zum klassischen Zitatenbestand. Ihr gesamtes, mit sozialkritischer Anteilnahme verfaßtes Werk durchzieht der unerschütterliche Glaube an das Gute im Menschen und an die Macht der Erziehung. Ihr Bestes hat sie in hohem Alter geschrieben, die autobiographischen Werke „Meine Kinderjahre" (1906) und „Meine Erinnerungen an Grillparzer" (1916). Autobiographisch angetönt ist auch ihre humorvolle Novelle „Der Muff" (1886):

Nachgerade ist es auch Zeit geworden, einen rascheren Schritt einzuschlagen, denn plötzlich hat der Wind sich scharf erhoben und jagt große Schneeflocken durch die Luft. Die gelblichen Flämmchen, die man in den Straßenlaternen wahrzunehmen beginnt, machen darauf aufmerksam, daß die Dunkelheit demnächst einbrechen wird und daß es ihnen nicht einfällt, sie daran zu hindern. Unter solchen Umständen hat die Nebenstraße des Wiener Grabens, in welche die Generalin eben einlenkt, etwas entschieden Unheimliches, und die Dame wäre gar nicht böse gewesen, wieder draußen zu sein.

Das Kult-Café Hawelka in der **Dorotheergasse** 6 hat sich den Charme vergangener Tage, vielleicht ein wenig verstaubt, erhalten. Seit 1936 wird es vom Ehepaar Hawelka geführt. Es ist eines der letzten Wiener Traditions-Cafés für Literaten, Künstler und Kaffeehaus-Intellektuelle. In der Nachkriegszeit vom Schriftsteller Hans Weigel als stiller Arbeitsplatz entdeckt, kann das Hawelka trotz seiner versteckten Lage Namen von Klang als Gäste aufzählen: Heimito von Doderer, Hilde Spiel, Friedrich Torberg, Helmut Qualtinger, H. C. Artmann, Ernst Jandl, Friederike Mayröcker, die späteren Nobelpreisträger Elias Canetti und Günter Grass, den amerikanischen Dramatiker Arthur Miller und viele mehr. Nicht wenige von ihnen haben dem „Hawerl" ein Loblied gesungen, wie etwa der Sprachartist Hans Carl Artmann, der 1958 mit seiner Gedichtsammlung „med ana schwoazzn dintn" über Nacht berühmt wurde.

Das schönste Stadtcafé von altem Schrot und Korn oder, besser gesagt, von frischem Nußbeugel und duftender Melange ist und bleibt für mich das Café Hawelka in der Dorotheergasse. Dort, eingebettet zwischen Casanova [Bar] und einem lieben, alten Wirtshaus, scheint mir all das erhalten geblieben zu sein, was wir Jungen eigentlich nur mehr aus Büchern, Zeitungen oder den Erzählungen älterer Jahrgänge kennen: das Künstler- und Literatencafé …
Im Hawerl, wie wir es kurz nennen, sind wahrhaftig die letzten sechs Jahrzehnte ohne die geringste Spur vorübergegangen; bis auf die Espressomaschine ist alles beim alten geblieben. Die tapezierten

Wände, die roten Plüschbänke, die nippfigurenbewachten Spiegel, die Marmortischerln, ja sogar ein bedeutender Teil der Gäste paßten eher in die Zeit vor dem ersten Weltkrieg, als in unsere gehetzte, mond- und raketennarrische.
Hier im Hawelka begrüßt der Chef des Hauses seine Stammkunden noch mit Handschlag, herrscht der Ober, Herr Fritz, souverän wie ein britischer Oberst, über sein Revier, schwirren auf vernickelten Tabletts die Wassergläser wie kristallene Vögel durch den bleiblauen Zigarettenrauch, werden lautlos erbitterte Schachpartien ausgefochten, Kritiken, wenn nicht anders, so auf Briefpapier verfaßt [...]
Ich glaube überhaupt, daß, wenn wir den Hawelka nicht hätten, vieles ungetan, ungesprochen oder von Grund aus gar nicht erdacht werden würde. Man braucht sein Zentrum, und das ist eben für uns wie für unsere Vorfahren das Kaffeehaus, das, obgleich oft totgesagt, wie eh und je floriert. [...]

Gegenüber dem Hawelka, im Grabenhotel (Dorotheergasse 3, 5. Stock, Zimmer 51), wohnte seit der Neueröffnung im Herbst 1913 bis zu seinem Tod 1919 Peter Altenberg, was eine Gedenktafel vermerkt, auf der es weiter heißt: „Franz Kafka und Max Brod stiegen hier mehrere Male ab." Alfred Polgar und Franz Werfel dagegen werden nicht genannt.

Auf dem **Petersplatz** läßt Adalbert Stifter seine Erzählung „Turmalin" beginnen. Vom verarbeiteten realen Geschehen hatte er durch die Burgschauspielerin Antonie von Arneth, geb. Adamberger erfahren, die in ihrer Jugend mit dem im Freiheitskrieg gefallenen Theodor Körner verlobt gewesen war.

In der Stadt Wien wohnte vor manchen Jahren ein wunderlicher Mensch, wie in solchen großen Städten verschiedene Arten von Menschen wohnen, und sich mit den verschiedensten Dingen beschäftigen. Der Mensch, von dem wir hier reden, war ein Mann von ungefähr vierzig Jahren, und wohnte auf dem Sanct Petersplaze in dem vierten Geschoße eines Hauses. Zu seiner Wohnung führte ein Gang, der mit einem eisernen Gitter verschloßen war, an welchem ein Glokenzug hernieder hing, an dem man läuten konnte, worauf

Über den Dächern der Inneren Stadt. Peterskirche und Stephansdom

eine ältliche Magd erschien, welche öffnete, und den Weg zu ihrem Herrn hinein zeigte.

Die Peterskirche, deren barocker Zentralkuppelbau ein wenig wie der Petersdom in Rom en miniature anmutet, birgt links in der Vorhalle das in edlen Renaissance-Proportionen gehaltene Epitaph des Wolfgang Lazius, der vor einem aufgerichteten Kruzifix adorierend kniet. Die legendäre Gründung der Kirche durch Karl den Großen geht auf seine „Vienna Austriae" zurück. Die mittelalterliche Peterskirche ließ Lazius 1555–1557 auf eigene Kosten vor dem Verfall retten, was ihm den Titel „Kirchenmeister von St. Peter auf Lebenszeit" einbrachte. Im Kircheninneren spielen manche Szenen von Adalbert Stifters Erzählung „Das alte Siegel".

Am andern Tage, genau als die Uhr von Sanct Peter zehn schlug, trat Hugo durch das große Thor in die Kirche. […]
Es wurde am Hauptaltare in der Kirche eben eine Messe gelesen, die zu dieser Stunde angesetzt ist. An einem der Seitenaltäre trat

gleichfalls ein Priester über. In Stühlen saßen allerlei Menschen herum, andere standen herauβen auf dem Pflaster, wieder andere knieten theils in den Stühlen, theils in den breiten Gängen der Kirche. Hoch oben durch die Fenster wallte ein Sonnenstrom herein, und setzte den ruhig erhabenen Raum in warmes Feuer.

Jüngsten Forschungen zufolge stand im 14. Jahrhundert am Petersplatz das Haus des Ritters Neithart Fuchs (heute Petersplatz 11), der am Wiener Hof des Habsburger-Herzogs Otto des Fröhlichen (1330–1339) gelebt haben und ein solcher Spaßmacher gewesen sein soll, „das er auch wol der ander [zweite] Evlenspiegel genannt werden mag [kann]". Er wurde zum Titelhelden einer weitverbreiteten, mehrmals gedruckten Schwanksammlung, deren Kristallisationskern die bekannte Veilchengeschichte bildet. (Neithart hat das erste Veilchen gefunden, mit seinem Hut bedeckt und eilt, den Hofstaat herbeizuholen, wie es Brauch war. Bauern aber spielen ihm einen Streich. Als die Herzogin den Hut hebt, sieht sie geschockt statt des Frühlingsboten einen Kothaufen. Neitharts Rache kostet die verhaßten Bauern Hände und Füße.) Dieser Veilchenschwank lenkt den Blick zurück auf einen anderen Neidhart, den es tatsächlich am Wiener Hof gegeben hat, allerdings ein Jahrhundert früher unter dem Babenberger Friedrich II.: Neidhart von Reuental († nach 1237), Sänger höfischer Dorfpoesie. Seine Popularität war derart groß, daß seine Lieder in vielen Nachahmungen (Pseudo-Neidharten) schließlich zum Typus wurden und mit der Gattung der Dichter selbst. Als Bauernfeind ist Neidhart zur literarischen Gestalt geworden. Was sich um ihn an Sagen und Schwänken gebildet hatte, wurde dann auf den Ritter Neithart unter dem Habsburger-Herzog übertragen; endlich verknüpfte ein unbekannter Kompilator die einzelnen Schwänke zu einer zyklischen Sammlung (Erstdruck vor 1500). Die dramatisierte Fassung der Veilchengeschichte, das St. Pauler Neidhart-Spiel, für ein höfisches Publikum um 1350 von einem Österreicher gedichtet, ist das älteste erhaltene weltliche Spiel der deutschen Literatur. Spätere Neidhart-Spiele haben unter Einwirkung des Fastnachtspieles ein Darstelleraufgebot von über 100 Personen.

Neidhart-Szenen wurden auch bildlich in Holzschnitten, Fresken und Reliefs dargestellt. Das nach alter Überlieferung als Grab des Neithart Fuchs bezeichnete Hochgrab an der südlichen Außenwand des Stephansdomes (beim Singertor), baldachingedeckt, mit lebensgroßer Liegefigur ohne jede Inschrift, zeigte am Fußende Reliefs, die längst nicht mehr erkennbar sind. Als bei der letzten Restaurierung das Grab im April 2000 auch geöffnet wurde, ergab die Knochenuntersuchung nach der Radiokarbon-Methode eine Überraschung. Es ruhen zwei Männer im Grab, die mit einiger Wahrscheinlichkeit der Minnesänger und der lustige Rat sein können. Die hohe Ehre einer solchen Bestattung (bzw. Wiederbestattung) wurde also beiden zuteil.

Die ältesten profanen Wandmalereien Wiens sind Neidhart-Fresken, wie man sie aus der Schweiz und aus Südtirol kennt. Sie wurden 1979 beim Umbau einer Wohnung im 1. Stock des Hauses **Tuchlauben** 19 entdeckt, restauriert und als Außenstelle des Wien Museums Karlsplatz öffentlich zugänglich gemacht. Der „Laubenherr" Michel Menschein, ein reicher Tuchhändler, hatte den Festsaal seines Hauses um 1398 mit einem Freskenzyklus zu Liedern des Minnesängers Neidhart von Reuental ausstatten lassen.

Das Uhrenmuseum im ehem. Palais Obizzi, **Schulhof** 2, hütet unter seinen rund 3000 Uhren auch die kostbare Sammlung von Empire- und Biedermeieruhren der Dichterin Marie von Ebner-Eschenbach (Gedenkraum).

Am **Judenplatz** erhebt sich nicht ohne Grund das Standbild des Dichters der Toleranz („Nathan der Weise", 1779) Gotthold Ephraim Lessing (1729–1781). Er war 1775 nach Wien gekommen, um – als Verfasser der „Hamburgischen Dramaturgie" (2 Bände, 1767–1769) – vielleicht das Wiener Theater zu reformieren (Kaiser Joseph II. und Staatskanzler Fürst Kaunitz hatten Interesse bekundet), vor allem aber um Eva Katharina König (1736–1778) zu sehen, seit vier Jahren seine Verlobte. Die Witwe von einem Hamburger Freund, der als Seidenfabrikant auch in Wien eine Fabrik besessen hatte, mußte sich wegen der pekuniären Zukunft ihrer vier Kinder um einen Verkauf bemühen. Lessing wurde von Maria Theresia und Joseph II. in Audienz empfangen, ihm zu Ehren führte man unter seiner umjubelten persönlichen Anwesenheit „Minna von Barnhelm", „Emilia Galotti" und „Der Hausvater" auf, dennoch zerschlugen sich die Wiener Pläne. Seine Braut hingegen heiratete er 1776, nachdem er als Prinzenbegleiter von einer Italienreise zurückkehrt war, auf der er nochmals kurz Wien berührte. Das Lessing-Denkmal am Judenplatz (1935, Siegfried Charoux), 1939 von Nazis zerstört, 1968 von Charoux neu geschaffen und am Franz-Josefs-Kai zu Füßen der Ruprechtskirche aufgestellt, wurde 1982 wieder an seinen ursprünglichen Standplatz versetzt.

Lessing in Wien! Was wäre darüber zu sagen! Der Hamburgische Dramaturg als Leiter des Burgtheaters, als die am Aufgang der Hofbühne verpflichtende Gestalt! Die Ära Josephs II. konnte ihm, von Übertreibungen abgesehen, nur günstig sein; noch fühlte er die Kraft, jährlich zwei Stücke zu schreiben; sein Vorrat an Stoffen, Entwürfen, war unerschöpflich. Das Reich war noch da, und der deutsche Geist, die deutsche Kunst, deren stürmischer Vorbote Lessing war, hatten noch nicht in Weimar resigniert.
{Reinhold Schneider, 1957/58}

Die vielgenannte **Ringstraße** oder noch kürzer: den **Ring** gibt es überhaupt nicht. Klingt paradox, aber eine Adresse „Ringstraße" existiert tatsächlich nicht. Kein Poststück mit dieser Straßenangabe könnte zugestellt werden. Es muß korrekt heißen: Schottenring, Dr.-Karl-Lueger-Ring, Dr.-Karl-Renner-Ring, Burgring, Opernring, Kärntner Ring, Schubertring, Parkring, Stubenring. Die Gesamtheit dieser (von West nach Ost aufgezählten) neun Abschnitte – deren einzelne Namen je nach politischer Konstellation wechseln können – ergeben die Wiener Ringstraße, deren Name zu einem Appellativum geworden ist. Als Kaiser Franz Joseph I. mit Handschreiben vom 20. Dezember 1857 die Schleifung der Basteien und die Auflassung des Glacis (Schußfeld vor den Stadtmauern) dekretierte, brach die „Ringstraßenära" (die „Gründerzeit") an, in der die „Ringstraßenzone" von namhaften „Ringstraßenarchitekten" mit Gebäuden im „Ringstraßenstil" verbaut wurde, einem Imitationsstil, dem Historismus, der dennoch imstande war, ein Gesamtkunstwerk zu schaffen: den Prachtboulevard der k. u. k. Monarchie, damals noch ein 50-Millionen-Reich.

Der erste Bezirk, »die Stadt«, wird umgrenzt von der Ringstraße und dem Kai. Die Ringstraße wurde durch Schleifung der Stadtmauern gewonnen, sie ist – das fanden Sie schon selbst heraus – eine herrliche Straße, gewiß, großzügig, wie nur ein Kaiser sie planen kann, eine herrliche Straße als Straße, wenn nur die Bauten nicht wären! Ja, wo haben Sie denn Ihre Augen? Sind Sie doch schon der Legende Wien erlegen? Eines dieser Prunkstücke ist doch häßlicher als das andere! Die unechte Gotik des Rathauses und der Votivkirche, das protzig pseudoantike Pathos des Parlaments, die Renaissanceorgie der Universität, das mißlungene, fehlproportionierte Burgtheater, dessen beide Flügel das eigentliche Haus erdrücken, die beiden Museen mit den mißratenen Kuppeln, Angstträume des neunzehnten Jahrhunderts, und doch eine schöne, eine herrliche Straße. Ja, lassen Sie sich von mir nicht einschüchtern, eine herrliche Straße, aber, auf gut wienerisch, nicht »deshalb«, sondern »trotzdem«.
{Hans Weigel, 1955}

Am **Schottenring**, im gleichnamigen Café (Nr. 19), entstanden manche der insgesamt 12 000 Gedichte von Theodor Kramer, der seine Stimme für die Heimatlosen erhob, deren einer er selber wurde, für Außenseiter der Gesellschaft („Die Gaunerzinke", 1929; „Mit der Ziehharmonika", 1936). Erst 1957, ein Jahr vor seinem Tod, kehrte er, bereits schwer krank, aus der Emigration zurück. Seine sozialkritische Lyrik in schlichten ungekünstelten Versen hat die graue Welt der Keuschler, Ziegelbrenner, Taglöhner, Vagabunden, Branntweintrinker zum Thema und Schauplatz. Doch gewinnt diese Atmosphäre durch seine Sprachkunst Farbe, mitunter sogar einen Schimmer von Hoffnung.

Der Würstelmann

*An der Ecke sperr ich meinen Stand
sorgsam auf, kaum daß der Tag erlischt;*

*Brett und Messer leg ich mir zur Hand,
das Karbidlicht meiner Lampe zischt.
Naht ein Gast, den noch die Nacht beschwingt,
Käse und Salami stehn bereit;
aber die, für die mein Kessel singt,
kommen Nacht für Nacht zur selben Zeit.
Für den Diener, der die Sesselreih
räumte, leg ich Senf zur Burenwurst,
für den Setzer, dem der Schlund nach Blei
schmeckt, ein Brötchen gegen seinen Durst.
Leichte Mädchen, von der Liebe schwach,
treten aus der Gassen Finsternis,
halten sich mit einer Gurke wach,
schlingen Brot und Wurst auf einen Biß.* […]

Von seinem Geburtshaus (Schottenring 14; Gedenktafel) konnte Stefan Zweig hinüber zum Ringtheater sehen (Schottenring 7, heute Polizeipräsidium), das am 8. Dezember 1881 bei einem verheerenden Großbrand 386 Menschen in den Tod riß. Dem Kaiser aber wurde aus Versehen gemeldet: „Alles gerettet." Wegen der Enge des Bauplatzes war das Theater (1700 Plätze) in die Höhe gebaut worden; der Zuschauerraum umfaßte sieben Stockwerke und die Ausgangstüren waren nur nach innen zu öffnen. Zumindest wurden Lehren aus der Katastrophe gezogen: strenge Brandschutzbestimmungen für Theater mit obligatorischem „eisernem Vorhang" und die Gründung der „Wiener freiwilligen Rettungsgesellschaft". Auf den Tag genau nach fünf Jahren wurde an derselben Stelle das aus Privatmitteln Kaiser Franz Josephs erbaute „Sühnhaus" eingeweiht (im Zweiten Weltkrieg zerstört). Ludwig Ganghofer, der populäre, vielgelesene bayrische Unterhaltungsschriftsteller („Der Jäger von Fall", 1883; „Schloß Hubertus", 1895; „Das Schweigen im Walde", 1899), von 1880 bis 1895 in Wien wohnhaft, war Dramaturg am Ringtheater und hat die Katastrophe miterlebt. In seiner Autobiographie „Lebenslauf eines Optimisten" (3 Bände, 1909–1911) schildert er die dramatischen Stunden.

*Atemlos komme ich zum Schottentor, zur Ringstraße. Vor dem
Portal des Theaters brennen im trüben Abend die zwei Bogenlam-*

pen wie große Sonnen. Plötzlich erlöschen sie. Und hoch in den dunklen Lüften zuckt es wie ein mattes Wetterleuchten. Ich bleibe stehen und gucke nach oben. Und da öffnet sich das steile Dach des Theaters wie eine schwarze Riesenmuschel. Und eine gelbe, rauchlose Flamme fährt baumhoch gegen den finsteren Himmel. [...]
Vor dem Portal des Theaters schaffen die Polizeileute freien Platz. Und schrillende Stimmen fallen wie schmerzende Steinwürfe aus der Höhe herunter. Dieses Fürchterliche da droben ist in dem Gezitter von zuckender Helle und schwarzen Schatten nicht deutlich zu sehen – und doch so deutlich, daß mir das Herz erstarrt. Aus Fenstern und Mauerluken strecken sich Arme mit gespreizten Fingern heraus, fahle Gesichter sieht man, hört verzweifeltes Geschrei. Und die Loggia über dem Portal und ein Balkon des Theaters sind angefüllt mit hundert kreischenden Menschen, die sich widersinnig bewegen – wie Gespenster, an die man nicht glauben kann. Ein junges Frauenzimmer springt herunter, dann ein Mann, ein zweiter, ein dritter – man hört, wie die fallenden Körper auf das Sprungtuch klatschen. [...] Feuerwehrleute und Polizeimänner tragen dunkle, regungslose Körper aus dem Portal heraus. Ich sehe vier, die einen Klumpen von drei unlösbar ineinander verkrampften Toten schleppen. Leute aus der Menge, Offiziere, Arbeiter, elegant gekleidete Herren durchbrechen den Kordon, um tragen zu helfen. Und die Träger, die aus dem Theater kommen, haben kalkweiße Gesichter; in ihren Augen irrt das Entsetzen, das sie vor diesen fürchterlichen Todesbildern in den Korridoren und auf den Treppen des Theaters erfaßte. [...] Die Träger bringen immer neue Lasten. Und an die hundert dieser Stillgewordenen liegen schon da auf dem Pflaster.

Den Blick vom Schottentor (nur mehr die Bezeichnung hat sich erhalten, das Stadttor ist längst abgerissen) zur Votivkirche in den 9. Bezirk hat Franz Werfel für 1918, das „Jahr des Hungers", festgehalten.

Jetzt eben – es ist Mittag – gellt der Ruf „Extraausgabe" von allen Seiten über die Kreuzung des Schottenrings. Niemand horcht auf, niemand bleibt erschrocken stehn. Gleichgültig nimmt man den Kolporteuren das Blatt aus der Hand, wirft einen Blick auf den fetten Titel und knüllt gelangweilt den täglichen Graus zusammen [...]

Der Rolladen der Tabaktrafik am Anfang der Währingerstraße rasselt empor. Durch die zweihundert Meter lange Menschenschlange davor zuckt hoffnungsfreudige Bewegung. Die Vordersten in der Reihe sind schon seit zehn Uhr angestellt. Die letzten fünfzig etwa werden leer ausgehn. Sie haben nichts als die Hoffnung auf ein Wunder. Aber auch diese hoffnungslose Hoffnung ist wertvoll genug, ihr eine Stunde zu opfern. Nicht anders geht es beim nahen Bäckerladen zu, der schon eine halbe Stunde früher geöffnet hat. Der Unterschied ist nur der, daß sich hier fast durchwegs Frauen in der Schlange drängen. Abgehärtet und ergeben wie die Männer im Schützengraben, stehen sie ihre Zeit aus. Kein junges Gesicht. In Wien scheint es seit einem Jahre nur alte Frauen zu geben. Alle haben schlappe Strümpfe und schiefgetretene Schuhe an den Füßen. Eine der mächtigen Triebfedern des städtischen Lebens, die weibliche Eitelkeit des Beins, ist erloschen.

Mehr und mehr beleben sich die Straßen. Breite Sonne verklärt den Platz. Die Blumen auf den Beeten des Votivparks werden laut.

Nur der Votivpark heißt heute nach dem weltbekannten Psychoanalytiker, der von 1891–1938 in Wien wirkte, Sigmund-Freud-Park. Die Votivkirche (9, Rooseveltplatz), als Dank für die Errettung Kaiser Franz Josephs 1853 vor einem Messerattentat gestiftet, gehört nur indirekt zur Ringstraßenzone. Denn bei Baubeginn (Heinrich Ferstel, 1856–1879) stand sie noch vor den Mauern der Stadt frei am Glacis. Ferdinand von Saar machte sich um 1880, kurz nach Fertigstellung, Gedanken über die „Wiener Votivkirche":

[…] *Und so ragst du,* [du jüngster der Dome,]
Ob auch täglich von Orgelklang erfüllt und Weihrauchqualm
Mit deinen Strebepfeilern
Und deinen durchbrochenen Türmen
Wie ein steinerner Anachronismus empor
Aus glaubensloser Gegenwart.
Dennoch, wie du jetzt vor mir liegst
Mit geschlossenem Tor
In sommerlicher Nachmittagsstille,
Durchschauert Andacht mich. […]

Den Anfang des **Dr.-Karl-Lueger-Ringes** (Nr. 1) nimmt das Hauptgebäude der (Neuen) Universität ein (Heinrich Ferstel, 1873–1884). Sie ist heute die älteste Universität im deutschen Sprachraum. Im Arkadenhof, der Ruhmeshalle, findet sich unter den Denkmälern berühmter Universitätslehrer eine Ausnahme und das gleich in doppelter Hinsicht: die Gedenktafel für Marie von Ebner-Eschenbach. Sie hat dem Lehrkörper nicht angehört und ihr Name ist noch immer der einzige weibliche unter rund 150 männlichen. Am 1. September 1900 wurde sie zum Ehrendoktor der Philosophie promoviert – als erste Frau. Auf den Fakultäts-Ehrentafeln in der Aula (bei den Stiegenaufgängen) finden sich die berühmten Schüler verewigt, in goldenen Lettern, und nur mit dem Familiennamen: Collin, Lenau, Hammer-Purgstall, Eichendorff, Stifter, Halm, Grillparzer, Grün, Hammerling [!], Bauernfeld, Feuchtersleben, Sonnenfels, Zschokke. Die Vielzahl der späteren Dichterstudenten läßt sich gar nicht mehr aufzählen.

Auf der **Mölkerbastei**, hinter dem Liebenberg-Denkmal gegenüber der Universität, steht auf den Resten der ehemaligen Stadtbefestigung noch ein Stückchen Alt-Wien. Ottilie von Goethe (1796–1872), „Schwiegertochter des hochberühmten Goethe, die selbst eine sehr geistreiche und beachtenswerte Frau war" (Caroline Pichler), hatte im Herbst 1834 Weimar verlassen, um die Folgen einer Liaison in einer fremden Stadt zu verbergen. Die kleine Anna, vom Kindesvater nicht anerkannt, starb bald. Aber Ottilie, seit 1830 Witwe, übersiedelte mit ihren ehelichen Kindern Walter, Wolfgang und Alma 1839 nach Wien und blieb, von Reisen abgesehen, bis 1866; eine Wahlwienerin mit illustrem Namen. Die Schriftstellerin und Kulturhistorikerin Hermine Cloeter, die viel zur Popularisierung heimatkundlichen Wissens beigetragen hat, schrieb auch über das „Wiener Goethe-Haus" (1915).

In diesen ersten Jahren ihres Wiener Aufenthaltes, die wohl für alle Teile die schönsten und heitersten gewesen sein mögen, wohnte die Familie Goethe „Stadt Nr. 86", das war auf der Mölkerbastei. Noch heute steht das Haus dort und trägt die Hausnummer 10. Eine schmale, schmucklose Front, vier Stockwerk hoch, hatte es damals freien Blick auf die Bastei und über den bäumebestandenen Stadtgraben hinweg nach den Vorstädten und bis zu den welligen Höhen

Universität

des Wienerwaldes. Und zum Paradeisgartel, wo Ottilie zu promenieren liebte, hatte sie nur wenige Schritte. Soll man aber die Liste der Besucher hersagen, die gelegentlich den Weg zu ihrem Salon suchten, so möchte einem fast der Atem vergehen. Alle Stände waren vertreten, der Adel, die Armee, die Kunst, die Wissenschaft, ja sogar die hohe Klerisei [...] nur ein kleiner Kreis kennt dieses Wiener Goethe-Haus, und für den sind seine Fenster wie mit einem dichten grauen Schleier von Melancholie und Wehmut verhangen. [...]

Später befand sich die Wohnung der Familie Goethe in der Renngasse, im Hause Nr. 8. [...] Im zweiten Stock des stattlichen, aber ziemlich unfreundlichen Hauses lag die Wohnung von Frau Ottilie, so anheimelnd und gemütlich, wie man sie hinter den grauen Außenräumen kaum vermutet hätte. Walter v. Goethe gibt uns davon ein hübsches, anschauliches Bild: „Mamas Zimmer sieht wie ein kleines Museum aus. Es ist alles so harmonisch und macht einen so wohltuenden Eindruck, weil man fühlt, wie die Besitztümer wirklich aus der innersten Neigung des Besitzers entsprungen." Sie liebte es, auf ihren Reisen allerhand Kunstgegenstände zu sammeln und ihr Heim mit diesen Erinnerungen zu schmücken.

Für die anmutige Alma wurde Mölkerbastei 10 zum Sterbehaus. Kaum 17jährig, raffte sie eine Typhusepidemie dahin. Grillparzer hat ihr eine Totenklage gewidmet: „Alma von Goethe. (Gestorben am 19. September 1844.)".

Eduard Mörike läßt Mozart bei einem Spaziergang von der Mölkerbastei aus die „vortreffliche Aussicht über die grüne Ebene des Glacis und die Vorstädte hin nach dem Kahlenberg" genießen („Mozart auf der Reise nach Prag", 1855).

Im eindrucksvollen Palais Lieben-Auspitz (Dr.-Karl-Lueger-Ring 4/ Oppolzergasse 6) mit einem der letzten großen Ringstraßencafés, dem „Landtmann", unterhielt von 1916 bis zur Emigration 1938 das Ehepaar Zuckerkandl einen Salon (Gedenktafel), in dem mit anderen Künstlern auch Hugo von Hofmannsthal, Arthur Schnitzler und Egon Friedell verkehrten. Bertha Zuckerkandl, schon in jungen Jahren als Kunstkritikerin tätig, Förderin der Secession und Mitbegründerin der

Salzburger Festspiele, erinnert sich in „Österreich intim" an 1916, als sie ihr neues Heim bezog.

Die Oppolzergasse besteht nur aus sechs Häusern, und ihnen gegenüber erstreckt sich die lange Front der Bodencreditbank. Im Lieben-Auspitz-Palais besaß ich im vierten Stock eine Vierzimmerwohnung. Die Aussicht ging auf die stille Oppolzergasse, doch von meinem Vis-à-vis, der Bodencreditbank, war den ganzen Tag ein bienenhaftes Summen zu hören, besonders im Frühjahr, wenn bei offenem Fenster gearbeitet wurde, störte das Klappern von Hunderten von Schreibmaschinen.

Wenn ich mich vorbeugte, blickte ich auf das Burgtheater, den protzigen, überladenen Bau der eklektischen Kunstepoche aus der franzisco-josephinischen Ära. Gleich um die Ecke konnte ich die Mölkerbastei sehen, eine der wenigen schönen Basteien, die die verhängnisvolle Stadterweiterung noch übriggelassen hatte. Eine Reihe Alt-Wiener Barockhäuser stehen da, vornehm, ohne Prunk; sie überzeugen allein durch die Harmonie ihrer Proportionen. Andere sind bürgerlich bescheidene Wohnstätten, die aber einen heiteren, liebenswürdigen Charakter haben.

Mit dem Paradeisgartel und dem Cortischen Kaffeesalon verbindet sich eine der frühesten Erinnerungen Arthur Schnitzlers. Bis 1872 war es ein Treffpunkt mit anschließendem Korso (zur Mölkerbastei hin) der gehobenen Bürgerschicht und des niederen Adels, dann mußte es zum Leidwesen der Wiener dem vollen Ausbau der Ringstraße weichen.

Die der Schottenbastei zunächst gelegene grüne Anlage war das sogenannte Paradeis- oder Paradeisgartel, das mir in meiner Erinnerung kaum wie ein wirklicher Garten, sondern eher wie ein bläßliches Aquarell erscheint. Vor mir sehe ich einen grünen Rasen mit Blumenbeeten, zierliche Tische und Stühle vor einem länglichen, weißen Gebäude mit hohen Fenstern; zu Füßen eines weiblichen Wesens, das rechterseits auf einer Bank sitzt, spielt ein Kind in hellem Kleidchen; und irgendwo leuchtet ein roter Sonnenschirm. – Bin ich selbst dieses Kind? Ist das weibliche Wesen meine Bonne? Meine Mutter? Fließt, wie es so oft geschieht, Erinnerung an Erleb-

tes, an Mitgeteiltes, an ein irgendwo gesehenes Aquarell in ein Bild zusammen? Ich weiß es nicht. Das wirkliche Paradeisgartel verschwand jedenfalls schon in den letzten sechziger Jahren aus der Welt, ebenso wie die Löwelbastei, auf der es so manches Jahr geblüht hatte. An der gleichen Stelle ungefähr steht heute das Burgtheater.

Das im Zweiten Weltkrieg schwer zerstörte Burgtheater (Dr.-Karl-Lueger-Ring 2) konnte am 15. Oktober 1955 feierlich wiedereröffnet werden: mit Goethes „Vorspiel auf dem Theater" und Grillparzers „König Ottokars Glück und Ende". Am unveränderten Außenbau mit dem reichen dekorativen Schmuck finden sich im vorgewölbten Mittelbau oberhalb der Fenster des 1. Stockwerkes neun Kolossalbüsten von Theaterdichtern: neben Calderón, Shakespeare und Molière die deutschsprachigen Dramatiker Lessing, Goethe, Schiller und Hebbel, Grillparzer, Halm. Im überreich ausgestatteten Inneren mit den prunkvollen Feststiegen und Foyers ist eine Vielzahl von Büsten und Statuen aufgestellt, wie z. B. im Foyer der rechten Feststiege das lebensgroße Standbild Heinrich Laubes, von 1849 bis 1867 Direktor des (Alten) Burgtheaters, dann Leiter des Stadttheaters (des heutigen „Ronacher", von 1945–1955 Behelfsbühne für die Burg). Der gebürtige Preuße, einflußreicher Publizist des Jungen Deutschland, Dramatiker („Die Karlsschüler", 1847) und Erzähler („Reisenovellen", 6 Bände, 1834–1837), lebte sich in Wien gut ein. Er führte die Schauspielkunst in der Burg zu höchstem Niveau, machte dadurch die Mimen zu gefeierten „Stars". Von den Wienern wurden sie geadelt, setzte man ihrem Namen den bestimmten Artikel vor: *der* Sonnenthal, *die* Wolter. Laube, der den lebenden Klassiker Grillparzer mit Erfolg wieder auf die Bühne brachte, war zugleich Herausgeber der ersten Werkausgabe (1872); „Franz Grillparzers Lebensgeschichte" folgte 1884. In seinen „Erinnerungen" (2 Bände, 1875–1882), die zur besten deutschen Memoirenliteratur zählen, schreibt Laube auch über das „kleine, enge" Wien vor der Stadterweiterung.

Es war doch eigentlich eine merkwürdige Oase, das damalige Wien, und man wußte gar nicht, daß es eine Oase wäre, so hatte

Burgtheater

man sich daran gewöhnt. Vom Morgen nämlich bis zum Abend dehnte sich eine Wüste hin zwischen den Basteien und den Vorstädten. Man nannte sie Glacis, und auf diesem Glacis eine besonders sandige Strecke, die hieß Paradeplatz. Dort manövrierten täglich Soldatenmassen und versorgten die Luft weithin mit Staub. Ein Einwanderer wie ich fragte naiv: Aber mitten in der Stadt ein Heerlager? Wozu? Pst! Pst! – flüsterte man – lassen Sie so was nicht hören, das klingt ja wie Hochverrat. – Kein Mensch hielt es für möglich, daß dieser Paradeplatz je verschwinden könnte, und ich habe über fünfzehn Jahre warten müssen, auf eine Änderung, das heißt auf den Beginn der Stadterweiterung.. Doch nein! Auch ich habe nicht mehr gewartet, ich hatte mich ebenfalls an Glacis und Paradeplatz gewöhnt wie an ein Naturgesetz. Die Hauptstadt eines großen Reichs war eben durchs Schicksal bestimmt, eine kleine, enge Stadt zu sein.

Auf dem Areal des Parade- und Exerzierplatzes stehen heute (Neue) Universität, Rathaus, Parlament und Justizpalast. Das aus der Baulinie zurückgesetzte Rathaus (**Rathausplatz**) hat vor sich den

WIENER RATHAUSPARK.

22. Juni, Sonntag, 1918

Weshalb soll ich das einzige, was ich an diesem staubigen, schlechtgepflegten Häusermeere liebe, nicht freudig, ja begeistert konstatieren, dieses einzige, ja, diese Wiener Oase meiner zerrütteten, weil allzu klar und allzu genau alles durchschauenden (pfui!) überempfindlichen Nerven?!?

Ich weiß es genau, daß der Wiener Rathauspark jeden fremden Kur-Park ersetzt, und daß man (rückwärts ist das Arkaden-Kaffee mit den Kur-Mitteln) jede notwendige Heil-Kur hier ebenso gut absolvieren kann wie in Karlsbad, Franzensbad, Marienbad, nur völlig umsonst! O Menschen, weshalb kompliziert ihr euch (vor allem ökonomisch) euer bißchen kurzes blödes Dasein, wenn euch vor der Nase, ganz umsonst, fast märchenhaft, die Heilung winkt?!?

Diese Gesundheit ausströmenden kurzgeschorenen Wiesen, stets erfüllt mit Wasserleitungs-Feuchtigkeiten, diese dichten dunklen Gebüsche, diese scheinbar in den Urwald führenden, diese übertrieben herrlichen Bäume (ausgesuchte Prachtexemplare), dieser feuchte Springbrunnen, diese Stille, dieses «ich bin gar nicht mehr in der Großstadt», garantieren jedem Genesung, der natürlich überhaupt noch genesungsfähig ist! Aber ihr zieht, mit Tausendern ausgestattet, angeblich zu eurem Heile, gen Karlsbad, Marienbad, Franzensbad!?! Ins Ungewisse.

{Peter Altenberg, 1919}

Der Rathauskeller (an der Nordostecke des Prunkbaues) zeigt Wandbilder aus der Geschichte der Stadt, Wiener Lokalsagen und -legenden, darunter Phantasiebildnisse der Ritter Ulrich von Liechtenstein und Neithart Fuchs, von Wolfgang Schmeltzl u. a., Szenen mit Stranitzky, Nestroy, Raimund, dem Veilchenfest usw.

Blick von der Mölkerbastei auf Liebenberg-Denkmal und Rathaus

Gegenüber dem Parlament am **Dr.-Karl-Renner-Ring**, vom Burgtheater bis zur Hofburg reichend, erstreckt sich der unter Denkmalschutz stehende Volksgarten (als einer der besterhaltenen, gepflegtesten historischen Gärten). Im Rosenparterre des Volksgartens hat das Grillparzer-Denkmal, ein monumentaler Rundbau, seinen Platz gefunden (Karl Kundmann/Rudolf Weyr, 1889). Der Dichter sitzt in marmorner Ruhe in einer Tempelnische, umgeben von Reliefszenen aus sechs seiner Dramen auf den Seitenflügeln. Ferdinand von Saar fand diesen etwas entlegenen Platz genau passend, wie er im Gedicht „Grillparzer" ausführt:

> [...] *Ja, das schien wahrhaftig der Ort für den schon*
> *Halb vergess'nen Dichter der Sappho, der sein*
> *Undankbares Vaterland leid- und schmerzvoll*
>   *Liebte wie keiner.* [...]
>
> *Drum auch wünscht' ich nimmer als Bild so frei ihn*
> *Hingestellt der glotzenden Neugier und dem*
> *Seichten, selbstgefälligen Spruche wohlfeil*
>   *Preisender Schwätzer.*
>
> *Nicht umgeben – sichtbar wie auf dem Jahrmarkt –*
> *Von den Lichtgestalten, die fast verschämt er*
> *Freigab aus den Tiefen der Seele, stets noch*
>   *Zögernden Geistes:*
>
> *Nein, abseits vom Pfade, vereinsamt jetzt auch,*
> *Abgewandt mit traurig gesenktem Haupte,*
> *Aufgesucht von wenigen nur im Schatten*
>   *Hoher Gebüsche.*

Herüber grüßt der schlanke, achteckige Turm der Minoritenkirche auf dem palaisgesäumten Minoritenplatz, nur wenige Schritte vom Volksgarten entfernt.

> *Kann man es wagen, zu behaupten, man habe die schönste Stelle der Stadt entdeckt? Dann würde ich sagen, sie liege am Minoritenplatz und in seiner Nachbarschaft: dort, wo um das hohe Dach und*

um den niedrigen Turm der Minoritenkirche das großartige Palais
Liechtenstein, die staatlichen Paläste des Ballhausplatzes, die unga-
rische Gesandtschaft, die Gasse, die nach Abraham a Sancta Clara
genannt ist, die Bankgasse, die Herrengasse geordnet sind. Das gute
Glück hat mich von Anfang an dorthin geführt; am ersten Morgen
schon, an dem ich vor mehr als zwanzig Jahren zuerst nach Wien
und in Wien recht zu mir selbst gekommen bin; und nun kann ich
nicht müde werden, jeden Tag zum wenigsten einmal an den Minoritenplatz zu laufen und mich in Kreisen, Winkeln, Spiralen um ihn
her zu bewegen.
{Wilhelm Hausenstein, 1932}

Der **Burgring** war ursprünglich ganz anders projektiert.

*Der in der Gründerzeit gefaßte Plan eines ›Kaiserforums‹, das aus
der Inneren Stadt über die Ringstraße hinausreichen und die Burg
mit den neugeschaffenen Museen und dem Maria-Theresien-Denkmal zu einer monumentalen Anlage vereinen sollte, entzog sich der
Verwirklichung. Was das friderizianische Berlin und das napoleoni-
sche Paris als Machtsymbol zu militärischem Nutzen errichtet hatten, konnte im Ausgang einer Epoche, am Ende des österreichischen
Kaiserreiches, nicht mehr zur vollen Reife gedeihen.*
{Hilde Spiel, 1971}

Als zur Feier der Silberhochzeit des Kaiserpaares (Franz Joseph hatte
sich mit Elisabeth am 24. April 1854 in der Augustinerkirche vermählt) ein farbenprächtiger, verschwenderisch ausgestatteter Festzug
durch die Stadt paradiert, ist die Ringstraße noch nicht frei von Bau-
gerüsten. Gegenüber den unvollendeten Museen, vor dem Äußeren
Burgtor, ist der Festplatz mit dem Kaiserzelt errichtet. Organisator
und Gestalter des Triumphzuges war der „Malerfürst" Hans Makart,
der den Stil seiner Zeit derart dominierte, daß „Makartzeit" zu einem
Synonym für „Ringstraßenzeit" werden konnte. Als fast 30 Jahre später, am 12. Juni 1908, der Kaiserhuldigungs-Festzug stattfand, war das
Kaiserzelt wieder vor dem Äußeren Burgtor errichtet, aber an der Seite
des Monarchen stand nicht mehr Kaiserin Elisabeth († 1898). Acht

Jahre darauf wird sein eigener Leichenzug über den Ring zur Kapuzinergruft ziehen.

So schön auch der Makart-Festzug ausgefallen war, so war der historische Kaiserhuldigungs-Festzug doch viel bedeutender. Eine Anzahl Wiener Bürger beteiligte sich an der Ausführung, um das sechzigjährige Regierungs-Jubiläum unseres Kaisers würdig zu begehen. Seine Majestät war aus verschiedenen Gründen anfangs nicht geneigt, diese Veranstaltung zu gestatten, später aber ließ er mir durch den Ministerpräsidenten Bienerth sagen, daß er sie nur dann genehmigen würde, wenn ich mich an die Spitze stellen wollte. Mit Freuden übernahm ich dieses Amt, ein großes Komitee fing an zu arbeiten, und in zwei Monaten war alles fertiggestellt. Der Grundgedanke war, die markantesten Ereignisse der österreichischen Geschichte in lebensvollen, farbenprächtigen Gruppen vor Augen zu führen. Es waren alle Gruppen seit Rudolf von Habsburg vertreten, jede Gruppe hatte einige Künstler, die sich speziell mit ihr beschäftigten. Nicht nur die historische und kostümliche Ausstattung war tadellos, sondern es gelang mir auch, die historischen Persönlichkeiten vielfach von ihren eigenen Nachkommen darstellen zu lassen. Dadurch wurde das ganze Fest zu einer glänzenden Ovation für den historischen Adel [...] Alle Teilnehmer des Festzuges wurden ersucht, in feierlicher Haltung und wortlos einherzuschreiten, sogar ohne den Kaiser zu begrüßen, denn sie sollten wie eine traumhafte Vision vorüberziehen. [...] Den Abschluß des ganzen Zuges bildeten viele Abordnungen aus Stadt und Land, die einzelnen Provinzen repräsentierend. [...] Im ganzen dürften 12 000 Menschen und 4000 Pferde am Festzug teilgenommen haben.
{Hans Graf Wilczek, 1933}

Vom „Kaiserforum" wurde nur der östliche der zwei geplanten Burgflügel ausgeführt, die Neue Burg. So ist der **Heldenplatz** (hinter dem Äußeren Burgtor) nur von einer Seite majestätisch eingefaßt; der Panoramablick nach Westen blieb erhalten.

Der Kaiser weiß, was Wien wert ist.
Er hat es aber auch zu einer der schönsten Städte der Welt gemacht.

Sein Leben lang hat er an Wien gebaut. Die alten Leute sehnen sich zwar nach der Promenade auf den Basteien und die jungen schimpfen über die Ringstraßenbaumeister – das ist ein Künstlerschimpfwort geworden wie in Paris „Pompier" ... *Aber Wien ist doch schön und, wenn auch die gescheiten Leute sagen, daß der Heldenplatz nur durch Zufall so schön geworden sei, weil sie dort alles das nicht gebaut haben, was sie bauen wollten – er ist doch einer der bezaubernden Plätze der Welt: mit Sonne oder mit Wolken, morgen, mittag, abend – immer eine große Symphonie. Mehr als ein Stadtbild: eine Stadtlandschaft. Er ist fast zur Gänze das Werk der Bauepoche Franz Josephs. Die älteren Bauten sind den neuen eingegliedert und untergeordnet.*

{Otto Friedländer, 1938/42}

Die Geschichtsträchtigkeit des Heldenplatzes hat sich immer wieder in der Literatur gespiegelt – auf verschiedenste Weise. Als im März 1938 der „Anschluß" bevorstand, schrieb Anton Kuh, Feuilletonist und glänzender Stegreifredner („Der Affe Zarathustras: Karl Kraus." Rede, 1925), am 10. März, kurz vor seiner Flucht in die USA, noch in der „Neuen Weltbühne" über

Wien
Die Stadt […] *hat nie ein nobleres Gesicht gezeigt als in diesen Tagen. Wenn tragisches Gewölk über ihr aufzieht, lernt sie zu schweigen; sie zieht sich alsdann in ihre berüchtigte Teilnahmslosigkeit wie in eine Trutzstellung des Spottes zurück; und ihr Lächeln wird bedeutungsvoll-gottergeben.*

Jeder Wiener ist ein geborener Zuschauer. Gegenüber Aufregungen und Umwälzungen, die ohne sein Dazutun entstanden, besteht seine Kunst darin, die Zuschauermiene zu übertreiben. Er macht den paar tausend vom Land oder noch weiter hergekommenen Darstellern der »Volksstimme« apathisch Platz und benützt den Gehsteig als Stehparterre. Seine Kritik gilt dann sehr tiefsinnig ihren Anzügen, ihren Hüten, ihren Nasen, ihren Stimmbändern, doch fast nie ihren Gesinnungen. Sind diese, sagt er sich, nicht vollendet in jenen ausgedrückt? So wird man ihm nie einreden können, dass ihn etwas angeht, was sich unwienerisch gebärdet, das heisst, was mit der Gerechtigkeit und dem Menschen nichts zu tun hat. Er hält sich an die Hüte, an die Hosen, an die Nasen.

Die „geborenen Zuschauer" drängten sich fünf Tage später bei einer Riesenkundgebung auf dem Heldenplatz, als der Führer und Reichskanzler persönlich die „Heimkehr" seiner Heimat in das Deutsche Reich verkündete. In „Konkrete Poesie" gefaßt, wie sie der originellgroteske Sprach- und Sprechkünstler Ernst Jandl pflegte („lechts und rinks", 1995) liest es sich folgendermaßen:

> *wien: heldenplatz*
>
> *der glanze heldenplatz zirka*
> *versaggerte in maschenhaftem männchenmeere*
> *drunter auch frauen die ans maskelknie*
> *zu heften heftig sich versuchten, hoffensdick.*
> *und brüllzten wesentlich.*
>
> *verwogener stirnscheitelunterschwang*
> *nach nöten nördlich, kechelte*
> *mit zu-nummernder aufs bluten feilzer stimme*
> *hinsensend sämmertliche eigenwäscher.*
>
> *pirsch!*
> *döppelte der gottelbock von Sa-Atz zu Sa-Atz*
> *mit hünig sprenktem stimmstummel.*
> *balzerig würmelte es im männechensee*
> *und den weibern ward so pfingstig ums heil*
> *zumahn: wenn ein knie-ender sie hirschelte.*

Thomas Bernhard hat sein Drama „Heldenplatz" (1988) zwar nicht in solch avantgardistisch-experimenteller Sprache geschrieben, aber die Aufführung im Burgtheater wäre fast zu einer Staatsaffäre geworden – wegen des Inhalts: Eine jüdische Emigrantenfamilie geht nach ihrer Rückkehr an der Gleichgültigkeit und an immer noch vorhandenem Antisemitismus der Österreicher zugrunde.

Ein neben dem Äußeren Burgtor aufgestelltes Metallkreuz erinnert an den zweiten Papstbesuch nach 200 Jahren, 1983 durch Johannes Paul II.

Die Staatsoper gab dem **Opernring** den Namen. Opernliebhabern ist sie weltweit ein Begriff, Schaulustigen wenigstens der Opernball als Höhepunkt des Wiener Faschings.

Nehmen wir die Burg und die Oper. Ich kann es an meinen Fingern abzählen, wie oft ich drin war. Aber unzählige Male bin ich nach der Vorstellung im Opernvestibül gestanden und habe mir die vornehme Welt angeschaut, und bin wie nach einer glänzenden Unterhaltung heimgegangen, wenn ich dieses prachtvolle Gedränge schöner Frauen und eleganter Herren die majestätische Logentreppe herunterströmen sah, und das Schauspiel der geschäftigen Lakaien. Im Sommer, wenn man keine Überkleider mehr in der Garderobe abzulegen braucht, bin ich oft ins Burgtheater, habe mir die Treppenhäuser angesehen, bin im großen Foyer herumspaziert, mitten unter dem Menschenschwarm. Wenn dann der Zwischenakt vorbei war, stürzten die Leute wieder in den Zuschauerraum. Ich aber entfernte mich und hatte wieder einen Genuß gehabt.

{Felix Salten, 1908}

Opernring/Ecke Goethegasse ist das bronzene Goethe-Denkmal (Edmund Heller, 1900) so postiert, daß der in einem Prunksessel sitzende Olympier auf den **Schillerplatz** hinübersehen kann, wo sein Freund schon länger ein mit Figuren (vier Lebensalter) und Reliefs geschmücktes Bronze-Standbild hat (Johannes Schilling, 1876). Beide waren nie in Wien gewesen. Caroline Pichler hatte am 9. November 1812 an Goethe geschrieben:

Man hatte uns diesen Sommer mit der schönen Hoffnung geschmeichelt Sie in Wien zu sehn, ja man erzählte sich bereits Ihre Ankunft, und Alles harrte mit Verlangen dem Augenblicke Ihrer persönlichen Bekanntschaft entgegen. Dennoch erfüllte sich der allgemeine Wunsch nicht, und noch hat es sich nicht aufgeklärt ob die ganze Erzählung ein bloß müßiges Geschwätz gewesen oder doch vielleicht durch irgend eine Äußerung von Ihrer Seite veranlaßt worden sey. Ist das letzte der Fall gewesen, denn können wir doch hoffen daß der nächste Sommer uns bringen werde was der ver-

gangne versagte, und daß ich denn Gelegenheit haben werde, Ihnen für so viel schöne Stunden, für so manche Belehrung, so manche höhere Gefühle die ich aus Ihren Schriften schöpfte, zu danken.

Goethe dankte aus Weimar in einer Brief-Nachschrift vom 26. November 1812, gerichtet an Caecilie von Eskeles (im Palais Eskeles, 1, Dorotheergasse 11, befindet sich heute das Jüdische Museum).

Und warum sollte ich diese leere Seite nicht noch benutzen, um für die freundliche Einladung nach Wien meinen besten Dank auszusprechen. Bey einer solchen Gelegenheit fürwahr, schmerzt mich's, wenn ich mir den Verlust vergegenwärtige, den ich mein ganzes Leben erleide, dadurch, daß ich die große Kaiserstadt niemals gesehen habe. Immerfort und besonders in der neuen Zeit, regt es mich an, daß ich doch endlich meiner Pflicht Genüge thun, meinen hohen Gönnern und werthen Freunden aufwarten und den Besuch abstatten sollte. Aber leider sieht es nicht besser aus als bisher, da mich meine Übel Sommers in den böhmischen Bädern und Winters zu Hause halten.

Friedrich Schillers Xenion über die Phäaken war nicht eben ein Loblied.

*Mich umwohnet mit glänzendem Aug das Volk der Fajaken,
Immer ists Sonntag, es dreht immer am Heerd sich der Spieß.*

Er wußte auch Bescheid über die Spektakelfreudigkeit der Wiener. Denn er läßt seinen Wallenstein auf Kritik an der Begnadigung eines besiegten Verräters zum kaiserlichen Kriegsrat von Questenberg lachend sagen:

*Ich weiß, ich weiß – Sie hatten schon in Wien
Die Fenster, die Balkons voraus gemietet,
Ihn auf dem Armensünderkarrn zu sehn –
Die Schlacht hätt ich mit Schimpf verlieren mögen,
Doch das vergeben mir die Wiener nicht,
Daß ich um ein Spektakel sie betrog.*

Am Schillerplatz stehen auch die Marmorhermen von Nikolaus Lenau und Anastasius Grün (beide Karl Schmerzek, 1891) sowie die Bronzebüste von Josef Weinheber (Josef Bock, 1975).

Der **Kärntner Ring**, der vornehmste Abschnitt der Ringstraße mit feudalen Luxushotels (besonders seit der Wiener Weltausstellung 1873), war von Anfang an der „Wiener Boulevard" schlechthin, die Flaniermeile mit dem Korso, wie ihn Detlev von Liliencron in den humorvollen Versen seines „Wiener Ringstraßenkorso" festhielt oder Otto Friedländer in den Bildern aus Wien um 1900 „Letzter Glanz der Märchenstadt".

Während in der Burg die Wache abgelöst wird und der Kaiser Audienz erteilt, feiert die Gesellschaft ihr kleines Morgenfest – den Korso: Kohlmarkt, Graben, Kärntnerstraße, Kärntnerring von zwölf bis viertel zwei Uhr – nur die Herren. Wien hat die elegantesten, die bestangezogenen Männer, die schönsten einfachsten Uniformen. Hier gehen und stehen und grüßen und plauschen die Aristokraten, die Generäle, die jungen Herren, die Persönlichkeiten, die Schauspieler, die Sänger, die Millionäre, die Mit- und Nachläufer und alle, die so tun und aussehen, als gehörten sie dazu. Man geht auf ein Gabelfrühstück zu den „Drei Laufern", zum „Stiebitz", zum „Demel", zum „Gerstner" – warme Hascheekrapferln, Sandwiches, ein Glas Wein –: ohne Essen kein Fest – nur ein Bissen.
{Otto Friedländer, 1938/42}

Die Ecke Kärntner Ring/Kärntnerstraße, gegenüber der Flanke der Oper, war die berühmte „Sirk-Ecke" (nach dem Lederwarengeschäft von August Sirk, das sich dort befand), für Generationen der adeligen und bürgerlichen Gesellschaft ein frequentierter Treffpunkt. „Auch Vorgänge an der Sirk-Ecke sind von einem kosmischen Punkt regiert", war die Meinung von Karl Kraus, und so ließ er in seiner apokalyptischen Tragödie „Die letzten Tage der Menschheit" jeden Akt an der Wiener Sirk-Ecke beginnen.

Wo der Kärntner Ring mit einem Knick in den **Schubertring** übergeht (der Ring ist fünfmal abgewinkelt, weil er genau den Knicken der alten Basteien folgt), öffnet sich der Schwarzenbergplatz. Knapp vor dieser Ecke steht das Prominentenhotel Imperial (Kärntner Ring 16) mit dem vornehm ausgestatteten Café Imperial.

Es war einer jener inbrünstigen Augenblicke, in denen ihn die Empfindung seines Glückes mit unwiderstehlicher Süßigkeit überkam. Er saß vor dem Café Impérial, an einem der kleinen Tische, die man aus den dunstigen Zimmern auf die offene Straße hinausgebracht hatte, wo die Strahlen der Sommernachmittagssonne sengend lagen. Er rauchte andächtig seine Havanna und dachte an Annette.

{Arthur Schnitzler, 1887}

Im Café Imperial verkehrten Hofmannsthal, Rilke und Karl Kraus.

Das Akademische Gymnasium auf dem **Beethovenplatz** 1, das sein 450-Jahr-Jubiläum feiern konnte, hat berühmte Namen unter seinen Schülern: Peter Altenberg, Richard Beer-Hofmann, Hugo von Hofmannsthal, Arthur Schnitzler (Gedenktafel). Wiens ältestes Gymnasium haben aber ebenso Eduard von Bauernfeld und Johann Nestroy besucht (die auch Schottenschüler gewesen waren), Franz Grillparzer und Karl Kraus.

Eine ganze Reihe der bedeutendsten österreichischen Geister, an ihrer Spitze Grillparzer, hatten ihre Ausbildung dem «Akademischen Gymnasium» zu verdanken. Die Anstalt, bis 1864 der Universität als Vorbereitungsschule angegliedert, doch auch nach erfolgter Abtrennung ein Niveau haltend, in dessen Universitäts-Würdigkeit ihr bloß, und zwar gleichfalls unter stärksten Anforderungen an die Schüler, die beiden Wiener Kloster-Gymnasien der Piaristen und Schottenpriester gleichkamen [...]

{Hermann Broch, 1951}

Der **Parkring** wird flankiert vom Stadtpark, der, von der Wien durchflossen, mit Denkmälern und Brunnen fast überreich ausgestattet ist.

Gärten
[…] Man eröffnet jedes Vierteljahr immer neue Gärten, der Bürgermeister hält kleine Reden, die unvergleichlich sympathischer sind als das meiste, was irgend bei öffentlichen Anlässen geredet wird, und man kann wirklich hoffen, daß mit der Zeit die Büsche von Jasmin und Flieder und Berberitzen, die großen Tuffen von Rhododendron und die Ranken von Klematis und Kletterrosen den größten Teil der unerträglichen Denkmäler zugedeckt haben werden, die wie steingewordene Phrasen einer halbvergangenen Ära in jeder Ecke herumstehen und so sehr beitragen diejenigen, denen sie gesetzt sind, in Vergessenheit zu bringen. […]
{Hugo von Hofmannsthal, 1906}

Am **Stubenring** hat Reinhold Schneider sein letztes, vielleicht bestes Werk geschaffen: „Winter in Wien. Aus meinen Notizbüchern 1957/58". Der Schwerkranke verbrachte die Zeit vom 5. November 1957 bis 6. März 1958 in Wien, wohnte in der Pension Arenberg (Stubenring 2) und schrieb seine „Notizbücher" – die er nicht „Tagebuch" benannt haben wollte – nur wenige Schritte weiter, immer am selben Fensterplatz, im Café Prückel (Stubenring 24/Dr.-Karl-Lueger-Platz), einem der letzten legendären Ringstraßencafés. Schneiders Name ist mit christlich-ethischen Widerstandsgruppen gegen den Nationalsozialismus verbunden. Als er 1945 wegen Hochverrats angeklagt wurde (er hatte trotz Schreibverbots weiter publiziert und illegal religiöse Schriften verbreitet), rettete ihn das Kriegsende. Sein bedeutendes Werk mit über 120 Titeln („Las Casas vor Karl V.", 1938) kreist um den Konflikt zwischen weltlicher Macht und göttlicher Gnade – bis zuletzt. „Winter in Wien", aus einer stupenden Wissensfülle heraus oftmals aphoristisch geschrieben und vom Leiden an der Zeit existenziell überschattet, wurde sein Vermächtnis. Fünf Tage nach Abgabe des Manuskripts ist er gestorben. In der Einleitung hatte er geschrieben:

[…] es geht nicht um einen Austausch mit dem unauslotbaren Phänomen Wien, sondern um ein Hören, Empfangen, um die lernende Existenz in dieser Stadt.

ZWEITER TEIL

Vom Ring zum Gürtel
(3.–9. Bezirk)

Wenn man die Welt vom III. Bezirk aus sieht, einen so beschränkten Blickwinkel hat, ist man natürlich geneigt, die Ungargasse herauszustreichen, über sie etwas herauszufinden, sie zu loben und ihr eine gewisse Bedeutung zu verleihen. Man könnte sagen, sie sei eine besondere Gasse, weil sie an einer fast stillen, freundlichen Stelle am Heumarkt beginnt und man von hier aus, wo ich wohne, den Stadtpark sehen kann, aber auch die bedrohliche Großmarkthalle und das Hauptzollamt. Noch sind wir zwischen würdigen verschlossenen Häusern, und erst kurz nach Ivans Haus, mit der Nummer 9 und den beiden Löwen aus Bronze am Tor, wird sie unruhiger, ungeordneter und planloser, obwohl sie sich dem Diplomatenviertel nähert, es aber rechts liegen läßt und wenig Verwandtschaft mit diesem ›Nobelviertel‹ – wie es vertraulich heißt – von Wien zeigt. Mit kleinen Kaffeehäusern und vielen alten Gasthäusern macht sie sich nützlich, […] aber ein Fremder wird sie nie zu Gesicht bekommen, weil es in ihr nichts zu besichtigen gibt und man hier nur wohnen kann. Ein Besichtiger würde am Schwarzenbergplatz oder spätestens am Rennweg, beim Belvedere, umkehren, mit dem wir gemeinsam nur die Ehre haben, den Titel ›III. Bezirk‹ zu führen, und nähern könnte der Fremde sich vielleicht von der anderen Seite, vom Eislaufverein her, wenn er in dem neuen Steinkasten logiert, dem Vienna Intercontinental Hotel, und zu weit in den Stadtpark spaziert. […]

„Ein Fremder" hätte in der **Ungargasse** nun doch etwas „zu besichtigen", speziell wenn er an Ingeborg Bachmann interessiert wäre, der effektvollen Lyrikerin („Anrufung des Großen Bären", 1956). Ihre Prosa dagegen gibt manches Rätsel auf. Der abgründige Roman „Malina" (1971), aus dem die Textprobe stammt, hat die Wohnung Ungargasse 6 zum Zentrum des Geschehens, das mit der Selbstzerstörung der Ich-Erzählerin endet. Wien, als Ort der Handlung, mit namentlich genannten Innenstadtplätzen, Straßen, Palais, Kaffeehäusern wird topographisch genau geschildert. „Malina" blieb der einzige noch zu Lebzeiten Ingeborg Bachmanns erschienene (später auch verfilmte) Roman. Er sollte Teil der geplanten Trilogie „Todesarten" werden. In der titelgebenden Erzählung der Prosasammlung „Das dreißigste Jahr" (1961) sieht sie Wien aus ganz persönlichem Blickwinkel.

> *Stadt ohne Gewähr!*
> *Laßt mich nicht von irgendeiner Stadt reden, sondern von der einzigen, in der meine Ängste und Hoffnungen aus so vielen Jahren ins Netz gingen. Wie eine große, schlampige Fischerin sehe ich sie noch immer an dem großen gleichmütigen Strom sitzen und ihre silbrige und verweste Beute einziehen. Silbrig die Angst, verwest die Hoffnung.* [...]
> *Türkenmondstadt! Barrikadenstadt!*
> *Soviel zerbröckelter Stein, soviele hohle Wände sind da, daß man es flüstern hört von langher, von weither.*
> *O alle die Nächte, die aufkamen in Wien, soviel bittere Nächte! Und alle die Tage, die es dir hinwarf mit dem Gesumm aus Schulhäusern und Irrenanstalten, Altersheimen und Krankenzimmern, wenig gelüftet und selten geweißt, alle die Tage, von ganz schüchternen Kastanienblüten umschwärmt! O alle die Fenster, die nie aufgingen, alle die Tore, als ging's durch kein Tor hinaus, als gäb es den Himmel nicht!*
> *Endstadt! als gäb es kein Gleis hinaus!* [...]

Ungargasse 8 ist mit einer Schriftstellerin völlig anderer Art und Epoche verbunden, mit Ida Pfeiffer (1797–1858), der „Weltreisenden aus Wien". Sie hat zu einer Zeit, da Reisen noch gefährlich und beschwerlich war, allein (!), von Eingeborenen bestaunt, zwischen 1842 und 1858 fünf Weltreisen unternommen, die sie in den skandinavischen Norden, nach Island, Nord- und Südamerika, Madagaskar, Indien und Asien führten („Eine Frauenfahrt um die Welt", 3 Bände, 1850; „Meine zweite Weltreise", 1854), was sogar dem reiseerfahrenen Naturforscher Alexander von Humboldt Bewunderung abnötigte.

Auch Ungargasse 17 war von einem Schriftsteller bewohnt, der dann in die **Rasumofskygasse** 20, Tür 8 übersiedelte (heute Museum), wo er von 1922 bis zu seiner Emigration in die Schweiz 1938 blieb: Robert Musil. Der (1966 verfilmte) Pubertätsroman mit autobiographischem Einschlag „Die Verwirrungen des Zöglings Törleß" (1906) hatte ihm Erfolg und den Ruf eines psychologisch genau analysierenden Erzählers gebracht. Seine subtile, doch langsame und unentschlossene Arbeitsweise – er konnte Kapitel bis zu 20mal verwerfen – ließ sein Lebenswerk, den Roman „Der Mann ohne Eigenschaften", bei seinem überraschenden Tod als Fragment zurück. Wohl war der erste Teil 1930 als „Selbstgeschenk zu seinem 50. Geburtstag" und ein zweiter Teil 1933 erschienen, ein dritter als Ergänzung postum 1943, aber erst die Ausgabe von 1952 unter (nicht unumstrittener) Einarbeitung von 50 Kapiteln aus dem Nachlaß durch Adolf Frisé zeigte ein Jahrzehnt nach Musils Tod die Größe des Romanciers und des Riesenwerkes – inzwischen in 26 Sprachen übersetzt. Neben den Romanen von Marcel Proust („Auf der Suche nach der verlorenen Zeit") und James Joyce („Ulysses") zählt Musils Roman zu den Klassikern der Moderne. Angesiedelt ist dieser analytische Roman, der ein kolossales Zeitgemälde Österreich-Ungarns unmittelbar vor 1914 gibt, im Traumland Kakanien (in ironischer Anlehnung an das gewohnte „K. u. K." der Doppelmonarchie). „Was darin steht? Diese ganze heutige Welt" (Franz Blei). Die Zentralgestalt Ulrich, „der Mann ohne Eigenschaften", besitzt ebensowenig einen Familiennamen wie die „Haupt- und Residenzstadt" einen Namen trägt.

> *Autos schossen aus schmalen, tiefen Straßen in die Seichtigkeit heller Plätze. Fußgängerdunkelheit bildete wolkige Schnüre. Wo kräftigere Striche der Geschwindigkeit quer durch ihre lockere Eile fuhren, verdickten sie sich, rieselten nachher rascher und hatten nach wenigen Schwingungen wieder ihren gleichmäßigen Puls. Hunderte Töne waren zu einem drahtigen Geräusch ineinander verwunden, aus dem einzelne Spitzen vorstanden, längs dessen schneidige Kanten liefen und sich wieder einebneten, von dem klare Töne absplitterten und verflogen. An diesem Geräusch, ohne daß sich seine Besonderheit beschreiben ließe, würde ein Mensch nach*

jahrelanger Abwesenheit mit geschlossenen Augen erkannt haben, daß er sich in der Reichshaupt- und Residenzstadt Wien befinde. Städte lassen sich an ihrem Gang erkennen wie Menschen. Die Augen öffnend, würde er das gleiche an der Art bemerken, wie die Bewegung in den Straßen schwingt, beiweitem früher als er es durch irgendeine bezeichnende Einzelheit herausfände. Und wenn er sich, das zu können, nur einbilden sollte, schadet es auch nichts. Die Überschätzung der Frage, wo man sich befinde, stammt aus der Hordenzeit, wo man sich die Futterplätze merken mußte. Es wäre wichtig, zu wissen, warum man sich bei einer roten Nase ganz ungenau damit begnügt, sie sei rot, und nie danach fragt, welches besondere Rot sie habe, obgleich sich das durch die Wellenlänge auf Mikromillimeter genau ausdrücken ließe; wogegen man bei etwas so viel Verwickelterem, wie es eine Stadt ist, in der man sich aufhält, immer durchaus genau wissen möchte, welche besondere Stadt das sei. Es lenkt von Wichtigerem ab.

Es soll also auf den Namen der Stadt kein besonderer Wert gelegt werden. Wie alle großen Städte bestand sie aus Unregelmäßigkeit, Wechsel, Vorgleiten, Nichtschritthalten, Zusammenstößen von Dingen und Angelegenheiten, bodenlosen Punkten der Stille dazwischen, aus Bahnen und Ungebahntem, aus einem großen rhythmischen Schlag und der ewigen Verstimmung und Verschiebung aller Rhythmen gegeneinander, und glich im ganzen einer kochenden Blase, die in einem Gefäß ruht, das aus dem dauerhaften Stoff von Häusern, Gesetzen, Verordnungen und geschichtlichen Überlieferungen besteht.

Im Sophiensaal, **Marxergasse** 17, wurden nicht nur Nächte durchtanzt, sondern auch Vorträge gehalten. So hielt z. B. auf Einladung des „Akademischen Verbandes für Literatur und Musik" am 22. März 1912 der meistgelesene deutsche Schriftsteller (Gesamtauflage ca. 100 Millionen Bände), Karl May („Winnetou", 3 Bände, 1893–1910), einen Vortrag über das frei gewählte Thema „Empor ins Reich der Edelmenschen". Die Friedensnobelpreisträgerin Bertha von Suttner („Die Waffen nieder", 1889) war als Ehrengast geladen. Rund 3000 Zuhörer drängten sich im Saal, darunter der 23jährige arbeitslose Postkartenmaler Adolf

Hitler. Karl May (1842–1912) zog sich in Wien eine Lungenentzündung zu, an der er, nach Radebeul heimgekehrt, verstarb.

Ich bin geboren, wo damals noch viel Himmel war: in jenem Teile des Bezirkes Landstraße, der, zwischen Aspern- und Sophienbrücke an den Donaukanal geschmiegt, im örtlichen Sprachgebrauche die Bezeichnung „Unter den Weißgärbern" trägt. In der Radetzkystraße selbst, wo das Wohnhaus meiner frühesten Kindheit steht [Nr. 6; Gedenktafel mit Bronzerelief], hat sich während der fast fünf Jahrzehnte, die seither verflossen sind, nicht allzuviel verändert. Es sind noch dieselben altväterischen, meist ockergelb gestrichenen Zinshäuser vorhanden, die schon damals dieser Gegend ihre Stimmung gaben, ja selbst einzelne Handlungen befinden sich noch auf dem nämlichen Platze; um so größerer Wandel hat sich dafür in der unmittelbaren Nachbarschaft des Weißgärberviertels vollzogen.
{Anton Wildgans, 1928}

Das Haus **Erdbergstraße** 19 war im Besitz ihrer Schwägerin Toni, geb. Birkenstock, als Bettina Brentano 1810 nach Wien kam. Sie verehrte schwärmerisch Goethe („Goethes Briefwechsel mit einem Kinde", 3 Bände, 1835), der indes wegen ihres leidenschaftlichen Temperaments die Verbindung 1811 abbrach. Im selben Jahr vermählte sie sich mit Achim von Arnim, dem lebenslangen Freund ihres Bruders Clemens, und wurde in glücklicher Ehe Mutter von sieben Kindern. Sie war ein lebendiger, sprudelnder Geist, von dem die Heidelberger Hochromantik manche Anregung empfing. Bettina von Arnim erkannte bereits die soziale Frage, focht für Frauenemanzipation und – erwies sich als Schriftstellerin von Rang. Das Urteil der 25jährigen über Wien ist nicht gerade schmeichelhaft.

[Z]u Wien wohnten wir im Hauße des verstorbenen Birkenstocks [...] – 3-4 Wochen war ich da; was ich vom Teater gesehen, war unter aller Critik: elende Kleidung, noch elenderes Spiel, die Sprache halb singend halb schreiend, das Orchester so ausgelassen wie die Straßenjungen: da hört keiner auf den andern, sie spielen – wer zu erst fertig ist, der kann ausruhen; jedoch ist das Teater auf der Wien

wegen seinem Luxus in Decoration und Kleiderpracht ausgezeignet; auch ist lauter schönes Volk da, selbst die Stadisten sind gewählt. die Menschliche Gesellschaft hat mich keineswegs berührt: Wiener sind Wiener und sonst garnichts.

Auf der Hauptstraße des 3. Bezirkes, der **Landstraßer Hauptstraße** (bei Nr. 56) steht die Augustinerkirche St. Rochus und Sebastian.

Nur die Rochuskirche mit ihren drei Heiligen, deren Umrisse sanft geschwungen über allen Häuserfassaden thronen, verleiht dem Stadtteil noch etwas von der Anmut, die er in früheren Zeiten besaß.

{Hilde Spiel, 1946}

In der Rochuskirche fand am 15. November 1837 die Trauung Adalbert Stifters mit der Wiener Putzmacherin Amalie Mohaupt statt, die er auf einem Hausball kennengelernt hatte. Das Ehepaar bezog bis Anfang 1839 in der **Beatrixgasse** 18 (Gedenktafel) eine Wohnung, wo der Dichtermaler die Erzählung „Feldblumen" schrieb. Eines seiner besten Bilder, den „Blick in die Beatrixgasse", malte er in der darauffolgenden Wohnung Reisnerstraße 10. Vorübergehend hat Stifter im Gasthof „Zur goldenen Birn" (3, Landstraßer Hauptstraße 31) gewohnt, einem renommierten (1934 abgerissenen) Lokal mit angeschlossenem Tanzsaal, das 1839 auch Nikolaus Lenau mit August Heinrich Hoffmann von Fallersleben besuchte und fast 100 Jahre später Robert Musil, dem es für seine Novelle „Der Vorstadtgasthof" (1931) zum Modell gedient hat. Die Gedenktafel erinnert aber an einen anderen Dichter: „Hier wohnte 1835 Honoré de Balzac, der Dämonie der Liebe und des Geldes Dichter." Balzac war seiner Geliebten, der Gräfin Evelina von Hanska, nachgereist, die ihm aber erst nach 15 Jahren das Jawort gab; fünf Monate vor seinem Tod.

Das Belvedere, Sommerschloß des Prinzen Eugen von Savoyen, gilt weltweit als eines der schönsten Bauwerke des Barock (Johann Lukas von Hildebrandt, 1714–1716; 1721/22) und ist Weltkulturerbe. Das

Oberes Belvedere

Untere Belvedere (3, **Rennweg** 6a) diente dem Prinzen als Wohnsitz, das Obere Belvedere (**Prinz-Eugen-Straße** 27) zu besonderen Anlässen. Lady Mary Wortley Montagu, die gebildete und geistreiche Gattin des englischen Botschafters bei der Hohen Pforte, berühmt wegen ihrer anschaulich-amüsanten Reisebriefe, besuchte 1716/17 Wien und wurde, ihrem Rang entsprechend, auch vom Feldherrn und Kunstfreund, dem „edlen Ritter" Eugen empfangen.

> *Gestern machte ich die Bekanntschaft des berühmten Dichters [Jean-Baptiste] Rousseau, der unter dem besonderen Schutze des Prinzen Eugen steht, von dessen Freigebigkeit er lebt* [in Wien von 1715–1722]. [...]
> *Prinz Eugen war so freundlich, mir gestern seine Bibliothek zu zeigen.* [...] *Die Bücher sind prunkvoll in Maroquin gebunden. Zwei der berühmtesten Pariser Buchbinder wurden verschrieben, um dieses Werk zu vollenden.* [...] *Mit besonderer Freude zeigte mir der Prinz, ein Kenner in Dingen der Kunst, die berühmte, einst [Jean] Fouquet gehörige Porträtsammlung, die er zu einem über-*

hohen Preise gekauft hat. Durch zahlreiche Neuerwerbungen hat er sie vermehrt, so daß kaum die zehnte Bildergalerie in Europa ähnliches aufzuweisen vermag.
Wien, 2. Jän. 1717

Die Bibliotheca Eugeniana mit Spitzenwerken der Buchkunst ist zu einem Grundpfeiler der Österreichischen Nationalbibliothek geworden, die unzähligen Porträts, Zeichnungen und Kupferstiche zu einem Schatz der Albertina.

Von der Stadt selbst ist die weitgereiste Lady Montagu, eine scharfe Beobachterin, enttäuscht.

Wien, des Kaisers Haupt- und Residenzstadt, hat eigentlich meinen Erwartungen gar nicht entsprochen. Vor allem ist es viel kleiner als ich es mir vorgestellt hatte. Die Straßen sind eng beisammen und derartig schmal, daß es unmöglich ist, einen richtigen Eindruck von den schönen und großartigen Façaden der Paläste zu gewinnen. Es wären wahrlich viele ob ihrer gediegenen Pracht der Bewunderung wert. Sie sind durchaus aus feinem weißen Stein gebaut und ungemein hoch. Um das Mißverhältnis zwischen dem engen Stadtgebiet und der zahlreichen Bevölkerung, die darin wohnen will, auszugleichen, sind die Baumeister scheinbar auf das Auskunftsmittel verfallen, eine zweite Stadt auf die erste zu türmen. So haben denn die meisten Häuser fünf, einige sogar sechs Stockwerke.
Wien, den 8. Sept. 1716

Humorvoll-ironisch beschreibt die 27jährige Lady Wien als Paradies in die Jahre gekommener Frauen und mit einem Hauch Bosheit die stadtbekannten Liaisonen des Adels.

Ich versichere Ihnen, daß hierzulande Runzeln, gebückte Haltung, ja selbst graue Haare für neue Eroberungen kein Hindernis bilden. [...] Bis fünfunddreißig gilt jede Frau als unreifes Mädchen. Keine Dame darf darauf zählen, vor dem vierzigsten Lebensjahre gesellschaftlich voll genommen zu werden. Ich weiß nicht, wie Sie darüber denken werden, Mylady; für mich jedoch ist es ein wahrer Trost zu wissen, daß es solch ein Altweiberparadies gibt. Einstweilen also bin ich's zu-

frieden, unbedeutend zu sein, da ich hoffen darf, hier zu glänzen, wenn ich mich ansonsten nirgends mehr zeigen dürfte. Bei diesem Anlasse kann ich nicht umhin, das traurige Schicksal so vieler wackerer englischer Damen innigst zu beklagen, die sich schon längst zu Prüderie und Ratafia zurückgezogen haben. Hätte ihr guter Stern sie hierher geführt, sie glänzten wohl noch am Schönheitshimmel als Sterne erster Größe. Auch das ominöse Wörtchen „Ruf" hat hierzulande eine ganz andere Bedeutung als in London. Einen Liebhaber besitzen bringt guten Ruf, denn bei den Damen fällt stets der Rang ihres Galans mehr ins Gewicht, als jener ihres Gemahls.
[...] Die Ehemänner sind wohl die angenehmsten, bequemsten Leute unter der Sonne. Auf die Freunde ihrer Gattinnen blicken sie mit wohlwollenden Gefühlen, als auf Stellvertreter bei einem unangenehmen Geschäft. Allerdings haben sie darum nicht etwa weniger zu tun, da sie selbst wieder anderswo Stellvertreter sind. Mit einem Worte, jede Dame hat zwei Gatten: einen, der den Namen hergibt, und einen zweiten, dem die Pflichten obliegen. Diese Verbindungen sind so stadtbekannt, daß es einen ausgesprochenen Affront bedeuten und geahndet werden müßte, wenn man eine Dame von Stand einlüde, ohne ihre beiden Trabanten, Ehemann und Geliebten ebenfalls zu bitten; zwischen beiden paradiert sie dann feierlich in großem Staat. Solche Nebenehen dauern wohl an die zwanzig Jahre. Oft verfügt die Dame schrankenlos über das gesamte Vermögen des armen Liebhabers, wodurch dessen Familie völlig verarmt. So wie die gewöhnlichen Ehen selten im Himmel geschlossen werden, so wenig hat Leidenschaft bei der Eingehung dieser Liaisons etwas zu suchen. Jeder Mann, der sich keines solchen Herzensbündnisses zu rühmen vermag, ist übel angesehen; jede Dame sieht sich sofort nach der Hochzeit nach einem Liebhaber um, der ein unentbehrliches Requisit für ihr standesgemäßes Auftreten bildet.
Wien, 20. September 1716

Belvedere und Park zwischen den beiden Baukomplexen blieben Anziehungspunkt die Jahrhunderte hindurch. „Dieser Ort riß mich hin", schrieb Wilhelm Ludwig Wekhrlin 1777, und erst „die glücklichste und reizendste Aussicht über die Stadt" (die später Canaletto in einer seiner bekanntesten Wiener Veduten festhalten wird). „Wäre ich zu Wien, so sollte kein anderer mein Lieblingsspatzierplatz seyn, als er."

Friederike Mayröcker schrieb 1955 ähnliche Empfindungen nieder, noch vor der Zeit ihrer Wort- und Sprachexperimente.

Durch die Seitengänge dieses Gartens bin ich oft gegangen. [...] Beide Seitenwege münden im oberen Teil des Parks in jenen wunderschönen weiten Platz, eine Stätte früher Eindrücke: der Blick auf den Teich, eine geahnte Bläue des leise gekräuselten Wassers, ein Schwan, das große schmiedeeiserne Tor; nicht der Gang dorthin, nur die Erwartung hinzukommen. Jetzt sind es die steinernen Rosse mit den fliehenden Mähnen zu beiden Seiten des Schlosses, die mich vor allem erfreuen.
Schöner Garten schöner Träume: Belvedere.

„Schöne Träume" haben sich im selben Jahr am selben Ort für Österreich verwirklicht. Im Marmorsaal des Oberen Belvedere wurde am 15. Mai 1955 der österreichische Staatsvertrag unterzeichnet. Die Besatzungszeit war zu Ende, das Land (wie Außenminister Leopold Figl verkündete) endlich frei.

Natürlich ... es hat auch schöne Momente gegeben. Und auf die hab i mi immer konzentriert.
G'freit hab i mi scho ... an den Tag, wo ma 'n bekommen ham ... den Staatsvertrag ... Da san ma zum Belvedere zogn ... san dag'standen ... unübersehbar ... lauter Österreicher ... wie im Jahr achtadreißig ... eine große Familie ... a bissel a klanere ... weil's Belvedere is ja klaner als der Heldenplatz. Und die Menschen waren auch reifer geworden ...

Worte aus dem legendären Psychogramm vom kleinen Mann, dem satirischen Ein-Personen-Stück „Der Herr Karl" von Helmut Qualtinger und Carl Merz (1961). Der Kabarettist Qualtinger schlüpfte selbst in die Rolle seines Herrn Karl (und blieb damit bis an sein Lebensende identifiziert). Der Monolog, in dem der wendige, selbstgerechte Spießer in echtem Jargon sein Leben erzählt, bestehend aus Anpassung und Arrangieren mit allen Zeitverhältnissen, Mitläufertum eines Opportunisten, löste nach der Fernsehausstrahlung Empörung aus. Die Autoren hatten provokant den Zeitgeist aufs Korn genommen und getroffen.

Blick vom Oberen Belvedere auf die Innere Stadt

Das Heeresgeschichtliche Museum im Arsenal (3, **Arsenalstraße**, Objekt 18) bildet das Sonntagsvergnügen für die Ich-Erzählerin in Marlen Haushofers Roman „Die Mansarde". Wie in allen Romanen der in letzter Zeit zu Recht wiederentdeckten Autorin kreist das Geschehen um eine Frau als Zentralfigur.

> *Das ganze Arsenal ist ein anziehender und unheimlicher Ort, vielleicht mag ich es deshalb so gern. Ich besuche den Radetzky-Saal, den Erzherzog-Karl-Saal und den Prinz-Eugen-Saal und staune insgeheim über die wunderbare Ordnung und Sauberkeit, die hier herrschen. Kein Museum in dieser Stadt ist so gepflegt und mit Liebe betreut wie das Arsenal. Man staunt darüber, aber im Grunde ist es ganz natürlich und einleuchtend. Meine Wanderung endet wie meist beim Zelt des Kara Mustapha, dem großen Türkenzelt. Dort ruhe ich mich aus.*

Die mächtige Kuppel der Karlskirche

In der Karlskirche, Weltkulturerbe (4, **Karlsplatz**), während der Pestepidemie 1679 (der siebzehnten, die in Wien gewütet hatte) gelobt und 1716 bis 1739 erbaut (Johann Bernhard und Joseph Emanuel Fischer von Erlach), befindet sich im linken Seitenflügel das Grabmal von Heinrich Joseph von Collin (1771–1811) mit einem Bildnismedaillon (Johann Sauthner, 1812). Er zählt zu den vielen, die Joseph von Hormayr außer durch die Fernwirkung seiner Sammelwerke auch persönlich aneiferte, ihr Schaffen – ganz im Sinne der Romantik und ihres Wortführers in Wien August Wilhelm Schlegel – auf patriotische Stoffe zu lenken. Er war, begabter als sein Bruder Matthäus von Collin, Dramatiker („Regulus", 1801) und Lyriker. Seine „Lieder österreichischer Wehrmänner" (1809) brachten ihm, wie Caroline Pichler berichtet, die Begeisterung der Wiener, aber die Ächtung Napoleons.

Die Kirche des heiligen Borromäus, welche von den Kreuzherren bedient wird, ist die Wirkung eines Gelübds, wie die Innschrift über dem Portal lautet: ich will meine Gelübde bezahlen vor denen die ihn fürchten. (Ps. 22.) Sie ist unstreitig eine der schönsten Kirchen

in Wien, und vielleicht in Deutschland. Sie stehet ungefähr auf achthundert Schritte von den Mauren der Stadt entfernt, auf einem freyen Platz. Diß giebt ihr eine vortheilhafte Wirkung. Sowohl ihre äussere als innere Einrichtung stimmt mit dem Prachte und dem Andachtseifer ihres Stifters überein, welches Karl VI. ist. Sie ist, wie man weiß, nach dem Modell der Rotunda [in Rom] *erbaut.*
{Wilhelm Ludwig Wekhrlin, 1777}

Es ist selten, daß sich bei Schriftstellern andere Werke als literarische erhalten, Zeugnisse aus ihrem erlernten Beruf (Robert Musil z.B. war Maschinenbauingenieur, der fast Wissenschafter geworden wäre, Hermann Broch Textilingenieur). Bei dem Wiener Fritz von Herzmanovsky-Orlando (1877–1954) gibt es einen solchen Ausnahmefall; nicht, weil er seine Werke zum Teil selbst illustriert hat, das taten andere auch. Literaturkundige kennen ihn (in der Bearbeitung des Werk-Herausgebers Friedrich Torberg) als skurril-hintergründigen Schöpfer des Traumlandes „Tarockanien" (nach dem Kartenspiel) in dem Roman „Maskenspiel der Genien" (1958), als grotesk-fabulierfreudigen Sprachgestalter im Roman „Der Gaulschreck im Rosennetz. Eine Wiener Schnurre aus dem modernen Barock" (1928), vielleicht noch als Dramatiker in „Kaiser Joseph und die Bahnwärterstochter" (Uraufführung 1956). Jedoch kaum jemand weiß, daß der Satiriker Herzmanovsky-Orlando Architekt war und 1910 in Wien ein fünfstöckiges Zinshaus gebaut hat, das in der **Wehrgasse** 22/Ecke Grüngasse im 5. Bezirk, in der Nähe des Naschmarktes heute noch steht: mit Arkaden, Runderker und obeliskengekrönter Terrassenbalustrade – ein wenig verspielt, wie alles bei Herzmanovsky.

Das Geburtshaus von Ferdinand Kürnberger (1823–1879) ist abgerissen; der Nachfolgebau (6, **Kaunitzgasse** 25) trägt eine Gedenktafel. Der Piaristen- und Schottenschüler (trotzdem Schulabbrecher und Autodidakt) wurde geistvoller Essayist und treffsicherer Kritiker mit Zivilcourage („Siegelringe. Eine Sammlung politischer und kirchlicher Feuilletons", 1874). Er war unermüdlich tätig, fand zusätzlich Zeit für Erzählungen, Novellen und den Roman „Der Amerika-Müde" (1855), der Nikolaus Lenau zum Modell hatte.

Wer Kaffeehausatmosphäre im Stil der Ringstraßenzeit sucht, kann sie im Café Sperl finden (6, **Gumpendorferstraße** 11/Ecke Lehárgasse). 1880 gegründet, 1980 nach Renovierung bei strengsten Auflagen unter Denkmalschutz gestellt, ist das Sperl ein originalgetreues Café aus Kaisers Zeiten.

In der Vorstadt Mariahilf [heute 6. Bezirk], *wo die Allee nach Schönbrunn hinausführt, gingen in den warmen Sommertagen von 1820, jenem Jahr, in welchem Naomi begann, was sie mit Recht ihre „Laufbahn" nannte, zwei Zigeuner in ihrer weißen Tracht mit dem großen, braunen Mantel.* [...] *Sie gingen durch eine der vielen Seitenstraßen, welche von Mariahilf nach dem Sommerschloß Belvedere führen.*

„Die Vorstädte könnten die Stadt tüchtig zusammenpressen, wenn sie wollten", sagte der Jüngere. „Ich träumte heute Nacht eine hübsche Geschichte: Mariahilf, die Josephsstadt [heute 8. Bezirk], *ja alle vier und dreißig Vorstädte waren beweglich und rückten gegen die Stadt, die vom Stephansthurm angeführt wurde. Sie schlugen sich so heftig, daß weißes und gelbes Gold in die Donau rollte!"*

„Da hattest du wol zu viel von dem starken Wasser getrunken!" sagte der Alte. „Sei vorsichtig, Czekles! erzähle keine solchen Träume, die Polizei hat lange Ohren. Ist das auch etwas für einen jungen Kerl zu solcher Zeit zu träumen? Nein, von Mädchen mußt du träumen."

„Aber ich träume mehr vom Krieg!" sagte Czekles.

„Wenn ich Soldat wäre! Vor dem Kaiser Franz präsentiren dürfte, dem guten Kaiser Franz! Er hat vor mir an den Hut gelangt, als ich mein Haupt entblößte. Vor mir ganz allein, denn es war Niemand auf dem Wege. Mich hat er gegrüßt. Aber was meinen Traum betrifft, der war lächerlich genug! Die Stephanskirche mit ihrer spitzen Mütze war General. Sie hat breite Schultern und alte Kräfte. Die Dreifaltigkeitssäule am Graben nahm sie als Commandostab. Die Kaiser Josephs-Statue jagte auf ihrem Kupferhengst durch den Kohlmarkt und die Kärnthenstraße; sie rief alle Bilder aus den Schil-

dern *) und diese folgten ihr. Der Marmorriese aus dem Volksgarten **) stellte sich an die Spitze der Marmorbilder in der Capucinerkirche [so nennt der Autor stets die Augustinerkirche] *und sie stiegen auf den Wall und auf das Dach der Burg und sahen nach den Vorstädten hinaus, wie diese näher rückten. Die Dörfer Hietzing* [heute 13. Bezirk] *und Währing* [heute 18. Bezirk] *waren mit; das war ein Gewühl, ärger als an einem lustigen Tage im Volksgarten oder im Prater."*

*) In Wien ist an jedem Laden ein Schild, nach welchem jener den Namen hat, z. B.: der Cardinal, Madame Catalani, der König von Dänemark u. s. w. Diese haben meist Portraitähnlichkeit und einige sogar künstlerischen Werth; so eines vor einer Apotheke, das den jungen Tobias zeigt, der zurückkommt.
**) Theseus von [Antonio] *Canova* [steht heute auf der Prunkstiege des Kunsthistorischen Museums].

Dieser Traum verrät Stadtkenntnis. Und der ihn niederschrieb, hatte sie: Hans Christian Andersen, der dänische Märchendichter. Sechsmal hat er zwischen 1834 und 1872 Wien besucht; beim ersten Aufenthalt fast unbekannt, beim letzten weltberühmt. Hier besuchte er die Sehenswürdigkeiten, wurde mit Grillparzer bekannt, schloß Freundschaft mit Castelli, verkehrte mit vielen Künstlerpersönlichkeiten, erlebte Nestroy im Theater an der Wien, durfte in der Hofburg seine Märchen vorlesen. Wien war eine Stadt ganz nach seinem Geschmack. „Reisen heißt Leben", im Tagebuch notiert, war sichtlich sein Motto. 30 große Reisen, damals nicht ungefährlich, hat er unternommen, wie auf der Flucht verbrachte er rund 15 Jahre seines Lebens im Ausland. Erst mit 61 besaß er eigene Möbel (er hatte immer möbliert gewohnt). Die Reiseeindrücke und -beobachtungen verarbeitete er ausgeschmückt in seinen Werken. Vieles ist in das Reisebuch „Eines Dichters Basar" (1842) und in seine Autobiographie „Das Märchen meines Lebens" (1855) eingeflossen. Er war lebenslang ein schreibender Tourist. Im Roman „Nur ein Geiger" (1837), der ein Bestseller wurde, haben zwei Kapitel Wien zum Schauplatz der Handlung. Der Textausschnitt stammt daraus.

Die **Mariahilferstraße**, zur Kaiserzeit wichtige Verbindung zwischen Hofburg und Schloß Schönbrunn sowie bedeutendste Geschäftsstraße der Vorstädte – heute würde man Shoppingmeile sagen –, scheint Wilhelm Raabe gerade recht gewesen zu sein, um die Wohnung des korrupten Dietrich Häußler in dem Roman „Der Schüdderump" (1870) dort zu lokalisieren. Raabe, der große Erzähler des Realismus (dem erst spät gebührende Anerkennung zuteil wurde), mußte das Roman-Wien nicht erdichten. Jene Reise, die er seinen Junker Hennig von Lauen machen läßt, hatte er selbst unternommen. Vom 19. Mai bis 8. Juni 1859 hielt sich Raabe in Wien auf. Er besaß also Ortskenntnis; das Übrige war Sache seiner erzählerischen Meisterschaft.

Der Junker befand sich jetzt in der Vorstadt Mariahilf [heute 6. Bezirk], *ungefähr in jener Gegend, allwo die „Laimgrube"* [ehem. Vorstadt, heute 6. Bezirk] *in die Mariahilfer Hauptstraße übergeht, und wenn wir es für passend hielten, könnten wir die Nummer des Hauses nennen, an welchem er nunmehr sehr betreten emporstarrte, ehe er es betrat.*

Wir nennen aus mehrfachen Gründen die Nummer des Gebäudes, in welchem sich die Privatwohnung des Edlen Dietrich Häußler von Haußenbleib befand, nicht; aber da wir auch auf unsere Leser einige Rücksicht zu nehmen haben, dürfen wir es doch nicht ganz der Phantasie derselben anheimgeben, sich die Lokalitäten auszumalen.

Hennig von Lauen sah ein stattliches Bauwerk vor sich, das in keiner Weise an Krodebeck [das Heimatdorf im Harz] *und an den Lauenhof erinnerte. Zwei große elegante Läden nahmen zu beiden Seiten der Tür das untere Stockwerk ein: – ein Trauerwarenmagazin unter der wunderbar passenden Firma „Zur betrübten Hekuba" auf der Rechten – ein Modewarenmagazin unter dem ebenso treffenden Zeichen „Zur schönen Helena" auf der Linken. Die lebensgroßen, gar nicht übel gemalten Bildnisse der Trojanerin und Achäerin in ganzer Figur suchten so erschütternd und verlockend als möglich auf die vorbeiwandelnden Phäaken zu wirken und ließen ihnen jedenfalls die Wahl, im eiligen Vorüberstreifen einen Zug Zerknirschung aus dem düstern memento mori rechts zu schöpfen oder dem lachenden, verführerischen, aber etwas kostspieligen Leben links einen nickenden Wink zu geben.*

Mariahilferstraße 45 hat sich das Geburtshaus „Zum goldenen Hirschen" von Ferdinand Raimund erhalten, eines der in Wien immer noch vorhandenen romantischen Durchhäuser.

> *Er ist kein Literat, niemand je war es so wenig. Er ist ein Dichter; er glaubt es zu sein, und weiß doch auch wieder nicht, wie sehr er es ist. Vor allem ist er dies: ein Kind des Volkes. Darum ist er ein Individuum und ist auch zugleich eine Welt. Die Grenzen zwischen ihm und allem andern, was zu dieser Welt gehört, sind ganz fließend. Er gehört einer Gemeinschaft an: Wien, und er teilt mit dieser Gemeinschaft alles, was er hat. […]*
> *Raimund ist nicht der Verherrlicher von Wien; auch nicht einmal sein Schilderer, noch weniger – was später Nestroy werden sollte – sein Satiriker. Er ist das Wesen, in dem dieses Wien irgendwie Geist wurde.*
> {Hugo von Hofmannsthal, 1920}

Raimund war der Klassiker des Wiener Volksstückes (Märchen- und Zauberposse mit Gesang). Auf der reichen Theatertradition Wiens aufbauend, verband er in seiner Dramaturgie Elemente des breitenwirksamen Volkstheaters mit dem Ethos des hohen Dramas zu anspruchsvoller Bühnendichtung, die dennoch lebensnah-volkstümlich blieb. Menschliche Grundtugenden führen seine Protagonisten humor- und gemütvoll zu einem bescheidenen Lebensglück. Als „Zuckerlbub" (der Zuckerbäcker-Lehrling hatte dem Burgtheaterpublikum Süßes zu verkaufen) ergriff ihn die Leidenschaft für das Theater. Er brannte 1808 mit einer wandernden Schauspieltruppe durch, wurde Schmierenkomödiant und ab 1814 Darsteller am Wiener Josefstädter Theater, dann am Theater in der Leopoldstadt. In komischen Rollen feierte er Triumphe (das ernste Fach blieb ihm wegen eines Sprachfehlers versagt). Als den populären Volksschauspieler der Theaterdichter im Stich läßt, schreibt er als Ersatz sein erstes Stück „Der Barometermacher auf der Zauberinsel" (nach einer Märchen-Vorlage von Christoph Martin Wieland) und spielt bei der Premiere am 18. Dezember 1823 selbst die Rolle des Bartholomäus Quecksilber. Er war vom Schauspielerdasein in die Dichterexistenz hinübergewechselt. In rascher Folge entstanden nun – bis ihn der jüngere Nestroy verdrängte – seine großen Erfolge, die heute noch ihre Bühnenwirksamkeit beweisen: „Der Diamant des Geisterkönigs" (1824) mit dem köstlichen Dienerpaar Florian und Mariandl; „Das Mädchen aus der Feenwelt oder Der Bauer als Millionär" (1826) mit dem Lied der Jugend „Brüderlein fein, Brüderlein fein / Mußt mir ja nicht böse sein, / Scheint die Sonne noch so schön, / Einmal muß sie untergehn!" und dem „Aschenlied" (über die Vergänglichkeit) des Bauern Fortunatus Wurzel; „Der Alpenkönig und der Menschenfeind" (1828) mit dem Sextett „So leb' denn wohl, du stilles Haus" und „Der Verschwender" (1834) mit dem Hobellied:

> *Da streiten sich die Leut herum*
> *Oft um den Wert des Glücks,*
> *Der eine heißt den andern dumm,*
> *Am End weiß keiner nix.*
> *Da ist der allerärmste Mann*
> *Dem andern viel zu reich.*
> *Das Schicksal setzt den Hobel an*
> *Und hobelt s' beide gleich.*
>
> *Die Jugend will halt stets mit Gwalt*
> *In allen glücklich sein,*
> *Doch wird man nur ein bissel alt,*
> *Da find man sich schon drein.*
> *Oft zankt mein Weib mit mir, o Graus!*
> *Das bringt mich nicht in Wut.*
> *Da klopf ich meinen Hobel aus*
> *Und denk, du brummst mir gut.*
>
> *Zeigt sich der Tod einst mit Verlaub*
> *Und zupft mich: Brüderl, kumm!*
> *Da stell ich mich im Anfang taub*
> *Und schau mich gar nicht um.*
> *Doch sagt er: Lieber Valentin!*
> *Mach keine Umständ! Geh!*
> *Da leg ich meinen Hobel hin*
> *Und sag der Welt Adje.*

Diese Liedeinlagen, zum Teil in Raimunds eigener Vertonung, sind in den allgemeinen Liederschatz eingegangen, losgelöst von Raimunds Namen, anonym; wurden gleichsam zu „geflügelten Liedern", wie des Menschenfeinds sprechender Name „Rappelkopf" zu einem „geflügelten Namen" geworden ist.

Das Hobellied aus dem unsterblichen „Verschwender", in dem Raimund-Valentin (Paraderolle für alle großen Schauspieler) das nivellierende Walten des Schicksals besingt, hat mehr als ein Jahrhundert später der Wiener Lyriker und Regisseur Berthold Viertel aus der Perspektive des Exiljahres 1941 gesehen.

DER VALENTIN

„Das Schicksal setzt den Hobel an
Und hobelt beide gleich."
Dein Alterstrost, du Biedermann
Im alten Österreich.

Ja, Einfalt, Mutterwitz, Livree,
Des Dienens fromme Lust:
So krachte Österreich! Dein Couplet
Hat es vorhergewußt.

Des flotten Flottwell Schloß ward Staub.
Ob deine Hütte hält,
In Weltgericht und Völkerraub
Bescheiden hingestellt?

Die Späne flogen her und hin,
Das Holz war abgenützt.
Wird Gott dir helfen, Valentin,
Wenn keiner dich beschützt?

Du hobelst. Weltkulisse fällt.
Zuletzt wird alles gleich:
Es überließ dich Gott und Welt
Dem Dritten Reich.

Das Raimund-Denkmal (Franz Vogl, 1898) hat seinen Platz nicht, wie man annehmen könnte, vor dem Raimundtheater gefunden, sondern vor dem (Deutschen) Volkstheater (7, Neustiftgasse 1), das an der Stirnfront die Büsten von Grillparzer, Nestroy und Raimund trägt. Heute steht das Marmordenkmal etwas zur Seite gerückt im Weghuberpark (Neustiftgasse/Museumstraße). Der überlebensgroße Dichter sitzt gedankenversponnen (oder einfach melancholisch, wie er war) auf einer Bank, Blätter in der Rechten, hinter ihm mit Zauberstab die geflügelte Phantasie. Der Blick Raimunds könnte hinübergehen zum Café Raimund (1, Museumstraße 6), wo der Schriftsteller Hans Weigel, 1938 emigriert, 1945 zurückgekehrt, Mittelpunkt eines Kreises junger Literaten war (darunter u.a. Ingeborg Bachmann, Christine Busta, Jeannie Ebner, Reinhard Federmann, Milo Dor), bevor er das ruhigere Hawelka entdeckte. Hans Weigels Meinung über Wien 1955 klingt wie die Quintessenz aus Stifter (s. Motto, S. 7):

> *Wien bleibt fremd, unnahbar, fern, man liebe es denn. Wien bietet sich nicht dar, Wien will umworben, gesucht, erarbeitet sein.*

Der **Spittelberg**, im Geviert zwischen Breite-, Siebenstern-, Stift- und Burggasse im 7. Bezirk gelegen (mit Wiens kleinstem Haus), heute Schutzzone und Vorzeigeviertel geglückter Restaurierung und Revitalisierung, war zu einer ruinösen berüchtigten Gegend mit Spelunken im Rotlichtmilieu abgesunken, aber noch 1810, als Castelli seinen Gast hinführte, eine typische Vorstadt.

> *Um diese Zeit lernte ich Ludwig Zacharias Werner kennen. Er kam zum ersten Male nach Wien und war an mich empfohlen. Ich führte ihn gleich am ersten Abend in das Theater und fragte ihn nach Ende des Schauspiels, in dem er sich über die Wiener Späße unendlich freute, ob er denn auch eine echte Wiener Kneipe kennen lernen wolle. O ja! antwortete er mir, und ich führte ihn in eine echte Kneipe, wo Tanzmusik und Mädchen gehalten wurden. Oh, wer hätte damals gedacht, daß dieser lebenslustige, frohe, in jede Schürze verliebte Mann einst als ein Jammerbild auf der Kanzel einer katholischen Kirche stehen und das Wort Gottes als Liguorianer [Redemptorist] predigen werde!*

Er fühlte sich selig in dieser Kloake der zügellosesten Ausschreitungen, nahm die Zutunlichkeit der vom Gastwirt gedungenen verlorenen Mädchen, davon ihm eine ganz außerordentlich gefiel, als naive Liebenswürdigkeit hin; und hätte ich nicht ein achtsames Auge auf ihn gehabt und ihn zurückgehalten, er würde sich mit diesem Mädchen leichtsinnig eingelassen und vielleicht später den Verlust seiner Uhr und Börse zu beklagen gehabt haben.

Man muß aber auch gestehen, diese Mädchen sahen in ihrer damaligen Tracht ganz allerliebst aus.

Zacharias Werner (1768–1823) war damals noch Laie nach drei gescheiterten Ehen, doch erfolgreich mit seinem Drama „Der vierundzwanzigste Februar" – das die Gattung der Schicksalstragödie begründete –, uraufgeführt im Privattheater der Madame de Staël in Coppet. Erst 1814 empfing er die Priesterweihe und wurde zu einem glänzenden Kanzelredner. Er starb im Wiener Augustinerkloster.

Die Josefstadt [8. Bezirk] meiner Kindheit war nicht mehr jener vormärzliche Vorort, der den Basteien der Inneren Stadt, etwa vom Schottentor bis zum Burgtor, gegenüberlag. Mit den Befestigungen waren auch jene weithingedehnten Wiesenflächen verschwunden, die man in dieser Gegend das Josefstädter Glacis nannte. Als ich, ein kaum Fünfjähriger, mit dem Vater von der Vorstadt Unter den Weißgärbern in die Josefstadt übersiedelte, umgab bereits der breite, prächtige Gürtel der Ringstraße die Innere Stadt, die Monumentalbauten zwischen Alsergrund und Bellaria standen längst vollendet, und die herrlichen Gärten des Viertels um das neue Rathaus herum waren schon angelegt. Dem Kinde bot sich all die junge Pracht als das Gegebene dar, für Eltern und Großeltern jedoch war jedes Plätzchen des verwandelten Bodens voll der Beziehung auf das noch eben Gewesene, belebt von Erinnerungen und – bei allem Stolz auf den großstädtischen Aufschwung! – umwoben von der uneingestandenen Sehnsucht nach dem Vergangenen.

{Anton Wildgans, 1928}

Zu den ganz Großen, die Wien besuchten, zählt der Dichter des „Grünen Heinrich". Bei der Zürcher Feier zu Ehren seines 50. Geburtstages hatte Gottfried Keller den jungen Juristen Adolf Exner kennengelernt, Professor am Polytechnikum, der 1872 nach Wien zurückberufen wurde. Der scheidende Freund lud Keller herzlich nach Wien ein – und der gar nicht Reisefreudige nahm an. Ein launiger, gegenseitige Zuneigung spiegelnder Briefwechsel mit Marie Exner, der lebensfrohen Schwester, geht der Reise voran (sie wird die Mutter des Biologen Karl von Frisch, des „Bienen-Frisch", Nobelpreis 1973).

Zürich, 19. April 1874

Der Fräulein Marie!
[...] Also das «Schlössel» ist mir das beste in jedem Fall, vorausgesetzt, dass es nicht gerade eine Ausspannung für Fuhrleute ist. Wenn ich dann dort bin, so komme ich jeden Tag ein paarmal zu Euch. Die Hauptsache ist, dass ich am Abend gut versorgt und nicht der Kneipwildnis von Wien überlassen bin oder wenigstens in guter Kompagnie ausrücke. [...] Behüt' Sie der Himmel auch mit allen Ihren Siebensachen! Also im Juli werde ich im Hotel «Schlössl» einziehen, vorher aber nochmals schreiben und fragen, wie die Gestirne stehen.

Ihr ergebener G. Keller

Zürich, 17. Juni 1874

Gute Fräulein Marie!
Ich danke Ihnen schönstens für Ihren liebenswürdigen Brief. [...] Ich weiss noch nicht, ob ich in Einem Zug fahre und würde in diesem Falle dann von hier aus telegraphieren, dass jemand zu Haus ist, wenn ich komme; mache ich aber etwa in München einen kurzen Halt, so telegraphiere ich von dort aus. Ich habe schon einen Plan von Wien gekauft für 1 Fr. 35 Rappen, in dem ich vorläufig herumbummle.
Vom Westbahnhof wird das Vehikel mit mir wahrscheinlich die Gürtelstrasse entlang nach der Josephstadt fahren, wo ich auch eine Schlösslgasse bemerke, in der vermutlich das Hotel gleichen Namens liegt. [...] Leben Sie glückselig, aber nicht zu übermütig bis zum demnächstigen Wiedersehen, so dass Sie auch noch einen Rest von

Hochachtung und Ehrerbietung für meine Alterswürde und sonstige Dekoration übrig behalten! Grüssen Sie Adolf bestens, den Bildgläubiger, nicht n.

Ihr Gottfr. Keller

Am 6. Juli 1874 kommt Keller in Wien an und bleibt bis 27. Juli. Er wohnt nicht in einem Hotel, sondern „bei Professor Exners, die ein kleines, aber schön gebautes Haus mit Garten haben und ich ein schönes Zimmer gegen den Garten", wie Keller seiner Schwester Regula nach Zürich schreibt. Dieses Haus steht **Josefstädterstraße** 17/Ecke Lenaugasse (Gedenktafel). Mitgebracht hat Gottfried Keller seine Novelle „Das verlorene Lachen", die er in Wien fast fertigstellt, die letzte seiner zehn meisterhaften Seldwyler Geschichten. Noch im selben Jahr erscheint sie in der Novellensammlung „Die Leute von Seldwyla" (1856–1874).

Gottfried Keller sah das noch nicht fertiggebaute Ringstraßen-Wien, sein Landsmann Max Frisch das noch nicht wiederaufgebaute Nachkriegs-Wien. „Wien, Januar 1948" sind die Tagebuch-Eintragungen – für Frisch die eigentliche Prosaform von Anfang an – überschrieben. Er besucht das Theater in der Josefstadt (wo Frisch gespielt wird), „ein so liebreizendes Theater […] und dann der Kronleuchter, der langsam in die Höhe entschwebt, wenn der Vorhang sich teilt, langsam verlöschend …", die Oper, den Prater, geht ins Kaffeehaus, spricht mit Bekannten und noch mehr Unbekannten – und hält alles neben zeitkritischen Reflexionen im Tagebuch fest („Tagebuch 1946–1949", 1950; „Tagebuch 1966–1971", 1972). Auch poetische Skizzen haben darin ihren Platz.

Die Tageszeit, die Wien am besten steht: die Dämmerung, die abendliche, das graue Violett schöner Fassaden, die hinter alten Bäumen stehen, etwas Schnee auf den Dächern, die scheinlose Helle früher Bogenlampen, Umrisse von Barock, ein Brunnen mit verstummten Röhren, Laub in der Schale, drei steinerne Putten mit Flöte, Stille, Dämmerung, Menschen gehen schräg durch einen Park, ihre Hände in den Manteltaschen, ein Tor aus kunstvollem Schmiedeeisen, Fluchten, weit und festlich, alles etwas denkmalhaft, etwas dornröschenhaft, es läßt sich von der Straßenbahn nicht stö-

ren, auch nicht von einem polternden Lastwagen mit Anhänger, alles wie hinter einem violetten Schleier ...

Jodok-Fink-Platz heißt heute der „ehrwürdig-geräumige Platz vor der Piaristenkirche" Maria Treu („Vermählung Mariä").

Da ragt, von zwei Barocktürmen überhöht, die breite Front des Gotteshauses mit der in der Frühsonne leuchtenden Inschrift: VIRGO FIDELIS AVE COELESTIS MATER AMORIS [Getreue Jungfrau, sei gegrüßt, Mutter der himmlischen Liebe]. *Da stehen in düsterem und dennoch so anheimelndem Grau zur linken Hand die Volksschule, zur rechten das Gymnasium. Piaristenplatz, Ziel des täglichen Schulweges durch zwölf Jahre eines Knabenlebens!*

Eine Gedenktafel mit Relief hält fest: „Anton Wildgans maturierte im Jahre 1900 in diesem Gymnasium." Von der nahen **Schmidgasse** 5 hatte er keinen weiten Schulweg. Später wird Wildgans u.a. Burgtheaterdirektor werden, daneben eigene Stücke schreiben, aus denen Mitleid mit sozial unterdrückten Schichten spricht („In Ewigkeit Amen", 1913; „Armut", 1914), wird ein Hexameterepos dichten („Kirbisch oder Der Gendarm, die Schande und das Glück", 1927; verfilmt 1950) und seiner Vaterstadt in Prosa („Musik der Kindheit. Ein Heimatbuch aus Wien", 1928) und Vers („Wiener Gedichte", 1926) ein liebevolles Denkmal setzen.

> *Ich bin ein Kind der Stadt*
>
> *Ich bin ein Kind der Stadt. Die Leute meinen,*
> *Und spotten leichthin über unsereinen,*
> *Daß solch ein Stadtkind keine Heimat hat.*
> *In meine Spiele rauschten freilich keine*
> *Wälder. Da schütterten die Pflastersteine.*
> *Und bist mir doch ein Lied, du liebe Stadt!*
>
> *Und immer noch, so oft ich dich für lange*
> *Verlassen habe, ward mir seltsam bange,*
> *Als könnt' es ein besondrer Abschied sein;*

Und jedesmal, heimkehrend von der Reise,
Im Zug mich nähernd, überläuft's mich leise,
Seh' ich im Dämmer deine Lichterreihn.

Und oft im Frühling, wenn ich einsam gehe,
Lockt es mich heimlich-raunend in die Nähe
Der Vorstadt, wo noch meine Schule steht.
Da kann es sein, daß eine Straßenkrümmung,
Die noch wie damals ist, geweihte Stimmung
In mir erblühen macht wie ein Gebet.

Da ist der Laden, wo ich Heft und Feder,
Den ersten Zirkel und das erste Leder
Und all die neuen Bücher eingekauft,
Die Kirche da, wo ich zum ersten Male
Zur Beichte ging, zum heiligen Abendmahle,
Und dort der Park, in dem ich viel gerauft.

Dann lenk' ich aus den trauten Dunkelheiten
Der alten Vorstadt wieder in die breiten
Gassen, wo all die lauten Lichter glühn,
Und bin in dem Gedröhne und Geschrille
Nur eine kleine ausgesparte Stille,
In welcher alle deine Gärten blühn.

Und bin der flutend~namenlosen Menge,
Die deine Straßen anfüllt mit Gedränge,
Ein Pünktchen nur, um welches du nicht weißt;
Und hab' in deinem heimatlichen Kreise,
Gleich einem fremden Gaste auf der Reise,
Kein Stückchen Erde, das mein Eigen heißt.

Stefan Zweig läßt in seinem einzigen Roman „Ungeduld des Herzens" (1938), in dem es psychologisch um das Thema des Mitleids geht, den Arzt Dr. Emmerich Condor in der **Florianigasse** 97 wohnen.

Ich fertige rasch den Fiaker ab und überquere den schlecht gepflasterten Hof. Was das für eine schäbige Wendeltreppe ist, ausgetretene

Stufen, abgeblätterte, bekritzelte Wände, Geruch nach mageren Küchen und schlecht geschlossenen Klosetts, Frauen in schmutzigen Schlafröcken, die auf den Gängen Zwiesprache halten und mißtrauisch auf den Kavallerieoffizier blicken, der da in der Dämmerung etwas verlegen an ihnen vorbeiklirrt [...] Ich frage nach Doktor Condor.
»Ja, wohnt sich hier«, böhmelt sie [das Dienstmädchen] zurück. »Aber is noch nich z'Haus. Is aussi g'fahren nach Meidling [heute 12. Bezirk], muß aber bald zaruk sein. Hat zur gnä Frau g'sagt, daß bestimmt zu Nachtmahl kommt. Kummen's nur und warten's!« [...]
»So, da können's Ihna setzen«, deutet sie mit einer gewissen Herablassung auf einen der Stühle. Und sofort verstehe ich: Condor muß eine Armeleutepraxis haben. Reiche Patienten werden anders empfangen.

Reiche Leute wohnen auch ganz anders, wie man heute noch am Gartenpalais Schönborn in der **Laudongasse** 15–19 (Österreichisches Museum für Volkskunde) sehen kann. Lady Montagu war während ihres Wien-Aufenthaltes beim Reichsvizekanzler Friedrich Carl Graf Schönborn (den sie konsequent, aber falsch Graf Schönbrunn nennt) eingeladen und sah dessen bedeutende Kunstsammlung. Ihre kluge Überlegung zur Stadterweiterung wurde erst 141 Jahre später durch Kaiser Franz Joseph verwirklicht.

Gestern besuchte ich den Park des Vizekanzlers Grafen Schönbrunn, bei dem ich zum Speisen gebeten war. Ich gestehe, daß ich noch niemals etwas Reizenderes gesehen habe als die Wiener Vorstädte. Die Josephstadt [heute 8. Bezirk] ist sehr groß und besteht fast ausschließlich aus prächtigen Palästen. Hielte es der Kaiser für angebracht, die Stadttore niederlegen zu lassen und die Vorstädte mit Wien zu vereinigen, so hätte er eine der größten und schönsten Städte Europas. Der Landsitz des Grafen Schönbrunn zählt zu den prächtigsten; er hat Möbel vom reichsten Brokat und mit soviel Geschmack und Phantasie angeordnet, daß kaum anderswo die gleiche heitere Pracht anzutreffen sein dürfte. Dabei habe ich noch gar nicht einer Galerie gedacht, die mit Kunstwerken aus Korallen, Perlmutter usw. angefüllt ist. Über das Ganze sind Vergoldungen,

Schnitzwerk, schöne Bilder, herrlichstes Porzellan, Alabaster- und Elfenbeinstatuen in verschwenderischer Fülle ausgestreut. In vergoldeten Geschirren stehen da große Orangen- und Zitronenbäume. Das Essen war vorzüglich und glänzend angerichtet; Laune und Witz des Grafen gaben ihm besondere Würze.
Wien, den 8. Sept. 1716

Was Ernst Moritz Arndt, der patriotische Dichter der Befreiungskriege, 1798 über die Wachspräparate-Sammlung im **Josephinum** schrieb (9, **Währingerstraße** 25), einst Medizinisch-Chirurgische Militärakademie, unterscheidet sich heute kaum vom im dortigen Museum des Instituts für Geschichte der Medizin bei Führungen Gezeigten.

In der Währingerstraße ist ein großes Gebäude, welches medicinischen und chirurgischen Vorlesungen geweiht ist, und wo zugleich mancherley Instrumente und Präparata aufbewahrt werden. Auch hier sieht man die Pracht und Fülle, welche alle Anstalten und Stiftungen der österreichischen Monarchie karakterisiren, so wie die Humanität, mit der alles zur Belehrung und zum Vergnügen der Fremden und Einheimischen Preis gegeben wird. Zu dieser schönen Einrichtung sind mehrere große Säle hergegeben, alle äußerst prächtig und geschmackvoll ausgeziert. Ueber der Thür prangt gewöhnlich der Kopf und Name eines Helden des epidaurischen Gottes, im leichten Umrisse gemahlt, und rund umher stehen die Schränke, worin Mineralien, Bücher, Instrumente, Skelette, Seltenheiten, Misgeburten und Naturspiele in großem Reichthum aufbewahrt werden. Auch ein schöner Hörsaal ist hier, wo Vorlesungen gehalten werden. Die anatomischen Wachspräparata sind in großer Mannigfaltigkeit und mit bewunderungswürdiger Genauigkeit und Schönheit gearbeitet und gemahlt. [...] Es giebt hier schöne und kraftvolle männliche Körper, und zarte und reizende weibliche. Ja man kann keck genug den einen ein Nachbild der mediceischen Venus zu nennen. [...] Ob alles allen offen seyn sollte, weiß ich nicht. Manches ist offenbar zu scheußlich und häßlich, als daß es die junge Phantasie eines 14, 16jährigen Mädchens nicht beflecken sollte, oder gar zerstören.

Ganz ähnlich hat Julian Schutting 1985 über die Sammlung im Josephinum geschrieben („Die Mediceische Venus").

Die **Strudlhofstiege**, durch Heimito von Doderer in die Weltliteratur eingegangen, verbindet als Teil der Strudlhofgasse die Liechtensteinstraße mit der Währingerstraße und überwindet etwa 15 m Höhenunterschied. Benannt ist sie nach dem k. Hof- und Kammermaler Peter von Strudel, entworfen von Theodor Jaeger und 1910 der Öffentlichkeit zugänglich gemacht – alles nachzulesen in Doderers vierteiligem Roman, der in Rückblenden und Vorausgriffen 1910 beginnt. (Böse Zungen nennen ihn wegen des komplexen Gefüges sowie einer gewissen Weitschweifigkeit des Erzählens „Die Strudlteigstiege".) Von Doderer als Motto vorangestellte Verse stehen heute auf einer Tafel bei der Stiege.

AUF DIE STRUDLHOFSTIEGE
ZU WIEN

Wenn die Blätter auf den Stufen liegen
herbstlich atmet aus den alten Stiegen
was vor Zeiten über sie gegangen.
Mond darin sich zweie dicht umfangen
hielten, leichte Schuh und schwere Tritte,
die bemooste Vase in der Mitte
überdauert Jahre zwischen Kriegen.

Viel ist hingesunken uns zur Trauer
und das Schöne zeigt die kleinste Dauer.

Wegen der Übereinstimmung der Roman-Topographie mit realer Topographie hat Dietrich Weber Doderer als „Viennologen" bezeichnet. „Die Strudlhofstiege oder Melzer und die Tiefe der Jahre" ist 1941 bis 1948 entstanden und 1951 erschienen. Die Anfänge reichen jedoch bis in die Jahre der Kriegsgefangenschaft Doderers in Sibirien (1916–1920) zurück, während sich das Ende erst in seinem umfangreichsten Roman „Die Dämonen" (1956) findet, worin das Schicksal mancher Gestalt des Figurenreigens fortgeführt wird.

Strudlhofstiege

Da war sie bald, die Strudlhofstiege.
Er blieb unten stehen. [...]
Der Meister der Stiegen hat ein Stückchen unserer millionenfachen Wege in der Großstadt herausgegriffen und uns gezeigt, was in jedem Meter davon steckt an Dignität und Dekor. Und wenn die Rampen flach und schräg ausgreifen und querlaufen am Hange, den zweckhaften Kurzfall und all' unsere Hühnerleitern verneinend; wenn ein Gang hier zur Diktion wird auf diesen Bühnen übereinander, und der würde-verlustige Mensch nun geradezu gezwungen scheint, sein Herabkommen doch ausführlicher vorzutragen trotz aller Herabgekommenheit: so ist damit der tiefste Wille des Meisters der Stiegen erfüllt, nämlich Mitbürgern und Nachfahren die Köstlichkeit all' ihrer Wegstücke in allen ihren Tagen auseinanderzulegen und vorzutragen, und diese lange, ausführliche Phrase kadenziert durchzuführen – ein Zwang für trippelnde Herzln und für trampelnde Stiefel – bis herab, auf die Plattform, wo sich um's Gewäsch und Geträtsche des Brunnens die sommerliche Einsamkeit dick sammelt, oder bis ganz unten zur Vase und zur Maske, die in eine warme stille Gasse schaut und ebenso unbegreiflich ist wie ein Lebendiges, sei sie gleich aus Stein. [...] *so stand er am unteren Ende der Stiegen.*
Und hörte des Brunnens Geträtsch oben auf dem Absatz, zu welchem die Treppen hinauf pirouettierten. Die Rampen lagen hell. Mond oder Neumond, es machte hier nicht viel aus, das Gestirn mochte, wenn es aufstieg, mehr zusehen dem, was hier etwa vorging, als dazu leuchten: denn oben und unten taten's die hohen Kandelaber auf ihren schlanken, gegitterten Masten, und an der Wendung der Rampen stand auch je einer, von Blattpflanzen umschlungen, die er grün durchhellte.
Langsam ging Melzer hinauf, durch die Schichten gleichsam emportauchend, als stiege er vom Grunde, nicht also wie hinabtauchend in die Tiefe der Zeit. Ihm lag die Vergangenheit oben, als ein Helles, Schäumendes, daraus die Sonne gewesener Tage zu gewinnen war, kein Dumpfes und Dunkles. [...]
„Ich liebe diese Stiege so sehr und die Örtlichkeit überhaupt", fuhr Melzer fort. „Und ich kann's gar nicht verstehen, daß die Menschen hier so achtlos und ohne Achtung vor dem Werk hinauf und hinunter rennen. Denn es ist doch ein Werk. Wie?"

> *"Wie ein Gedicht, genau so",* sagte Stangeler. *"Es ist das entdeckte und Form gewordene Geheimnis dieses Punktes hier. Der entschleierte genius loci. Dieser Sachverhalt liegt jedem bedeutenden Bauwerk zugrunde, und tiefer noch als dessen Fundamente: dem Palazzo Bevilaqua in Bologna oder der Kirche Maria am Gestade zu Wien. Der Platz war in beiden Fällen ausgespart. Auch für die Strudlhofstiege, auch wenn sie keinen Punkt in der Kunstgeschichte markiert, heute wenigstens und für uns. Die Zukunft kann auch das sehr anders wenden."*

Währingerstraße 50 hat Doderer sein letztes Jahrzehnt gewohnt. Die Möbel stehen heute im Doderer-Gedenkzimmer des Bezirksmuseums Alsergrund (Währingerstraße 43).

Gleich dem Josephinum gelten auch für das Liechtensteinsche Sommerpalais (**Fürstengasse** 1–3) Ernst Moritz Arndts Worte heute noch, wenngleich die Roßau längst Teil des 9. Bezirkes ist.

Doch alle Gärten und Gartenhäuser in den Vorstädten übertrifft bey weitem der schöne Garten und Gartenpallast des Fürsten von Lichtenstein in der Rossau, wo man eben die Eleganz und den Geschmack wieder findet, die man in dem neuen Lichtensteinischen Pallast in der Herrengasse bewundert.

Elias Canetti, 1924–1929 Chemiestudent in Wien, besuchte die Gemäldegalerie im Palais Liechtenstein, die größte Privatsammlung der Welt, die jetzt aus dem Fürstentum zum Teil wieder nach Wien kommen wird.

Ich geriet an die Bilder von Breughel. Meine Bekanntschaft mit ihnen begann nicht dort, wo die eigentlichen Herrlichkeiten hängen, im Kunsthistorischen Museum. Zwischen Vorlesungen im Physikalischen und Chemischen Institut fand ich Zeit für einen kurzen Besuch im Liechtenstein-Palais. Von der Boltzmanngasse ging es in raschen Sprüngen die Strudlhofstiege hinunter und schon war ich in der wunderbaren Galerie, die heute nicht mehr besteht, da sah ich meine ersten Breughels. Es kümmert mich wenig, daß es Kopien waren – den Unerschütterlichen, den Sinne- und Nervenlosen möchte ich sehen, der sich, mit diesen Bildern plötzlich konfrontiert, die Frage stellt: Kopien oder Originale? Für mich hätten sie Kopien von Kopien von Kopien sein können, es hätte mich wenig geschert [...]

An einen Wahlwiener seit seinem 32. Lebensjahr erinnert eine Gedenktafel (mit Marmormedaillon unter schützendem Baldachin) in der **Liechtensteinstraße** 13/Ecke Türkenstraße: „In diesem Hause wohnte Friedrich Hebbel und starb daselbst am 13. 12. 1863." Von 1861 an wohnte er im 1. Stock, Tür 19 zusammen mit seiner Gattin, der Burgschauspielerin Christine Enghaus, die in den meisten seiner Dramen die weibliche Hauptrolle spielte. Im Bezirksmuseum Josefstadt (8, Schmidgasse 18) ist ein Hebbel-Gedenkraum eingerichtet (auch ein Stefan-Zweig-Archiv). Oft zitiert wird sein Wort über Österreich und damit über Wien:

Dies Österreich ist eine kleine Welt,
In der die große ihre Probe hält.

Man könnte modern interpretieren: „Die große Welt", die in Alt-Österreich ihre Probe gehalten hat, entspricht der heutigen EU. Das Vielvölkerreich mutet wie ein Modell an für die „Vereinigten Staaten von Europa".

DRITTER TEIL

Vom Gürtel zur Peripherie
(10.–19. Bezirk)

Lebten wir noch in der Zeit der Parabeln: so möchte ich Wien mit der Fassung eines glänzenden Ringes vergleichen. In der Mitte ein grosser Brilliant [die Innere Stadt]; rings um denselben ein Kreis von Smaragd [die ehem. Vorstädte]; und endlich der äussere Rand eine Reihe von vielfarbigen Steinen [die ehem. Vororte].

Johannes Pezzl konnte 1786 nicht in die Zukunft sehen, doch die Stadt, das historische Wien, ist tatsächlich von konzentrischen Kreisen umgeben. Die Innere Stadt, der 1. Bezirk, wird umschlossen von Ring und Kai, die inneren Bezirke (die einstelligen mit Ausnahme des 2.) werden umgrenzt vom Gürtel, dem äußeren Ring, an den sich als letzter Ring der Kranz der Vororte legt.

Junisonne, die langsam verglomm. Es war draußen, weit vor der Linie [Mauthäuser an den wichtigsten Ausfallstraßen], und in langer Reihe dehnten sich hohe einförmige Häuser, in häßlicher, weiß-gelber Farbe schimmernd. Viele Fenster waren offen, Männer in Hemdärmeln schauten heraus und verfolgten die klingelnde Tramway mit gedankenlosen Augen; Frauen in nachlässigen, schlotternden Blusen blickten ins Blaue. Kinder spielten auf den Straßen, schmutzig und lärmend; und auf den matt grünenden Wiesen, die hier begannen, um sich weiter hinaus in schüchternes Hügelland zu verlieren, waren ärmliche Menschen, die sich nach freier Luft sehnten, ohne es zu wissen; Buben und Mädel, die auf der Erde kugelten oder hin und her liefen; Soldaten mit blöden, fröhlichen Feierabendgesichtern, schlechte Cigarren rauchend; Dirnen, die, meist zu zweien oder dreien, laut lachend, über's Feld schritten; zuweilen einsame Spaziergänger, die da heraus gewandert kamen, um von der Stimmung dieses seltsamen Grenzgebietes zu kosten, wo die Stadt allmälig aufhört und ihr dumpfes, langes, angstvolles Athmen in einem müden, tröstlichen Seufzen aushaucht.

So waren auch die vier Freunde heute da heraus gelangt. Die Sonne verglomm, kühle Schatten schlichen an den Mauern hinauf, langsam, bis sie sich auf den Dächern verloren. Nur weit draußen noch auf den letzten Häusern lag ein röthlicher, schmerzlicher Schimmer. Und sie spazierten weiter bis zu den allerletzten Häusern. Die Straße war jäh abgeschnitten, hier endete die Stadt. Sie wandten sich um und schauten in den Dunstkreis zurück, aus dem die Straßen mühselig heranzuschleichen schienen. Sie blieben stehen.

»Merkwürdig!« sagte Hans. »Als ich vor zwei oder drei Jahren ein paar Monate im Auslande verbrachte, habe ich mich wohl nach der Ringstraße, nach unseren Theatern, nach dem Rathause, nach einigen schönen Wiener Mädeln und ein bischen nach euch gesehnt, aber das wahre Heimweh, das, bei dem einem die Tränen kommen, das habe ich doch eigentlich nur empfunden, wenn mir die Erinnerung an Orte kam – wie der da einer ist. Hier ist für mich die Seele Wiens. Hier, wo es anfängt, so still ... so einsam zu werden ...«

Poetisch sah Arthur Schnitzler 1893 die Vororte, prosaisch erzählt über dieselbe Zeit Ernst Hinterberger:

[...] während sich, hauptsächlich in Liniennähe, an den äußeren Bezirken, kleine Häuser, das Ratzenstadl und ähnliche Armeleutebehausungen oder auch immer mehr Zinskasernen breitmachten. Besonders die Zinskasernen waren in den letzten Jahren aufgeschossen: vielstöckige Häuser, deren Wohnungen klein waren, die Hintertrakte hatten und in denen viel zu viel Leute wohnten, was dem Hausherren andrerseits einen guten Verdienst sicherte.

Trotz bescheidenster Ausstattung waren die Mieten in den Zinskasernen oft so hoch, daß sich fast jeder entweder einen Zimmerherrn oder Bettgeher halten mußte, wenn er den Zins aufbringen wollte. [...] Und dann gab es ja auch noch das Ratzenstadl, in dem die Wohnverhältnisse immer schlechter wurden. Die Ratten beherrschten Stiegenhäuser, Gänge und Hinterhöfe, eine Delogierung jagte die andere, die meisten der winzigen Wohnlöcher troffen vor Nässe und hatten schimmelige Wände.

Ernst Hinterberger, Autor der Drehbücher zu den österreichischen Kultserien „Ein echter Wiener geht nicht unter" und „Kaisermühlen-Blues", siedelt seine Vorstadttypen im 10. (Edmund „Mundl" Sackbauer wohnt in der **Hasengasse**) und 22. Bezirk an.

Es gibt keinen Wiener, der die **Simmeringer Hauptstraße** (11. Bezirk) nicht kennt, denn sie führt zum Zentralfriedhof (Nr. 232–244), 1874 statt der Vorstadtfriedhöfe angelegt, der zweitgrößte Friedhof Europas.

> *DIE Simmeringer Hauptstraße ist die traurigste Straße Wiens. Sie beginnt mit Kaserne und Krankenhaus und endet mit dem Friedhof. Dazwischen: Fabriken, ein Kino, Pferdefleischhauereien. Zuchthaus ist keines auf der Simmeringer Hauptstraße.*
> *Sie ist lang, entsetzlich lang. So lang, wie eine schlaflose Nacht. So lang, wie vergebliches Warten auf einen geliebten Menschen. So lang, wie die Zeremonien vorm Galgen. Die Simmeringer Hauptstraße hört nicht auf. Sie ist eine chronische Straße.*
> *Sie ist der ausgezogene, gradgestreckte Darm der Stadt. Wenn der Wiener Fäkalie geworden, muß er durch.*
> *Ganz kleine Häuser stehen rechts und links der Straße. Kleine Häuser, nicht Häuschen. Skrophulose, zurückgebliebene, zwerghafte, anämische Häuser. Es ist noch Großstadt, aber unterernährte Großstadt.*
> *In der Nähe des Friedhofs wird die Gegend ländlich. Die Häuserkette reißt, und in die Lücken schieben sich Flächen grauen Erdreichs.*
> *Zur Sommerzeit wächst struppiges, häßliches, lustloses Gras auf ihnen. Gras, das sich weigert, grün zu sein.*
> {Alfred Polgar, 1919}

Der „Zentral" – für den echten Wiener der „Zenträu" – ist fast eine Fremdenverkehrsattraktion, vor allem wegen seiner Ehrengräber; die höchste (letzte) Auszeichnung, die Wien zu vergeben hat. Allein von den im vorliegenden Band Genannten erhielten Ehrengräber: Peter Altenberg, Ludwig Anzengruber, Eduard von Bauernfeld, Heinrich Joseph Collin, Franz Karl Ginzkey, Friedrich Halm, Friedrich Heer,

Theodor Kramer, Carl Merz, Johann Nestroy, Ida Pfeiffer, Caroline Pichler, Paula von Preradović, Helmut Qualtinger, Berthold Viertel, Hans Weigel, Franz Werfel, Anton Wildgans. Das Ehrengrab für Friedrich Hebbel ist nicht belegt. Noch immer ruht das Ehepaar Hebbel auf dem protestantischen Matzleinsdorfer Friedhof (10, Triester Straße).

Wenn einer tot ist, sollen die Leute sehen, daß er doch jemand war und daß er es sich verdient hat, daß ihm die Leute eine letzte Ehre erweisen. Das Leichenbegängnis ist ein Fest, das die Dankbarkeit der Hinterbliebenen dem Andenken des Verstorbenen gibt. Nicht die Bescheidenheit des Verstorbenen kann den Glanz dieses Festes bestimmen, sondern die Dankbarkeit der Überlebenden. [...] Oft denkt man, daß die Wiener ihre Lieben erst dann so ganz liebhaben, wenn sie tot auf dem Zentralfriedhof liegen – da sind sie schön still und sagen zu allem Ja und haben keine eigene Meinung mehr. Da kann man sie dann ungestört liebhaben.
{Otto Friedländer, 1938/42}

Gegenüber dem Haupteingang (2. Tor) mit dem mächtigen Portal gleich einem Triumphbogen liegt in der **Neugebäudestraße** das Jagdschloß Neugebäude (1587), seit langem in beklagenswertem Zustand, 1665 jedoch ein „herrliches und unübertreffliches Wunderwerk", wie Evliyâ Çelebi schreibt.

Sultan Süleymans Zeltburg [bei der Türkenbelagerung Wiens 1529] aber wurde von den Giauren [Ungläubigen] abgebrochen und als Siegestrophäe in ihre Schatzkammer gebracht. An der Stelle jedoch, wo die Zeltburg gestanden hatte, errichteten sie dieses schmucke und stattliche Schloß in gigantischer Steinbauweise, das in seiner kunstvollen Anlage und mit seinen entzückenden Formen ein getreues Abbild dieser Zeltburg darstellt. [...]
Das Gebäude mißt insgesamt viertausend Schritt im Umfang und hat sechzehn Ecken. An jeder Ecke haben sie einen stattlichen Turm errichtet, daß sich dem Beschauer bei seinem Anblick die Sinne verwirren. Das Schloß mit seinen hohen Mauern ist ganz in der Art und Weise und ganz nach demselben Plan aufgebaut worden, den auch heutzutage noch das himmelhoch gewölbte Staatszelt

unseres Padischahs aufweist, mit all seinen zinnenbewehrten Umfassungsmauern. Es ist ein stattliches Schloß, genau in der Form eines süleymanischen Prunkzeltes. [...]
Der Raum aber, der von diesem viertausend Schritt im Umfang messenden Prunkzelt eingeschlossen wird, stellt ein Ebenbild des [sagenhaften Paradies-] Garten Irem dar, ein so herrliches und unübertreffliches Wunderwerk, wie man seinesgleichen hienieden auf Erden nirgends mehr sieht.

Der 13. Bezirk besitzt mit Schloß, Park und Tiergarten (dem ältesten der Welt) Schönbrunn eine der Hauptsehenswürdigkeiten Wiens (**Schönbrunner Schloß-Straße**): Weltkulturerbe der UNESCO seit 1996.

Unter den nahen Oertern wird Schönbrunn, das Sommerschloß der verstorbenen Kaiserinn [Maria Theresia], am meisten besucht. Es ist aber auch der Mühe werth, daß man es besucht. Der Garten, welcher izt ganz frey für jedermann ist, gehört unter die vorzüglichsten Merkwürdigkeiten, die man in und um Wien sehen kann.
{Johann Friedel, 1783}

Der Schloßpark mit dem großen Blumenparterre ist frei zugänglich.

Ihr Lieben! Endlich ist der Frühling mit aller Pracht gekommen, und ich freue mich unendlich auf meine Sommerwohnung. In diesen Tagen Wien und seine Umgebungen zu sehen, ist wirklich ein hoher Genuß. Vor ein paar Tagen habe ich den Hyazinthenflor in Schönbrunn gesehen, vier Beete, die mich an ein Zauberland mahnten.
{Theodor Körner, 2. Mai 1817}

Die kaiserliche Sommerresidenz diente selbstverständlich auch Empfängen und Staatsbesuchen. Der persische Schah Nasreddin, als erster Monarch des Mittleren Ostens Europareisen unternehmend, kam – als für die Weltpolitik wichtige Stadt – 1873 nach Wien. Sein amüsantes Reisetagebuch hält manches ihm kurios Erscheinende fest.

Schloß Schönbrunn

Laxenburg, 31. Juli 1873
[…] *Ich hatte den festen Entschluß gefaßt, diesen Tag ganz in Ruhe zu verbringen und den herrlichen Sommersitz [Schloß Laxenburg] mit keinem Schritt zu verlassen. Da hatte ich aber meine Rechnung der Bequemlichkeit ohne den Wirt, den Kaiser [Franz Joseph I.] gemacht. Ihn mußte man ja in seinem Sommerschloß Schönbrunn besuchen. So fuhr ich also bei ihm vor.* […]

Laxenburg, 1. August 1873
Zum Mittagessen war ich im Schloß Schönbrunn.

Bei so vielen Prinzen und Fürsten, die der Hof des Kaisers von Österreich aufzuweisen hat, dazu noch die große Schar von Ministern, ist ein solches Galadiner reich besetzt. […]

Hier am Tisch des Kaisers habe ich zum erstenmal in meinem Leben Bier getrunken. Dies ist wohl kein Getränk, das es wert wäre, sich damit zu betrinken. Wozu also, frage ich mich, trinken es dann überhaupt die Ungläubigen? Und sie trinken es in großen Mengen, ja, verschicken es sogar noch in andere Länder. Das mag mir niemand einreden wollen, daß es ihre Dichter zu schönen Versen anregt. Ich möchte mal einen Bier-Hafis sehen.

Laxenburg, 5. August 1873
Nun habe ich auch [Elisabeth] die Frau des Kaisers von Österreich zu Gesicht bekommen. Sie ist auf jeden Fall die schönste Herrscherin von all den Frauen an den europäischen Höfen, denen ich bisher begegnet bin. Sie hat eine wunderschöne, weiße Haut und die Gestalt einer Zypresse, eine Majestät vom Scheitel einer prächtigen Haarfülle bis zur Sohle. Zur vollendeten Schönheit nach unseren heimischen Begriffen fehlen der hohen Frau nur die Mondaugen. Sie hinterläßt aber auch ohne sie einen nachhaltigen Eindruck. [...]
Das wäre eine Frau für mich!
Wenn es schicklich wäre, würde ich es ihr deutlich sagen lassen.

Zur selben Zeit litten unterste soziale Schichten Wiens an schrecklichstem Wohnungselend. Alfons Petzold, in größter Armut schwer arbeitend aufgewachsen, infolgedessen bis an sein Lebensende leidend, gibt in seiner Autobiographie „Das rauhe Leben" (1920) ein ungeschminktes Gesellschaftsbild. Er wurde zum Wegbereiter der Arbeiterdichtung in Österreich.

Einige gute, einige böse Menschen, die täglich um mich sind, eine Gasse mit wenigen, aber sehr hohen Häusern, viele Kinder jeden Alters, die auch alle sehr schmutzig und nur notdürftig gekleidet sind, dann Arbeiterfamilien im Konkubinat oder in irgend einer Ehegemeinschaft lebend, gruppieren sich zu dem Bilde des Lebens vor meinen Augen. [...]
Bei mir da draußen an der Peripherie der Metropole, im Proletarierviertel, in dem Kreise, den meine Krankheit um mich gezogen hat, gibt es dieses Maskenspiel nicht. Da zeigt alles sein wahres Gesicht. Haß und Liebe, Schmerz und Freude sind nicht hinter Schminke verborgen, fressen nicht unbeachtet die Herzen auf, jauchzen nicht ungehört zum Himmel empor. [...]
Von meinem Fenster aus kann ich die ganze Front eines modernen Zinshauses überblicken. Es ist vier Stock hoch und, obzwar es erst vor zwei Jahren gebaut wurde, schaut sein Äußeres schon furchtbar vernachlässigt und verwahrlost aus. Das Mauerwerk, dessen Anwurf schon grauschwarz geworden ist, kommt an vielen Stel-

len zum Vorschein. Die Fensterstöcke verlieren ihre ursprüngliche braune Farbe und schauen wie aus rohem, verwitterten Holz gezimmert aus. Auf dem Gesimse liegt fingerhoch eine Kruste von Straßenstaub. Der Besitzer dieses Hauses ist gewiß einer jener Bauunternehmer, die aus verbrecherischer Profitgier aus dem schlechtesten Material solche Häuser bauen lassen, deren kleine, ungesunde, jeder Hygiene hohnsprechenden Wohnungen sie um einen furchtbar hohen Mietzins vermieten, um das Haus, welches einen hohen Ertrag aufweist, mit großem Nutzen weiter zu verkaufen. Solche Häuser gleichen natürlich ein paar Jahre nach ihrem Erbauen mehr Ruinen als Wohnstätten und sind wahre Zuchtanstalten für mörderische Krankheitsbazillen. Dreißig Fenster von diesem, vor meinen Blicken sich aufbäumenden Hause starren auf mich. Die wenigsten mit einem Vorhang geschmückt, verwehren den Blick in das Innere der Wohnungen, deren notdürftiger Hausrat mir anzeigt, daß nur arme, sehr arme Leute hier wohnen.

Aus völlig anderer Atmosphäre stammt die Autobiographie von Elias Canetti „Die Fackel im Ohr" (1980). Er ist zwar 1927 auf Wohnungssuche, findet aber seine Traumwohnung mit Blick auf Steinhof (heute Psychiatrisches Krankenhaus der Stadt Wien) und die Kirche mit der weithin leuchtenden Goldkuppel, ein Hauptwerk des Wiener Jugendstils (14, **Baumgartner Höhe** 1).

Ich wollte Bäume haben, viele Bäume, und die ältesten Bäume, die ich in der Wiener Umgebung kannte, fanden sich im Lainzer Tiergarten. Die erste Annonce, an die ich geriet, verwies auf die Nähe des Tiergartens. Ich fuhr nach Hacking, bis zur Endstation der Stadtbahn, kreuzte den jämmerlichen Flußlauf, der sich die Wien nannte, von dessen gefährlicher Vergangenheit man sich die unglaubwürdigsten Geschichten erzählte, und stieg den Hang hinauf, überquerte die Erzbischofgasse (die von hier einer Mauer entlang bis nach Ober-St. Veit lief, ich hatte für sie immer schon eine Zuneigung gehabt) und bog in die Hagenberggasse ein. Gleich zu Beginn auf der Rechten den Hang hinauf war es das zweite Haus, in dem das ausgeschriebene Zimmer lag.

Die Hausfrau führte mich in den zweiten Stock hinauf, der nur aus diesem Zimmer bestand, und öffnete das Fenster. Beim ersten Blick hinaus war mein Entschluß gefaßt: hier mußte ich wohnen, hier würde ich lange wohnen. Über einen freien Spielplatz und die Erzbischofgasse hinaus ging der Blick auf Bäume, viele, große Bäume, ich nahm an, daß sie zum erzbischöflichen Garten gehörten. Über ihnen aber sah ich auf der anderen Seite des Wien-Tales, auf einem Hügel gegenüber, die Stadt der Irren, Steinhof: von einer langen Mauer umgeben, innerhalb deren in früheren Zeiten Platz für eine Stadt gewesen wäre. Sie hatte ihren eigenen Dom, die Kuppel der Kirche von Otto Wagner glänzte bis zu mir herüber, die Stadt bestand aus vielen Pavillons, die aus der Ferne wie Villen wirkten. Seit ich in Wien war, hatte ich von Steinhof sprechen gehört, in dieser Stadt der Irren lebten sechstausend Menschen. Es war nicht eigentlich nah, schien aber doch sehr deutlich, ich versuchte mir einzubilden, daß ich zu den Fenstern in die Säle hineinsehen könnte. [...]
In diesem Zimmer habe ich sechs Jahre gewohnt und schrieb hier, sobald die Reproduktionen von [Matthias] Grünewald um mich hingen, die ›Blendung‹.

Im 16. Bezirk, **Hasnerstraße** 134 wohnte Josef Weinheber in den Jahren 1910–1927 (Gedenktafel). Der virtuose Sprachkünstler hat neben „hoher" Lyrik in seinen Mundartgedichten „Wien wörtlich" Meisterstücke geschaffen und seiner Vaterstadt eine humorvoll-liebende Huldigung dargebracht. Und im „Lob der Heimat" gebührt ihr der Kranz.

Doch den Kranz der Heimat gebt mir Wien,
lobt mir diese Stadt!
Holde Frau und Mutter, Königin,
ganz von Schönheit satt.
Froh- und Schwermut, hell und trübe Zeit
hat sie angesehn.
Ihre Stirne ist vom Leid geweiht
und vom Wissen schön.
Ihre Kinder hat ein Gott bekränzt.
Weise, menschlich sein

> *ist der Trost, der aus der Träne glänzt,*
> *weh und still und fein.*
> *In der Fremde, wo das Heimweh brennt,*
> *sehn sie groß und licht*
> *nichts als dieser Mutter tief ersehnt-*
> *fernes Angesicht.*
> *Leben, leben lassen, heut wie eh,*
> *ist das Losungswort.*
> *Und sie gehen von der Mutter Näh*
> *nur mit Schmerzen fort.*
> *Ja, den Kranz der Heimat gebt mir Wien!*
> *Lobt mir diese Stadt,*
> *die der meisterlichen Melodien*
> *ewige Schönheit hat!*

Weinhebers unnachahmliches Gedicht „Kalvarienberg" – für Dialektkundige ein Vergnügen – ist dem vorösterlichen Markt bei der Kalvarienbergkirche im 17. Bezirk (**St. Bartholomäusplatz**) gewidmet, wohin seit 1639 die Kreuzwegprozession (von St. Stephan ausgehend) führte. Der „Kavariberg" besteht bis heute. Adam Müller-Gutenbrunn hat ihn hochdeutsch beschrieben.

> *Auf dem Kalvarienberg in Hernals bei Wien ist alljährlich einmal Saison. Mit dem Beginne der Fastenzeit hebt sich dort das Leben. […] in die langgestreckte Kalvarienberggasse kommt man nur, wenn man sich von dem Menschenstrom, der dorthin flutet, tragen läßt. Das ist ein Gedränge und Geschiebe zwischen all den Verkaufsständen hindurch, den Händlern mit Heiligenbildern und Lebensmitteln jeglicher Art, Kinderspielwaren und Leckereien, Papierfähnchen und -Kronen, Baumkraxlern und Kasperln, künstlichen Blumen, Osterhasen und Gebetbüchern, Kipfeln und Rosenkränzen, Honiggläsern, heißen Würsteln und frommen Ansichtskarten. […]*

Der ehemalige Währinger Ortsfriedhof (18, **Währingerstraße**/Teschnergasse) mit den ursprünglichen Begräbnisstätten von Grillparzer

(1879 Überführung in ein Ehrengrab auf dem Hietzinger Friedhof, 13, Maxingstraße 15) und Nestroy (umgebettet auf den Zentralfriedhof) und Goethes Enkelin Alma (1885 nach Weimar übergeführt) wurde 1924/25 von der Gemeinde Wien zum Schubertpark umgestaltet. Nur ein kleiner Grabmalhain und die denkmalgeschützte Mauer blieben erhalten.

Das Haus 18, **Gentzgasse** 7 trägt eine symptomatische Gedenktafel: „In diesem Hause lebte von 1900–1938 der österreichische Schriftsteller und Kulturhistoriker Egon Friedell – geb. 21. 1. 1878 – Hier sprang er am 16. 3. 1938 aus Furcht vor der Ergreifung durch die SA in den Tod." Egon Friedell (eig. Egon Friedmann), Journalist, Schauspieler, Theaterdichter, vor allem aber Autor der geistreich-essayistisch geschriebenen „Kulturgeschichte der Neuzeit" (3 Bände, 1927–1931), hatte das von Freunden organisierte Fluchtauto zurückgewiesen. Als SA-Leute an der Tür nach dem „Juden Friedell" fragten, zog er den raschen Tod vor.

Grinzing, Sievering – Synonyme für Heurigen-Weinseligkeit – gehören zum 19. Bezirk, Wiens schönstem Vorortebezirk, der sich bis zur Donau hin erstreckt, mit Kahlenberg und Leopoldsberg die Wiener Hausberge sowie einen Teil des Wienerwaldes umfaßt.

Osterleitengasse 7 steht das Sterbehaus der Textdichterin der heutigen österreichischen Bundeshymne, Paula von Preradović. Ihre „Wiener Reimchronik 1945" gibt ein Bild der todwunden Stadt und ihrer Menschen am Ende des Zweiten Weltkrieges.

> *Fliegeralarm*
> *Ängstlich achtend auf den Stundenschlag,*
> *Siehst du durch die Gassen bang dich laufen,*
> *Rüben, Magermilch und Brot zu kaufen,*
> *Über Wien der fahle Vormittag.*
>
> *Rasch noch hier hinein um Salz und Quark.*
> *Weh, es wird von Süden angeflogen?*

Und aus fremdem Munde, schreckverzogen,
Kreischt es heiser: „Kärnten! Steiermark!"

Nur nach Haus, so schnell der Fuß dich trägt.
Und indes du stürmst die Treppenstufen,
Gellt's dich an: „Der Kuckuck hat gerufen!"
Und du weißt nicht, ob dein Puls noch schlägt.

Voll Gerenne ist das ganze Haus.
Ja, ihr müßt euch eilends fertigmachen,
In den Keller mit den Siebensachen,
Und ich hänge noch die Fenster aus.

Doch da heult auch schon wie Höllenhohn,
Jeden Nerv mit Urweltgrauen füllend,
Wie aus Saurierrachen endlos brüllend,
Sinkend, schwellend der Sirene Ton.

Im Park der Privatkrankenanstalt **Obersteinergasse** 18–24 steht ein kleiner, mit einem Medaillon geschmückter Obelisk zum Gedenken an den bekanntesten Patienten der ehemaligen „Görgen'schen Irrenanstalt", Nikolaus Lenau (eig. Nikolaus Niembsch Edler von Strehlenau, 1802–1850), der die letzten drei Jahre dort seinem Tod entgegendämmerte. Lenau lebte 22 Jahre im Hause seines Stammcafés, des „Silbernen Kaffeehauses" (1, Plankengasse 4/Ecke Spiegelgasse), das als Literatencafé des Vormärz (besonders durch Grillparzer, Castelli, Bauernfeld und Raimund) legendären Ruf besitzt. Auf dem Krapfenwaldl oberhalb von Grinzing schrieb Lenau manche seiner Waldlieder.

Hofzeile 24/Ecke Döblinger Hauptstraße erinnert eine Gedenktafel mit Porträtbüste an Theodor Körner, den Sohn des Schiller-Freundes, der als junger Burgtheaterdichter und glücklich Verlobter 1811–1813 in Wien lebte, von hier in den Krieg gegen Napoleon zog und den Tod fand. In seinen Briefen an die Eltern schwärmt er von Wien: „Ich würde gern so lange als möglich in Wien bleiben, es ist gar zu herrlich hier" (6. Januar 1812); „Ihr wollt herkommen, o das ist trefflich. Es wird Euch nicht gereuen, es gibt nur ein Wien" (7. März 1812). Aber dann heißt es ahnungsvoll: „Der Abschied von Wien liegt noch gewitterdumpfig auf meinem Herzen! – Wäre das schon überstanden!" (13. März 1813).

Die Villa der Mäzenatenfamilie Wertheimstein (19, **Döblinger Hauptstraße** 96), das „goldene Haus" am Döblinger Berg mit stadtbekanntem Salon, nahm jahrelang Eduard von Bauernfeld (Erinnerungsraum in der Villa) und Ferdinand von Saar (Denkmal im Park) – beide Schottenschüler – in Kost und Quartier auf. Bauernfeld, heute fast vergessen (Gedenktafel an seinem Sterbehaus, Döblinger Hauptstraße 94), war mit seinen Konversationslustspielen nicht weniger als 60 Jahre beliebtester Bühnendichter des Vormärz. Ansprechend ist heute noch „Ein Buch von uns Wienern in lustig-gemüthlichen Reimlein von Rusticocampius" (1858), in dem Bauernfeld sein „liebes altes Wien" besingt. Ferdinand von Saar, der von seinen 32 Novellen sagte, daß jede „ein Stück österreichischer Zeitgeschichte" darstelle, ist auffallend unterschätzt. Ein großer Novellist, der Vergleiche nicht zu scheuen braucht. In seinen vielzitierten „Wiener Elegien" hat er seiner Vaterstadt, dem traulichen Wien von einst, ein liebevoll-wehmütiges Denkmal gesetzt.

Die Vororte von anno dazumal wurden zwar alle eingemeindet, haben als Bezirksteile jedoch ihren Namen und teilweise sogar ihren dörflichen Charakter bewahrt, wie z. B. der Pfarrplatz in Heiligenstadt.

Mein Jeep ist an der Hohen Warte angekommen. Die Straße hebt sich, sie führt an einzelnen Villen vorbei. In einer von ihnen lebte Franz Werfel mit seiner Frau Alma, ehe er ins Exil ging [19, Steinfeldgasse 2]. *Die Nazis vertrieben ihn.* [...]

Wo der Hügel sich jetzt zum alten Dorf Heiligenstadt herabsenkt, ist die Straße von einem hohen Schutthaufen versperrt. Hier bitte ich meinen Fahrer, mich in einer Stunde wieder abzuholen, und gehe bergab zu Fuß. [...]

Die schmalen Gassen liegen friedlich im Abendlicht. Kein Mensch ist zu sehen. Ich biege in die Probusgasse ein, wo ich die ersten zehn Jahre meines Lebens verbrachte. Sie ist unzerstört. [...]
Es dämmert. Zu beiden Seiten die Weinhauerhäuser, in verblaßten Farben. [...]
Im dunkelnden Licht stehe ich auf dem Pfarrplatz. Hier liegt meine Seele begraben. Wann immer ich in den zehn Jahren meiner Abwesenheit Heimweh hatte, war es nach diesem Ort. Wann immer ich gewisse Stellen von Beethoven oder Schubert hörte, erschien er vor meinem Blick. Ein kleiner Dorfplatz: links steht ein Bauernhaus, in dem die Eroica geschrieben wurde; ein anderes zur Rechten; und in der Mitte die kleine Kirche zu St. Jakob. Vor ihr, zwischen vier Bäumen, ein regenverwaschener heiliger Nepomuk, der das Kruzifix und sein Birett in barocker Verzückung umklammert hält. Die Bäume sind kahl. Zu Füßen des Heiligen liegt ein Strauß von trockenen Winterbeeren. Im hölzernen Kirchtor hängen die Gemeindenachrichten wie zu meiner Zeit, aber ich bin von ihnen nicht betroffen. Wo meine Wurzeln tief in die Erde reichen wie nirgends sonst, bin ich eine völlig Fremde, so entrückt in Zeit und Raum wie ein geisterhafter Revenant.

{Hilde Spiel, 1946}

Jörg Mauthe, der 1975 einen originellen „Wiener Knigge" verfaßt hat, weiß auch Bescheid über den Tourismusmagneten „Heuriger".

Dort, wo Neonlichter locken, wo sechs Meter lange Autos vor der Tür stehen und jauchzende Schrammelmusik erklingt, dort finden Sie den »Wiener Heurigen« nicht. Dort finden Sie bestenfalls eine Imitation davon, eine lärmende Show für Touristen und solche, die es nicht besser wissen und also ruhig dafür bezahlen sollen.
Lassen Sie derlei Rummelplätze lieber links liegen und gehen Sie in die Seitengassen Grinzings, Sieverings und Nußdorfs hinein. Je stiller es wird, desto näher kommen Sie dem echten Wiener Heurigen, und wo es ganz still wird, dort bleiben Sie. Dort ist gut sein.
Der Wiener Heurige, das ist ein Sammelbegriff: das ist der grüne »Buschen« über einem breiten alten Haus, der nach uraltem Brauch

anzeigt, daß hier ein Winzer jungen Wein ausschenkt; er tut das nur einige Tage im Jahr. *Der Heurige:* das ist ein alter kleiner Garten hinter dem Haus, das sind ein paar Wiener, die den säuerlichen, aber moussierenden Wein still und in sich gekehrt trinken, das ist der Blick hinunter auf die Lichter der Stadt.

Wenn Sie Alkoholgenuß mit geräuschvoller Fröhlichkeit gleichsetzen oder ein Fanatiker des Schunkelns sind, wird Ihnen der Wiener Heurige nicht viel bieten. Aber wenn Sie zu den Verständigen gehören, dann wird er Ihnen Wien in seiner ganzen innigen Fröhlichkeit zeigen.

Am Kahlenberg (19, Josefsdorf), dem beliebten Ausflugsziel mit freiem Blick über Wien, stehen auf einer Steintafel Verse aus Josef Weinhebers

> HYMNUS AUF DEN KAHLENBERG
>
> Nicht weil du, glanzbewußt,
> heute so vornehm tust:
> Weil du ein Wiener bist,
> Berg, sei gegrüßt!
> Warst in der überlangen Zeit
> Glück für die kleinen Leut,
> seliger Sonntagsgang,
> waldwiesenlang.
>
> Hast unsre Jugendjahr gesehn,
> Veilchen und Primeln stehn
> – längst ist die Kindheit fort –
> immer noch dort.
> Schwärmerisches frühestes Gefühl
> aufnahm dein Waldgewühl,
> einsames Liebesleid,
> du hast's geweiht.
>
> Hast uns die Stern' in der Nacht
> heimatlich nahgebracht,

heimatlich Turm und Dom,
blinkenden Strom.
Wunderbar säumende Sicht,
unten lag, Licht an Licht,
die uns geboren hat,
schimmernd die Stadt.

Oder wenn Sonnenschein
wiegte die Wege ein
und du standst ernst und schwer
weinhügelher;
talwärts ein winzig Haus,
Buschen zum Tor hinaus:
noch schaut im Traume der Sinn
so nach dir hin.

Warst uns, Geschlecht um Geschlecht,
wie du dich gabst, schon recht,
haben den feineren Herrn
auch wieder gern.
Weil du durch alle Not und Last
immer ein Lächeln hast,
weil du ein W i e n e r bist ,
Berg, sei gegrüßt!

Franz Grillparzers beliebte Verse

> *Hast du vom Kahlenberg das Land dir rings beseh'n,*
> *so wirst du, was ich schrieb und was ich bin, verstehn*

hat Karl Kraus leicht, dabei für ihn typisch treffend, variiert:

> *Hast du vom Kahlenberg die Stadt dir nur besehn,*
> *so wirst du, was ich schrieb und was ich bin, verstehn!*

Sehnsuchtsschwer, zugleich anmutig klingen die Wienerwald-Verse Ernst Waldingers, entstanden im hektischen New York.

ACHT WALZERTAKTE

Kindlicher Pfirsichzweig,
Schaukelnd im Lufthauch leis;
Rebstockreihn; schmaler Steig;
Berge im sanften Kreis
Rings um die Stadt am Strom;
Kuppeln, grün; alter Dom;
Amselruf; Stille bald –
Frühling im Wienerwald.

VIERTER TEIL

Zwischen Donaukanal und Donau
(2. und 20. Bezirk)

Die Ostjuden, die nach Wien kommen, siedeln sich in der Leopoldstadt an, dem zweiten der zwanzig [heute dreiundzwanzig] Bezirke. Sie sind dort in der Nähe des Praters und des Nordbahnhofs.
[…]
Die Leopoldstadt ist ein freiwilliges Getto. Viele Brücken verbinden sie mit den andern Bezirken der Stadt. Über diese Brücken gehen tagsüber die Händler, Hausierer, Börsenmakler, Geschäftsmacher, also alle unproduktiven Elemente des eingewanderten Ostjudentums. Aber über dieselben Brücken gehen in den Morgenstunden auch die Nachkommen derselben unproduktiven Elemente, die Söhne und Töchter der Händler, die in den Fabriken, Büros, Banken, Redaktionen und Werkstätten arbeiten.
Die Söhne und Töchter der Ostjuden sind produktiv. Mögen die Eltern schachern und hausieren. Die Jungen sind die begabtesten Anwälte, Mediziner, Bankbeamten, Journalisten, Schauspieler.
Die Leopoldstadt ist ein armer Bezirk. Es gibt kleine Wohnungen, in denen sechsköpfige Familien wohnen. Es gibt kleine Herbergen, in denen fünfzig, sechzig Leute auf dem Fußboden übernachten.
Im Prater schlafen die Obdachlosen. In der Nähe der Bahnhöfe wohnen die Ärmsten aller Arbeiter. Die Ostjuden leben nicht besser als die christlichen Bewohner dieses Stadtteils.
{Joseph Roth, 1927}

Der verstärkte Zuzug von Juden noch zu Zeiten der Monarchie brachte dem Bezirk den Namen „Mazzesinsel". Wie groß der Gegensatz innerhalb des Bezirkes war, läßt sich einem Vergleich von Joseph Roth mit Arthur Schnitzler entnehmen.

Zu Wien in der Praterstraße [Nr. 16; Gedenktafel], damals Jägerzeile geheißen, im dritten Stockwerk des an das Hotel Europe grenzenden Hauses, kam ich am 15. Mai 1862 zur Welt; und wenige

Stunden später, mein Vater hat es mir oft erzählt, lag ich für eine Weile auf seinem Schreibtisch. Ob mir diesen für einen Säugling immerhin ungewöhnlichen Aufenthalt die Hebamme oder mein Vater selbst zugewiesen hatte, weiß ich nicht mehr; – jedenfalls gab die Tatsache ihm immer wieder Anlaß zu einer naheliegenden scherzhaften Prophezeiung meiner schriftstellerischen Laufbahn, – eine Prophezeiung übrigens, deren Erfüllung er nur in bescheidenem Ausmaße und keineswegs in ungeteilter Freude erleben sollte. […]

Die Leopoldstadt war zu jener Zeit noch ein vornehmes und angesehenes Viertel, und insbesondere ihre Hauptstraße, in der auch das Carltheater stand, wußte etwas von ihrem Glanz auch über die spärlichen Stunden hinaus zu bewahren, da in Equipagen und Fiakern die große, die elegante, die leichtlebige Welt von den Pferderennen oder von Blumenfesten aus der „Hauptallee" zurückgesaust kam. Gar oft genoß ich in meinen Kinderjahren dieses prächtigen Anblicks von der Wohnung der Großeltern aus; auch später noch, als sie bald aus dem Carltheatergebäude in ein Haus der Circusgasse übersiedelt waren, von dessen vorderen Fenstern man gleichfalls auf die Praterstraße herabsah. Die meisten anderen Verwandten wohnten ganz in der Nähe, im gleichen Bezirk; nur meine Eltern hatten die Wohnung in der Praterstraße bald verlassen und eine neue auf der Schottenbastei bezogen, die übrigens schon keine Bastei war, sondern eine Straße wie andere auch.

Arthur Schnitzler begann seine „schriftstellerische Laufbahn" erst, als er seinen Arztkittel an den Nagel hängte und mit dem vielleicht schon vom Vater ererbten analytischen Blick und der eigenen Beobachtungsgabe als klinischer Nervenarzt nun in der Literatur meisterhaft alles Angekränkelte psychologisch sezierte und die Seele diagnostizierte – zeitgenössisch-künstlerisches Pendant zu Sigmund Freud. In gesellschaftskritischen Theaterstücken entlarvte er den Werteverfall und die doppelbödige Moral („Der einsame Weg", 1904; „Das weite Land", 1911; „Professor Bernhardi", 1912). Die zynische Komödie „Reigen. Zehn Dialoge" (1896/97 entstanden, als Privatdruck in 200 Exemplaren 1900 erschienen), vom Dichter bewußt zurückgehalten und erst nach fast einem Vierteljahrhundert als Gesamtzyklus in Berlin 1920 uraufgeführt (später mehrfach verfilmt), führte zu einem handfesten Skandal, folglich zum „Reigen"-Prozeß, der erst recht die Verlogenheit bürgerlicher Moral bloßstellte. Gemeinsam mit Schnitzler, in dessen Werk das Wien der beiden Jahrzehnte zwischen 1890 und 1910 gleichsam hineinverwoben ist, kann man einen Spaziergang zu den vielen konkret genannten Örtlichkeiten machen. Er ist in weit größerem Maß „Viennologe" als Doderer.

In einer seiner Novellen, „Casanovas Heimfahrt" (1918), schildert Schnitzler die Tragik des alternden Abenteurers und Frauenhelden. Der junge Giacomo Girolamo Casanova – Appellativname und literarische Gestalt in zahlreichen Werken – weilte erstmals 1753 für drei angenehme Monate in der Residenzstadt, wobei sein erster Weg nicht zu einem Vergnügen mit hübschen Mädchen führte, sondern zu seinem Landsmann Pietro Metastasio. Dem legendären Liebhaber war die Sittenkommission, von der gestrengen Kaiserin eingesetzt, um die „Moralität" zu verbessern, begreiflicherweise ein Dorn im Auge.

Nun war ich, im schönen Alter von achtundzwanzig Jahren, zum erstenmal in der Hauptstadt Österreichs. Ich besaß wohl einige Sachen, aber ich hatte fast gar kein Geld; ich mußte also leisetreten […]

Alles in Wien war schön; es gab dort viel Geld und viel Luxus, aber große Hemmnisse für die Anbeter der Venus. Schändliche Spione, die man Keuschheitskommissare nannte, waren die unerbittlichen Quälgeister aller hübschen Mädchen […]

Man verhaftete zu jeder Tageszeit in den Straßen Wiens alle Mädchen, die unbegleitet einem durchaus achtbaren Broterwerb nachgingen, und warf sie ins Gefängnis. Aber woher sollte man wissen, ob sich diese Mädchen nicht von jemandem trösten ließen oder nach einem Tröster Ausschau hielten? Ein Spion folgte ihnen von fern; die Polizei hatte ihrer fünfhundert im Sold, und sie trugen keine Uniform. Wenn ein Mädchen in ein Haus eintrat, konnte der Spion, der sie gesehen hatte, nicht wissen, in welches Stockwerk sie gestiegen war; er wartete also unten auf sie und hielt sie an, um festzustellen, wen sie aufgesucht und was sie dort getan hatte. Bei der geringsten Unklarheit in ihren Antworten schleppte der Scherge sie ins Gefängnis und nahm ihr gleich das ganze Geld und den

Schmuck fort, ohne daß sie je wieder etwas davon hörte. In der Leopoldstadt drückte mir einmal bei einem Tumult ein mir unbekanntes Mädchen auf der Flucht eine goldene Uhr in die Hand, die sonst sicher jenen zur Beute gefallen wäre, die sie ins Stockhaus [Gefängnis] schleppen wollten. Einen Monat später brachte ich sie ihr zurück, nachdem ich ihre Geschichte erfahren und gehört hatte, unter welchen Opfern sie sich vor der Strafe gerettet hatte. Mit einem Wort, alle Mädchen, die durch die Straßen Wiens gingen, waren genötigt, einen Rosenkranz in der Hand zu halten. Dann konnte man sie nicht ohne weiteres verhaften, denn sie erklärten, sie gingen zur Kirche; und dann hätte Maria Theresia den Kommissar aufknüpfen lassen.

Vor dem Haus **Praterstraße** 17 erinnert das Nestroy-Denkmal (Oskar Thieda, 1929) an das im Zweiten Weltkrieg zerstörte Leopoldstädter Theater (Nr. 31, beim Nestroyplatz, ab 1847 Carl-Theater, heute Bürohochhaus), in dem Nestroy und vor ihm Raimund als Schauspieler und Direktoren wirkten. Von 1809–1828 war Adolf Bäuerle Sekretär und Hausdichter am Leopoldstädter Theater. Er ist Schöpfer der komischen Figur „Staberl" (erstmals in „Die Bürger in Wien", 1813) und des volkstümlichen Liedes „Kommt ein Vogerl geflogen". In seiner Zauberposse „Aline oder Wien in einem andern Weltteile" (1822) singen in der lustigen Nebenhandlung Zilli und Bims (von Raimund unzählige Male gespielt) ein Duett „Was macht denn der Prater, sag' blüht er recht schön?" mit dem Refrain:

Das muß ja prächtig sein, dort möcht' ich hin!
Ja, nur ein' Kaiserstadt, ja, nur ein Wien!

Es wurde von Karl von Holtei leicht variiert übernommen („Die Wiener in Berlin", 1825) und zum geflügelten Wort: *'s gibt nur a Kaiserstadt, 's gibt nur a Wien!*

„Die zwei großen Straßen der Leopoldstadt sind: die Taborstraße und die Praterstraße. Die Praterstraße ist beinahe herrschaftlich" (Joseph Roth). Dort steigt Helmuth von Moltke ab, als er 1835 Wien besucht.

Am Sonnabend, dem 10. [Oktober], traf ich in der Morgendämmerung hier ein und stieg im „goldenen Lamm" auf der Jägerzeile [heute Praterstraße] ab. Schon früher einmal habe ich hier logirt, und auch Vater wohnte in diesem Gasthof. Aber das kleine Lamm ist seitdem ein ungeheurer Palast geworden mit einer prächtigen Aussicht über die Donau und die Bastei nach dem Stephan.

Wien ist eine prächtige Stadt, schon weil sie krumme Straßen hat, denn nichts ist langweiliger als solche geraden, langen Straßen. Die krummen hat das Bedürfniß allmälig entstehen lassen, solche Städte haben eine geschichtliche Vorzeit und sprechen das Gemüth an, die nach dem Lineal gezogenen sind von der Laune eines Einzelnen hervorgerufen und uniformirt.

Wilhelm Raabe dagegen läßt seinen fiktiven Junker Hennig von Lauen in der anderen „großen Straße", in der **Taborstraße**, logieren.

Für alle Zeit sollte er sich des Zimmers, welches man ihm in dem Hotel [National] in der Taborstraße [Nr. 18] anwies, erinnern. [...]

Eilfertig griff er nach dem Hut und stürmte, als ob er bereits das Beste versäumt habe, hinaus in den Abend, in das fremde Leben; und der Reiz, aufs Geratewohl durch die Lichter und Schatten einer großen unbekannten Stadt zu solcher Stunde zu schreiten, bemächtigte sich seiner bald im vollsten Maße. Er geriet an die Ferdinandsbrücke und wußte genug von der Topographie des Orts, um überlegen und wählen zu können zwischen einem Gang und Glas Eis im Prater und den Geheimnissen und nächtlichen Reizen der innern Stadt. Der Stephansturm, der schwarz durch die Dämmerung herübersah, gewann natürlicherweise schnell die Oberhand in einem Menschen, welcher daheim der schönen Natur zur Genüge hatte und der mit der allerschönsten Natur stets nur körperlich durch die trefflichste Gesundheit in Gefühlsverwandtschaft gestanden hatte.

Also kreuzte Hennig diese kleine Donau [Donaukanal], irrte ein wenig auf dem Glacis umher und die Trümmer der alten Basteien entlang und fand endlich seinen Weg durch die Kärntnerstraße in immer höherer Stimmung.

„Es ist doch eine vornehme Stadt", brummte er.

Das Ehepaar Canetti hat in der **Ferdinandstraße** gewohnt, der Veza in dem Roman „Die gelbe Straße" (posthum 1990) ein literarisches Denkmal gesetzt hat.

Nur elf Jahre nach Öffnung des kaiserlichen Jagdgebietes für die Allgemeinheit (1766 durch Joseph II.) besuchte Wilhelm Ludwig Wekhrlin den **Prater,** „welches der Hydepark zu Wien ist".

> *Der Prater ist ein Lustwald, der sich längst dem Donaustrome von der Spitze der Leopoldstadt an auf eine halbe Meile erstreckt. [...]*
> *Da dieser Wald eine Halbinsel ist, so dünkt mich, könnte man die Vergnügungen unendlich durch Gondeln und Wasserfahrten vermehren, wenn die Wiener grössere Liebhaber vom Wasser wären, als sie nicht sind.*
> *Der Adel bedient sich dieser Promenade bloß für die Cours de Carosse.*
> *Der Pöbel schwimmt, überall wo Freßgelage sind, in seinem Element.*

1896/97 wurde das Wahrzeichen des Praters errichtet, das Riesenrad. Mehr als 1,7 Millionen Menschen im Jahr – das ist etwa gleich viel wie Schloß Schönbrunn anlockt – suchen dort Vergnügen, Kuriositäten, Freizeitspaß, buntes Treiben, ausgelassene Stimmung – zu finden im Wurstelprater, an den sich der Nobelprater (Hauptallee vom Praterstern zum Lusthaus) anschließt.

> *Wenige Hauptstädte in der Welt dürften so ein Ding aufzuweisen haben, wie wir unsern Prater. Ist es ein Park? „Nein." Ist es eine Wiese? „Nein." Ist es ein Garten? „Nein." Ein Wald? „Nein." Eine Lustanstalt? „Nein." – Was denn? Alles dieß zusammen genommen.*
> {Adalbert Stifter, 1844}

Der Prater als Vergnügungspark hatte bald europäischen Ruf. Schon Goethe schrieb: „Laßt den Wienern ihren Prater (/Weimar, Jena, da ist's gut)", und in „Faust" I sagt Mephisto bei der Hexenszene in der Walpurgisnacht: „Hier ist's so lustig wie im Prater." Am besten hat den alten Wurstelprater mit seinen Ausrufern und Sensationen wohl Felix

Salten geschildert („Wurstelprater", 1911). 1944 schlug dem Prater die Stunde; genau wie dem Kleinen oder Böhmischen Prater im Laaer Wald (10. Bezirk).

Granatenbeschuß und ein Brand, der im Holz und Farblack der Buden ungehindert wüten konnte, haben ihn vom Erdboden getilgt, als hätte er niemals existiert. Der grauenhafte, unvergeßliche Anblick des Erdbebens von Lissabon [in der alten Grottenbahn] ist zur Wahrheit geworden. Der Vergnügungspark ist durch eine Wüste verkohlter Balken und verkrümmter Eisenträger ersetzt, über die das Riesenrad, verbogen und ohne Waggons, in schmerzlicher Einsamkeit hinausragt.
{Hilde Spiel, 1946}

Heute bildet der Prater wieder eine Touristenattraktion, wenn auch sein Blickfang, das Riesenrad, nur mehr die Hälfte der ursprünglichen 30 Waggons hat und von Hightech-Vergnügungsmaschinen umgeben ist. Die Modernisierung zum neuzeitlichen Themenpark schwebt allerdings als Damoklesschwert über ihm. Manches Gerettete aus dem echten Wiener Wurstelprater rund um den legendären Calafati, den „großen Chineser", kann man nur noch im Pratermuseum bestaunen (2, Oswald-Thomas-Platz 1, Planetarium).

Auf dem Pratergelände, zwischen Donau und Hauptallee, fand 1873 die 5. Weltausstellung statt. Zu den Besuchern, die am meisten Aufsehen erregten, zählte Nasreddin, Schah von Persien.

Laxenburg, 2. August 1873
Heute hat man mich in den Riesenbasar geführt, den man Weltausstellung nennt. Dort hat man ein gewaltiges Haus [die Rotunde, 1937 abgebrannt] *errichtet, mächtige Hallen aufgebaut und mit den Waren aller Völker dieser Erde gefüllt. Kaufleute aus allen Ländern haben hierher die Produkte ihrer Hände und Maschinen geschickt, um einen Spiegel ihrer Arbeit zeigen zu können. So ist daraus ein ungewöhnlich gigantisches Basarungeheuer geworden.* […]
Es ist eine gewaltige Anlage, das muß man anerkennend sagen. Aber es wird, wie ich mir berichten ließ, das Reich siebzehn Millionen kosten [das Defizit betrug 19 Millionen Gulden] *und für die Befriedigung der Eitelkeit einer Stadt, wie mir scheint, doch viel zu-*

> viel. Was haben diese Ungläubigen-Städte für kostspielige Vergnügungen! Auch die Ausstellung ist ein Vergnügen, ein teures. Man spricht von Wien sechs Monate lang, alle Welt reist nach Wien, alle Welt preist Wien – nur so kann ich mir erklären, daß dieser Spaß siebzehn Millionen wert sein kann. Sonst würde man nicht eine solche Menge guten Geldes dafür opfern. [...]
> Die Frauen, sowohl von weißem, verlockendem Fleisch, wie auch jene aus schönem Marmor, und die Diamanten waren für mich die unvergeßlichen Eindrücke in dem Riesenlager des großen, grünen Buschgeländes, das sie Prater nennen.

Auf den Praterwiesen fand eine der Lieblingsunterhaltungen der Wiener statt: das Abbrennen der Kunstfeuerwerke. Ernst Moritz Arndt war 1798 Zeuge eines Feuerwerks von Johann Georg Stuwer, dem Ahnherrn der Pyrotechniker-Dynastie.

> *Ein Strom von Menschen, und ein langer Zug von Kutschen zeigten auch dem Unkundigsten leicht den Weg. [...] Der Wiener ist ein harmloses und frohherziges Geschöpf, das sich nicht gern genirt, und alle seine kleinen Begierden und Bedürfnisse anspruchslos und bequem befriedigt, wie er kann. [...] Ich trieb mich fröhlich unter den Stehenden, Liegenden, Sitzenden und Gehenden herum, fand bald diesen bald jenen Bekannten, freute mich der durch Lüsternheit und Roth des Krämers gefärbten Wangen, der schelmischen Augen, die im Halbdunkel so viel Freyheit haben, [...] denn so ein Feuerwerk hat viel Erotisches und Entzündendes mit sich, besonders am St. Annentage [26. Juli]. [...] Herr Stuwer mag immer ein großer Feuerkünstler seyn, er machte auch ganz hübsche Sachen, befriedigte aber meine Vorstellung nicht, die nun freylich durch die vielen Berichte und Erzählungen vom Wiener Feuerwerke zu hoch gespannt seyn mogte.*

Der **Augarten**, vor der Donauregulierung öfter überschwemmt, war einst kaiserliches Jagdgebiet, das Joseph II. 1775 dem Publikum öffnete. Noch heute kann man die Widmung auf dem Eingangsportal (2, **Obere Augartenstraße** 1) lesen: „Allen Menschen gewidmeter Belustigungsort von ihrem Schätzer."

Der Augarten, bester Freund, ganz ein Werk unsers Menschenschätzers Josephs [II.], ist in meinen Augen eins der herrlichsten Denkmale seines großen Herzens. [...]
Der Kaiser hat sich selbst ein Sommerpalais hingebaut, wo er im Zirkel seiner ausgesuchtern Freunde sich von seinen Geschäften erholet. [...]
Glänzenderes können Sie sich kaum etwas vorstellen, als die Gesellschaften, die man hier antrifft. Geputzt und parfümirt, geschminkt, geschnürt und bordirt, und frisirt, und gallonirt, schwellt sich alles, was sehn und gesehen werden will, zusammen. [...] *Wie das froh ist, und flattert, und zwitzert und liebelt, und einander durch Blicke electrisirt, und locket, und mit der ganzen Gottes lieben Welt zu tändeln scheint; – gleich drauf eine Colonne Pharisäer, Grotianer, Philosophen, Broschürenschreiber und solcher finstrer Insecten mehr hinten drein trappt; – und wieder mit einem Heere wohlbehaglicher froher Menschen allerley Geschlechts, Stands, Würde und Gelichters abwechselt, und so – wie in einem Reihentanz alle Raritäten und Absurditäten Wiens im ewigen Zauberzirkel vor der Nase vorbey zu tanzen scheinen!*
{Johann Friedel, 1783}

In den Augarten-Palais haben die Porzellanmanufaktur Augarten und die Wiener Sängerknaben ihr Domizil – beide weltberühmt. Ihre Nachbarn, die Flaktürme inmitten des Gartens, sind nach wie vor Mahnmale dunkler Tage.

Der Augarten grenzt an den 20. Bezirk, Brigittenau, einst unberührte Aulandschaft mit unzähligen Donauarmen. Ältestes Bauwerk (1651) und namengebendes Wahrzeichen ihres Bezirkes, fristet die kleine achteckige Brigittakapelle (20, **Forsthausstraße**/Ecke **Jägerstraße**) heute zwischen modernen Bauten ein verstecktes, unbeachtetes Dasein. Seit Beginn des 18. Jahrhunderts aber war sie Mittelpunkt eines riesigen Volksfestes, des Brigittakirtags. Halb Wien war auf den Beinen. Das Revolutionsjahr 1848 brachte durch Verbot ein jähes Ende. Wiederbelebungsversuche ab 1976 zeitigten nur sporadischen Erfolg. Franz Grillparzer hat in dem klassischen Meisterwerk „Der arme Spielmann" den Brigittakirtag verewigt.

In Wien ist der Sonntag nach dem Vollmonde im Monat Juli des Jahres samt dem darauf folgenden Tage ein eigentliches Volksfest, wenn je ein Fest diesen Namen verdient hat. Das Volk besucht es und gibt es selbst; und wenn Vornehmere dabei erscheinen, so können sie es nur in ihrer Eigenschaft als Glieder des Volks. Da ist keine Möglichkeit der Absonderung; wenigstens vor einigen Jahren noch war keine.

An diesem Tage feiert die mit dem Augarten, der Leopoldstadt, dem Prater in ununterbrochener Lustreihe zusammenhängende Brigittenau ihre Kirchweihe. Von Brigittenkirchtag zu Brigittenkirchtag zählt seine guten Tage das arbeitende Volk. Lange erwartet erscheint endlich das saturnalische Fest. Da entsteht Aufruhr in der gutmütig ruhigen Stadt. Eine wogende Menge erfüllt die Straßen. […]

Endlich, wie denn in dieser Welt jedes noch so hartnäckige Stehenbleiben doch nur ein unvermerktes Weiterrücken ist, erscheint auch diesem status quo *ein Hoffnungsstrahl. Die ersten Bäume des Augartens und der Brigittenau werden sichtbar. Land! Land! Land! Alle Leiden sind vergessen. Die zu Wagen Gekommenen steigen aus und mischen sich unter die Fußgänger, Töne entfernter Tanzmusik schallen herüber, vom Jubel der neu Ankommenden beantwortet. Und so fort und immer weiter, bis endlich der breite Hafen der Lust sich auftut und Wald und Wiese, Musik und Tanz, Wein und Schmaus, Schattenspiel und Seiltänzer, Erleuchtung und Feuerwerk sich zu einem* pays de cocagne, *einem Eldorado, einem eigentlichen Schlaraffenlande vereinigen, das leider, oder glücklicherweise, wie man es nimmt, nur einen und den nächsten darauf folgenden Tag dauert, dann aber verschwindet, wie der Traum einer Sommernacht, und nur in der Erinnerung zurückbleibt und allenfalls in der Hoffnung. […] Von dem Wortwechsel weinerhitzter Karrenschieber spinnt sich ein unsichtbarer aber ununterbrochener Faden bis zum Zwist der Göttersöhne, und in der jungen Magd, die, halb wider Willen, dem drängenden Liebhaber seitab vom Gewühl der Tanzenden folgt, liegen als Embryo die Julien, die Didos und die Medeen.*

FÜNFTER TEIL

Jenseits der Donau und jüngster Bezirk (21.–23. Bezirk)

In „Transdanubien", den nördlichen Bezirken, 21 und 22, zeigt sich Wien weltstädtisch zeitgemäß, mit Ansätzen einer „Skyline", bewahrt dennoch neben neugeschaffenen Satellitenstädten reizvoll alte Ortskerne. Einer dieser dörflich anmutenden steht als Bezirksteil Leopoldau (21, früher Eipeldau) unter Denkmalschutz und ist literaturbekannt durch die „Briefe eines Eipeldauers an seinen Herrn Vetter in Kakran [22. Bezirk, Bezirksteil Kagran] über d' Wienstadt", 1785–1813 von Joseph Richter (1749–1813) in stilisierter Mundart geschrieben. Volkstümlich und mit köstlichem Humor berichten die Briefe über Neuigkeiten, Merkwürdigkeiten, Ereignisse aus dem Alltagsleben – eine vergnügliche Kulturgeschichte der anderen Art.

Der 22. Bezirk, flächenmäßig der größte (der kleine 8. Bezirk, die Josefstadt, paßt vergleichsweise 92mal hinein), besitzt mit der UNO-City, offizieller Name „Vienna International Centre" – Wien ist einer der drei offiziellen Sitze der UNO –, und den Gebäuden anderer internationaler Zentren eine Reihe von glitzernden Hochhäusern, Wolkenkratzer, die sich in der Donau spiegeln. Den Strom, die angeblich blaue Donau (wie es der Strauß-Walzer „An der schönen blauen Donau", die heimliche Volkshymne, suggeriert), hat schon 1749 Johann Christian Gottsched besungen; Unzählige taten es nach ihm.

Der Donaustrom.

In währender Reise auf demselben,
   im September des 1749 Jahres
      beschrieben.

So sey mir nun gegrüßt, du deutscher Tyberstrom!
   Empfange mich, auf deinem breiten Rücken!
Und führe mich mit dir, und laß mich bald erblicken
   Der neuen Zeit erhabnes Rom!
Ich strebte längst, die Kaiserstadt zu sehen,

Die aller Deutschen Haupt, der Fremden Wunder ist:
Itzt soll mein Wunsch, mein alter Wunsch geschehen,
Wo du der Absicht günstig bist;
Wo deine Silberfluth mich nur in wenig Tagen
Aus Bayerland nach Wien will tragen.

Die Donaustadt vereint in ihrem Erscheinungsbild moderne himmelstürmende Towers mit dem Naturschutzgebiet der Lobau.

ABEND IN DER LOBAU
Die Unke ruft aus einer andern Zeit,
am Laubwall rückt des Lichtes goldner Zeiger,
im Grase stimmen unsichtbare Geiger
das Stundenlied der steten Grille an.

Schwarz überm bleichen Schilf kreist ein Milan,
jäh zuckt des Wassers träge Silberhaut,
am Damm erlischt ein rotes Knabenkraut,
der Weg zurück ist schon vom Mond verschneit.
{Christine Busta, 1955}

Und über das „Gänsehäufel", das erste Wiener Strandbad (das unter Denkmalschutz steht, sog. Alte Donau), jubelte schon 1908, ein Jahr nach der Eröffnung, Peter Altenberg. Was hätte der Naturapostel erst über die 20 km lange Neue Donauinsel gesagt, das im Zuge eines dauerhaften Hochwasserschutzes geschaffene neue Erholungsgebiet?

DIE DONAUINSEL «GÄNSEHÄUFEL»,
STRANDBAD BEI WIEN.
Die Luft ist vollkommen staubfrei, die Wasserfläche ist wie ein weiter See. Die Insel besteht aus Weiden und Donausand. Es ist ein Labyrinth von Weiden, ein Urwald, ein Riesengeflechtwerk. Schützet diese Insel wie ein Lebensheiligtum, das Lebensenergien zubringt dem Leib des armen Städters! In der Praterstraße ist noch das Gift der Großstadt, und eine Viertelstunde später kannst du dich reinbaden von allen Schädlichkeiten! Aus dem Gewirre von kühlen Weiden blickt die Natur dich liebevoll an, trägt dir ihre Regenerationskräfte an, ohne dich zu zwingen! […]

Das weithin sichtbare Wahrzeichen des Neuen Donauparks, der 252 m hohe Donauturm (22, **Donauturmstraße** 4), bietet im Drehrestaurant einen überwältigenden Panoramablick über Wien. Die bedeutende österreichische Erzählerin Gertrud Fussenegger hat 1976 ihre Eindrücke festgehalten.

Die Kabine dreht sich ganz langsam, und fast unmerklich verschiebt sich das Bild in unserem Blickfeld, gleitet vor uns vorüber. Binnen dreißig Minuten werden wir um 360 Grad rotiert haben, der ganze Horizont, das ganze Panorama von Wien wird an uns vorbeigewandert sein. Der Vorgang hat etwas beinahe Gespenstisches: Wir sitzen in 165 Meter Höhe im Restaurant des Donauturmes bequem an unserem weißgedeckten Tischchen, trinken Kaffee und essen Kuchen – indessen zeigt sich uns die Welt, als wäre sie zu unserer Verfügung gehalten und zu nichts anderem da, als unserer nachmittäglichen Kaffeestunde zusätzliche Unterhaltung zu bieten. Dabei wird uns eine Summe vorgelegt, die uns viel eher beunruhigen, vielleicht sogar beängstigen sollte: eine große Stadt, die größte weit und breit, eine Metropole: Geschichte, die sich nicht einmal in den Grundzügen ausloten läßt, Gegenwart, die uns irritiert und alle unsere Wert- und Zielvorstellungen bei weitem überfordert; Zukunft, die unvorstellbar ist.

Fussenegger machte sich neben der detaillierten Panoramabeschreibung auch Gedanken über den Wiener an sich.

Der Wiener, das rätselhafte Wesen
Wer ist der Wiener?
Sicher läßt sich alles über ihn sagen – und zugleich auch das Gegenteil von allem. Ich gehe nur auf die gängigsten Widersprüche ein:
Der Wiener ist kultiviert und höflich. Er ist barbarisch und unverschämt.
Der Wiener ist menschenfreundlich und hilfsbereit. Er ist tückisch und sadistisch.
Der Wiener ist heiter und gemütlich. Er ist muros, ein Nörgler und Raunzer.
Sicher sind alle diese Behauptungen wahr und deshalb – notwendigerweise – auch wieder falsch.

Hermann Bahr dagegen fällte 1907 sein eindeutiges Urteil über den Wiener.

> *Das nämlich ist wienerisch. Hört man den Wiener, so muss hier zu leben ein Fluch sein. Aber keiner wandert aus. Er schimpft, er raunzt, er höhnt, je nach seiner Art. Aber er bleibt. Es scheint, dass er von der so geschmähten, so verhassten Stadt dennoch nicht lassen kann. Und er tut nichts, Wien zu verändern, oder den Wiener, auch nur den Wiener in sich selbst. Dies versucht er nicht und wer es versucht, ist sein Feind.*
>
> *Der Wiener ist ein mit sich sehr unglücklicher Mensch, der den Wiener hasst, aber ohne den Wiener nicht leben kann, der sich verachtet, aber über sich gerührt ist, der fortwährend schimpft, aber will, dass man ihn fortwährend lobt, der sich elend, aber eben darin wohl fühlt, der immer klagt, immer droht, aber sich alles gefallen lässt, nur nicht, dass man ihm hilft – dann wehrt er sich.*
> *So ist der Wiener.*

Der, neben dem 10. Bezirk südlichste, 23. Bezirk hat mit der „Wotrubakirche" auf dem Georgenberg („Zur Hl. Dreifaltigkeit") eine moderne, höchst eigenwillige Kirche aus 152 Betonblöcken (1924–1926 nach einer Idee von Fritz Wotruba gestaltet).

> *manches, was wie die Kirche von Wotruba aus kyklopischen Betonblöcken zusammengesetzt ist, mag aus großer Entfernung eine Reminiszenz an Stonehenge und dergleichen sein, aber im Näherkommen wird das, was eine feste Burg sein soll und eine Kultstätte des Geistes mit der Landschaft, zu kreuz und quer von einem stumpfen Riesenkind geschichteten Bausteinen, gleich fällt alles um – Eindruck, mit dem es seine Richtigkeit hat eingedenk des Felsen, auf den ER seine Kirche gebaut hat.*
> {Julian Schutting, 1985}

Das Hofmannsthal-Schlößl im Bezirksteil Rodaun (23, **Ketzergasse** 471), gleich nach der Hochzeit in der Schottenkirche 1901 vom Ehepaar Hofmannsthal bezogen und Wohnsitz bis zu des Dichters Tod 1929, sah alle Großen der damaligen Literatur. Hermann Broch, ein immer noch weitgehend Verkannter („Der Tod des Vergil", 1945), hat in einer Studie 1951 „Hofmannsthal und seine Zeit" analysiert (das vielzitierte Wort von der „fröhlichen Apokalypse Wiens" um 1880 stammt daraus). Hofmannsthals schwebend-graziöse Lyrik – „frühgereift und zart und traurig" –, die Libretti zu Richard-Strauss-Opern („Der Rosenkavalier", 1912; „Ariadne auf Naxos", 1912; „Die Frau ohne Schatten", 1920), die Lustspiele („Der Schwierige", 1921; „Der Unbestechliche", 1923), die Wiederbelebung alter Mysterienspiele („Jedermann", 1911 – von Max Reinhardt begründeter Welterfolg für die Salzburger Festspiele bis heute; „Das Salzburger Große Welttheater", 1922), seine Erzählungen und Essays: immer zeigt sich Hofmannsthal sprachgewandt und formsicher. Er wurzelt im Glanz und in der Dekadenz der Habsburger-Monarchie, deren letzter hochkultivierter Vertreter er war. Seiner Vaterstadt hat er eine Liebeserklärung gemacht, die zum Ausklang werden soll.

Die wundervolle, unerschöpflich zauberhafte Stadt mit dieser rätselhaften, weichen, lichtdurchsogenen Luft! Und unterm traumhaft hellen Frühlingshimmel diese schwarzgrauen Barockpaläste mit eisernen Gittertoren und geschnörkelten Moucharabys, mit Wappenlöwen und Windhunden, großen, grauen, steinernen! Diese alten Höfe, angefüllt mit Plätschern von kühlen Brunnen, mit Sonnenflecken, Efeu und Amoretten! Und in der Vorstadt, diese kleinen, gelben Häuser aus der Kaiser Franz-Zeit, mit staubigen Vorgarterln, diese melancholischen, spießbürgerlichen, unheimlichen kleinen Häuser! Und in der Abenddämmerung diese faszinierenden Winkel und Sackgassen, in denen die vorübergehenden Menschen plötzlich ihr Körperliches, ihr Gemeines verlieren und wo von einem Stück roten Tuchs, vor ein schmutziges Fenster gehängt, unsäglicher Zauber ausgeht! Und dann, später abends, die Dämmerung der Wienufer: über der schwarzen Leere des Flußbettes das schwarze Gewirre der Büsche und Bäume, von zahllosen kleinen Laternen durchsetzt, auf einen wesenlosen transparenten Fond graugelben Dunstes aufgespannt und darüber, beherrschend, die drei dunklen harmonischen Kuppeln der Karlskirche! Und alles das, soviel Größe und so-

viel Reiz, soviel liebliche Anmut, so sehnsüchtige Durchblicke, so konzentrierte sinnreiche Schönheit, alles das, so wahr, so wirklich, so gegenwärtig und so tiefsinnig, Stoff genug, die komplizierten Seelen einer ganzen Generation damit auszudrücken, soll keiner sehen, keiner spüren?

Verzeichnis der Wiener Bezirke
(mit ehemaligen Orten, die sich als Bezirksteile erhalten haben)

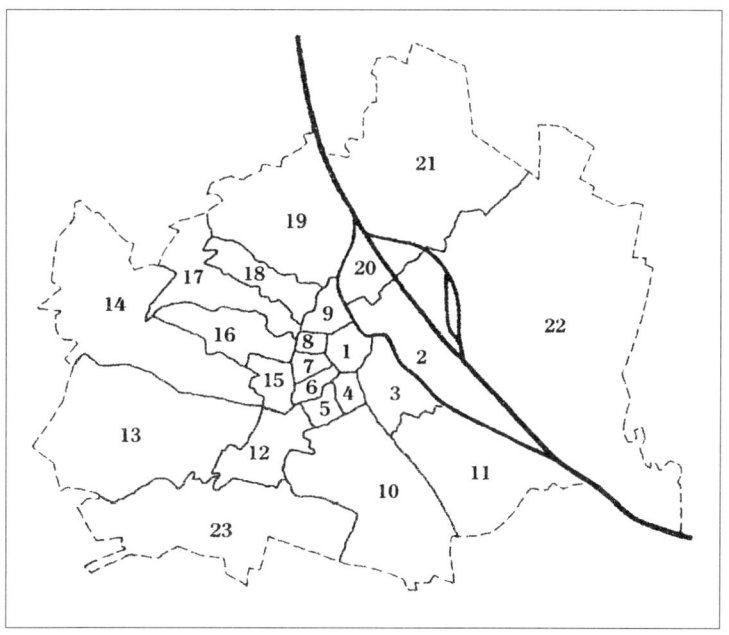

Verzeichnis der Wiener Bezirke

Bezirk	Bezeichnung	Bezirksteile
1.	Innere Stadt	
2.	Leopoldstadt	
3.	Landstraße	Erdberg, Unter den Weißgerbern
4.	Wieden	
5.	Margareten	Hundsturm, Laurenzergrund, Matzleinsdorf, Nikolsdorf, Reinprechtsdorf
6.	Mariahilf	Gumpendorf, Laimgrube, Magdalenagrund, Windmühle
7.	Neubau	Neustift, St. Ulrich, Schottenfeld, Spittelberg
8.	Josefstadt	Alt-Lerchenfeld, Breitenfeld, Strozzigrund
9.	Alsergrund	Alservorstadt, Himmelpfortgrund, Lichtental, Roßau, Thurygrund
10.	Favoriten	Ober-Laa, Rothneusiedl, Unter-Laa
11.	Simmering	Albern, Kaiser-Ebersdorf
12.	Meidling	Altmannsdorf, Gaudenzdorf, Hetzendorf, Wilhelmsdorf
13.	Hietzing	Hacking, Lainz, Ober-St. Veit, Speising, Unter-St. Veit
14.	Penzing	Baumgarten, Breitensee, Hadersdorf, Hütteldorf, Weidlingau
15.	Rudolfsheim-Fünfhaus	Braunhirschengrund, Reindorf, Rustendorf, Sechshaus
16.	Ottakring	Neulerchenfeld
17.	Hernals	Dornbach, Neuwaldegg
18.	Währing	Gersthof, Pötzleinsdorf, Weinhaus
19.	Döbling	Grinzing, Heiligenstadt, Josefsdorf, Kahlenbergerdorf, Neustift am Walde, Nußdorf, Salmannsdorf, Sievering
20.	Brigittenau	Zwischenbrücken
21.	Floridsdorf	Donaufeld, Groß-Jedlersdorf, Jedlesee, Leopoldau, Stammersdorf, Strebersdorf
22.	Donaustadt	Aspern, Breitenlee, Eßling, Hirschstetten, Kagran, Kaisermühlen, Stadlau, Süßenbrunn
23.	Liesing	Atzgersdorf, Erlaa, Inzersdorf, Kalksburg, Mauer, Rodaun, Siebenhirten

Autoren- und Quellenverzeichnis

ABRAHAM A SANCTA CLARA [d. i. Johann Ulrich Megerle]
(1644 Kreenheinstetten – 1709 Wien)
- *Anno 1679. in der Wiennstatt.* S. 109 f.
  Aus: Mercks Wienn. 1680. Unter Mitarbeit von Franz M. Eybl hrsg. von Werner Welzig. Tübingen 1983 (= Deutsche Neudrucke. Reihe: Barock. Bd. 31). S. 49–51, 54 f.

ADOLFUS VON WIEN (dichtete 1315)
- *Großes, erhabenes Wien* [Nobilis egregia (…) magna Wienna]. S. 104
  Aus: Edwin Habel, Der „Doligamus" des Adolfus von Wien. In: Studi Medievali N.S. 11 (Torino 1938). S. 146. – Übersetzung in: Richard Kralik, Geschichte der Stadt Wien […]. Wien 1926. S. 77.

PETER ALTENBERG [d. i. Richard Engländer] (1859 Wien – 1919 Wien)
- *Kaffeehaus.* S. 32 f.
  In: Extrakte des Lebens. Gesammelte Skizzen 1898–1919. Hrsg. von Werner J. Schweiger. Wien u. Frankfurt 1987 (= Gesammelte Werke in 5 Bänden. Bd. 2). S. 334.
- *Der Trattnerhof.* S. 107
  In: Ebd. S. 215 f.
- *Wiener Rathauspark.* S. 138
  In: Ebd. S. 366.
- *Die Donauinsel ›Gänsehäufel‹.* S. 212
  In: Ebd. S. 107.

HANS CHRISTIAN ANDERSEN (1805 Odense – 1875 Kopenhagen)
- *In der Vorstadt Mariahilf.* S. 164 f.
  Aus: Nur ein Geiger. Aus dem Dänischen von Edmund Zoller. Leipzig o. J. (= Reclams Universal-Bibliothek 633–636). S. 256 f.

ANDREAS VON RODE (1269–1281 bezeugt)
- *Wienna civitas gloriosa.* S. 15 f.
  In: Eine Wiener Briefsammlung zur Geschichte des Deutschen Reiches und der österreichischen Länder in der zweiten Hälfte des XIII. Jh.s. Hrsg. von Oswald Redlich. Wien 1894 (= Mittheilungen aus dem Vaticanischen Archive 2). S. 333 f. – Übersetzung in: Friedrich Walter, Wien […]. 1. Bd. Wien 1940. S. 106.

ERNST MORITZ ARNDT (1769 Groß Schoritz – 1860 Bonn)
- *Auf dem Stephansturm.* S. 100

Aus: Wien. Eingeleitet und erläutert von R[obert] F[ranz] Arnold. Wien 1913. S. 94f.
- Im Josephinum. S. 177
  Aus: Ebd. S. 90–92.
- Das Liechtensteinsche Sommerpalais. S. 181
  Aus: Ebd. S. 90.
- Feuerwerk im Prater. S. 208
  Aus: Ebd. S. 16–19.

H[ANS] C[ARL] ARTMANN (1921 Wien – 2000 Wien)
- *Das schönste Stadtcafé.* S. 122f.
  Aus: Nußbeugeln und Melangen. In: Im Schatten der Burenwurst. Skizzen aus Wien. Salzburg u. Wien 1983. S. 10f.

INGEBORG BACHMANN (1926 Klagenfurt – 1973 Rom)
- Ungargasse. S. 151
  Aus: Malina. In: Werke. 3. Bd.: Todesarten [...]. Hrsg. von Christine Koschel, Inge von Weidenbaum, Clemens Münster. München, Zürich 1978. S. 14f.
- Aus: *Stadt ohne Gewähr.* S. 152
  Aus: Das dreißigste Jahr. In: Ebd. 2. Bd.: Erzählungen. S. 126f.

HERMANN BAHR (1863 Linz – 1934 München)
- *So ist der Wiener.* S. 214
  Aus: Wien. Stuttgart [1907] (= Städte und Landschaften. [Bd. 2]). S. 8f.

ADOLF BÄUERLE (1786 Wien – 1859 Basel)
- *Was macht denn der Prater [...]?* S. 204
  Duett (I/19) aus: Aline oder Wien in einem andern Weltteile. In: Ausgewählte Werke. 1. Bd. Hrsg. [...] von Otto Rommel. Wien u.a. o.J. (= Deutsch= Österreichische Klassiker= Bibliothek. 14. Bd.). S. 105–107.

EDUARD VON BAUERNFELD (1802 Wien – 1890 Wien)
- Nestroy. S. 118
  Aus: Aus Alt= und Neu=Wien. Mit einem Nachwort von Rudolf Latzke. Wien 1923 (= Deutsche Hausbücherei. Bd. 87). S. 54.

ANTONIUS DE BONFINIS (1427 oder 1434 Patrignone – um 1502/05 Buda)
- Aus: *Gemählde von Wien.* S. 63f.
  In: Joseph Frh. von Hormayr zu Hortenburg, Wien, seine Geschicke und seine Denkwürdigkeiten. 4. Bd., 1. u. 2. Heft. Wien 1823. S. 35–37, 39f.

BETTINA BRENTANO, vereh. VON ARNIM (1785 Frankfurt a. M. – 1859 Berlin)
- *Wiener sind Wiener und sonst garnichts.* S. 155f.
  Aus: Bettinas Leben und Briefwechsel mit Goethe. Auf Grund des von Reinhold Steig bearbeiteten handschriftlichen Nachlasses neu hrsg. von Fritz Bergemann. Leipzig 1927. S. 303f.

HERMANN BROCH (1886 Wien – 1951 New Haven)
- Das Akademische Gymnasium. S. 148
  Aus: Hofmannsthal und seine Zeit. Eine Studie. In: Dichten und Erkennen. Essays. Bd. 1. Hrsg. u. eingeleitet von Hannah Arendt. Zürich 1955. S. 114.

CHRISTINE BUSTA (1915 Wien – 1987 Wien)
- *Abend in der Lobau.* S. 212
  In: Lampe und Delphin. Gedichte. Salzburg ²1955. S. 47.

ELIAS CANETTI (1905 Rustschuk – 1994 Zürich)
- Gemäldegalerie im Palais Liechtenstein. S. 181 f.
  Aus: Die Fackel im Ohr. Lebensgeschichte 1921–1931. München, Wien 1985. S. 131.
- *Der Blick auf Steinhof.* S. 190 f.
  Aus: Ebd. S. 260–262.

GIACOMO CASANOVA CHEVALIER DE SEINGALT (1725 Venedig – 1798 Dux)
- Wien 1753. S. 203 f.
  Aus: Mein Leben. Hrsg. und mit einem Nachwort versehen von Burkhard Brunn. [Aus dem Französischen übersetzt von Heinz von Sauter.] Berlin 1998 (= Ullstein-Buch 24326). S. 143 f.

IGNAZ FRANZ CASTELLI (1781 Wien – 1862 Wien)
- Die Ludlamshöhle. S. 72
  Aus: Memoiren meines Lebens. Gefundenes und Empfundenes. Erlebtes und Erstrebtes. Eine Auswahl veranstaltet von […] Josef Lackner. Linz a. D. o. J. S. 112 f., 129.
- *Zacharias Werner.* S. 170 f.
  Aus: Ebd. S. 54.

KONRAD CELTIS (Conradus Celtis Protucius) [d. i. Konrad Bickel] (1459 Wipfeld/Franken – 1508 Wien)
- *An seine Hörer* [Auditoribus]. S. 79
  Epigrammatum lib. V,9. In: Hedwig Heger (Hrsg.), Spätmittelalter, Humanismus, Reformation. 2. Teilbd. München 1978 (= Die deutsche Literatur. Texte und Zeugnisse II/2). S. 37 f. – Nachdichtung von Franz Wellner (Ebd.).

HERMINE CLOETER (1879 München – 1963 Weißenkirchen)
- *Die Ruprechtskirche.* S. 91
  Aus: Vom ältesten Wien. In: Zwischen Gestern und Heute. Wanderungen durch Wien und den Wienerwald. Berlin 1912. S. 134.
- *Wiener Goethe-Haus.* S. 132, 134
  Aus: Weimar–Wien. In: Häuser und Menschen von Wien. Wien 1915. S. 214–217.

HEIMITO VON DODERER (1896 Weidlingau bei Wien – 1966 Wien)
- *Auf die Strudlhofstiege zu Wien.* S. 178
  Motto aus: Die Strudlhofstiege oder Melzer und die Tiefe der Jahre. Wien 1953. S. 7.
- *Da war sie bald, die Strudlhofstiege.* S. 180 f.
  Aus: Ebd. S. 330–332, 355, 490.

MARIE VON EBNER-ESCHENBACH (1830 Schloß Zdislawitz – 1916 Wien)
- *In der Singerstraße.* S. 76
  Aus: Die Kapitalistinnen. In: Erzählungen III. Hrsg. von Edgar Groß. München 1961 (= Gesammelte Werke. Bd. 3). S. 287.
- *Der Graben.* S. 122
  Aus: Der Muff. In: Ebd. S. 275.

JOSEPH VON EICHENDORFF (1788 Schloß Lubowitz – 1857 Neiße)
- *Abends nach halb 8 Uhr.* S. 25
  Aus: Tagebücher. Hrsg. von Wilhelm Kosch. Regensburg [1908] (= Sämtliche Werke. Hist.-krit. Ausgabe. Bd. 11). S. 280.
- *Auf der Höhe.* S. 25
  Aus: Ebd. S. 291.
- *Die erste Vorlesung Friedrich Schlegels.* S. 26
  Aus: Ebd. S. 310.
- Aus: *Auf der Feldwacht.* S. 26
  In: Gedichte. 1. Teil. Hrsg. von Harry Fröhlich und Ursula Regener. Stuttgart u. a. 1993 (= Ebd. Bd. 1,1). S. 164.
- Aus: *Mein lieber Hermann!* S. 27
  In: Briefe. Hrsg. von Wilhelm Kosch. Regensburg [1910] (= Ebd. Bd. 12). S. 84–86.

ENEA SILVIO PICCOLOMINI (Papst Pius II.) (1405 Corsigniano – 1464 Ancona)
- *Schilderung Wiens.* S. 61 f., 78
  In: Die Geschichte Kaiser Friedrich III. von Aeneas Silvius. Übersetzt von Th[eodor] Ilgen. Leipzig 1940 (= Geschichtsschreiber der deutschen Vorzeit. 2. Gesamtausgabe 88 u. 89). S. 15 f., 18 f.

JANS ENIKEL (1230/40 Wien – etwa 1290)
- *bî im was tanzen und singen.* S. 18
  Aus: Fürstenbuch. In: Monumenta Germaniae historica, Deutsche Chroniken III: Werke. Hrsg. von Philipp Strauch. Hannover u. Leipzig 1900. S. 629.
- *ich tuon in ouch von im bekant.* S. 20 f.
  Aus: Ebd. S. 617.

EVLIYÂ ÇELEBI (1611 Stambul – 1684?)
- *[...] von dem sogenannten Stephansdom.* S. 98 f.
  Aus: Im Reiche des goldenen Apfels. Des türkischen Weltenbummlers Ev-

liyâ Çelebi denkwürdige Reise in das Giaurenland und in die Stadt und Festung Wien anno 1665. Übersetzt, eingeleitet und erklärt von Richard F. Kreutel. Graz u. a. ²1963 (= Osmanische Geschichtsschreiber. Bd. 2). S. 105, 114 f., 121 f.
– Schloß Neugebäude. S. 186 f.
  Aus: Ebd. S. 53–55.

DER FREUDENLEERE (dichtete nach 1271/vor 1291)
– *Wiene daz ist lobes wert.* S. 17
  Aus: Der Wiener Meerfahrt. In: Helmut de Boor (Hrsg.), Mittelalter. 2. Tlbd. München 1965 (= Die deutsche Literatur. Texte und Zeugnisse I/2). S. 1473.

JOHANN FRIEDEL (1755? Temesvar – 1789 Klagenfurt)
– *Die Wiener begnügten sich, den Papst fleißig zu begucken.* S. 18 f.
  Aus: Fünfzig Briefe aus Wien verschiedenen Inhalts an einen Freund in Berlin. Leipzig u. Berlin ²1784. S. 204 f., 210.
– *Schönbrunn.* S. 187
  Aus: Ebd. S. 412.
– *Der Augarten.* S. 209
  Aus: Ebd. S. 398–400.

OTTO FRIEDLÄNDER (1889 Wien – 1963 Waidhofen)
– Heldenplatz. S. 142 f.
  Aus: Letzter Glanz der Märchenstadt. Bilder aus dem Wiener Leben um die Jahrhundertwende 1890–1914. Wien [1948]. S. 47.
– Der Korso. S. 147
  Aus: Ebd. S. 25.
– *Wenn einer tot ist.* S. 186
  Aus: Ebd. S. 340–342.

MAX FRISCH (1911 Zürich – 1991 Zürich)
– *Die Tageszeit, die Wien am besten steht.* S. 173 f.
  Aus: Tagebuch 1946–1949. Frankfurt am Main 1965. S. 236.

GERTRUD FUSSENEGGER [d. i. Gertrud Dorn] (1912 Pilsen)
– Panoramablick vom Donauturm. S. 213
  Aus: Eines langen Stromes Reise. Linien, Räume, Knotenpunkte. Stuttgart 1976. S. 143 f.
– *Der Wiener, das rätselhafte Wesen.* S. 213
  Aus: Ebd. S. 159 f.

LUDWIG GANGHOFER (1855 Kaufbeuren – 1920 Tegernsee)
– Brand des Ringtheaters. S. 129 f.
  Aus: Lebenslauf eines Optimisten. München 1953. S. 474, 477, 481 f.

FRANZ KARL GINZKEY (1871 Pola – 1963 Wien)
- Aus: *Der selige Brunnen.* S. 56 f.
  In: Novellen. Wien 1960 (= Ausgewählte Werke in 4 Bänden. 2. Bd.). S. 257 f.
- Aus: *Der Zahnweh-Herrgott.* S. 103
  In: Ebd. S. 285.

JOHANN WOLFGANG (VON) GOETHE (1749 Frankfurt a. M. – 1832 Weimar)
- […] *die freundliche Einladung nach Wien.* S. 146
  Aus: Brief an Caecilie von Eskeles [Weimar, 26. November 1812], Nachschrift. In: Goethe und Österreich. Briefe mit Erläuterungen. 2. Tl. Hrsg. von August Sauer. Weimar 1904 (= Schriften der Goethe-Gesellschaft. 18. Bd.). S. 288 f., Nr. 11.

JOHANN CHRISTOPH GOTTSCHED (1700 Judittenkirchen – 1766 Leipzig)
- Aus: *Der Donaustrom.* S. 211 f.
  In: Ausgewählte Werke hrsg. von Joachim Birke. 1. Bd. Gedichte und Gedichtübertragungen. Berlin 1968. S. 413.

FRANZ GRILLPARZER (1791 Wien – 1872 Wien)
- Aus: *Über das Hofburgtheater.* S. 41–43
  In: Prosaschriften II. Aufsätze über Literatur, Musik und Theater. Musikalien […] Wien 1925 (= Sämtliche Werke. Hist.-krit. Gesamtausgabe hrsg. von August Sauer (†), fortgeführt von Reinhold Backmann. 1. Abt., 14. Bd.). S. 120–122, Nr. 44.
- *Hier sitz ich unter Fascikeln dicht.* S. 68
  In: Gedichte. 3. Tl. Sprüche und Epigramme. Wien 1937 (= Ebd. 1. Abt., 12, 1. Bd.). S. 259, Nr. 1386.
- *Will unsre Zeit mich bestreiten.* S. 69
  In: Ebd. S. 299, Nr. 1590.
- *Abschied von Wien.* S. 70 f.
  In: Gedichte. 1. Tl. Wien 1932 (= Ebd. 1. Abt., 10. Bd.). S. 200 f., Nr. 113.
- Aus: *Schreiben des jungen* Tomes Dikson. S. 73 f.
  In: Prosaschriften I. Erzählungen. Satiren in Prosa. Aufsätze zur Zeitgeschichte und Politik. Wien 1930 (= Ebd. 1. Abt., 13. Bd.). S. 105 f., Nr. 9.
- *Du bist mir* […] *zuvorgekommen.* S. 94
  Münch. In: Gedichte. 3. Tl. A. a. O. S. 357, Nr. 1854.
- *O weh, o weh, du armes Land!* S. 115
  In: Ebd. S. 28, Nr. 459.
- *Hast du vom Kahlenberg* […]. S. 198
  In ein Stammbuch. In: Ebd. S. 153, Nr. 908, II.
- Brigittenkirchtag. S. 210
  Aus: Der arme Spielmann. In: Prosaschriften I. A. a. O. S. 37–39.

PAULA GROGGER (1892 Öblarn – 1983 Öblarn)
– Aus: *Maria am Gestade*. S. 93
  In: Gedichte. Graz u. a. 1982. S. 17.
KARL FERDINAND GUTZKOW (1811 Berlin – 1878 Sachsenhausen)
– Das Burgtheater. S. 40 f.
  Aus: Eine Reise nach Wien. 1845. In: Schriften. Bd. II. Literaturkritisch-Publizistisches. Autobiographisch-Literarisches. Hrsg. von Adrian Hummel. Frankfurt am Main 1998 (= Haidnische Alterthümer). S. 1467, 1473 f.
PETER HAMMERSCHLAG (1902 Wien – 1942 ? Auschwitz)
– Aus: *Lauter weiße Schimmel*. S. 48 f.
  In: Der Mond schlug grad halb acht. Grotesk-Gedichte eingeleitet u. hrsg. von Friedrich Torberg. Wien, Hamburg 1972. S. 21.
WILHELM HAUSENSTEIN (1882 Hornberg – 1957 Tutzing)
– Weltliche Schatzkammer. S. 47 f.
  Aus: Europäische Hauptstädte. Ein Reisetagebuch (1926–1932). München ²1954. S. 112.
– *Prunksaal der Wiener Hofbibliothek*. S. 53
  Aus: Ebd. S. 107.
– Minoritenplatz. S. 140 f.
  Aus: Ebd. S. 82 f.
MARLEN HAUSHOFER (1920 Frauenstein – 1970 Wien)
– Das Arsenal S. 161
  Aus: Die Mansarde. Frankfurt am Main 1986 (= Fischer Taschenbuch 5459). S. 17.
FRIEDRICH HEBBEL (1813 Wesselburen – 1863 Wien)
– *Dies Österreich ist eine kleine Welt*. S. 182
  Aus: Prolog zum 26. Februar 1862. (Zu Wien im Operntheater gesprochen.) In: Sämtliche Werke. 6. Bd. Berlin ²1904 (= Hist.-krit. Ausgabe besorgt von Richard Maria Werner. 1. Abt.). S. 421.
FRIEDRICH HEER (1916 Wien – 1983 Wien)
– Im innersten Wien. S. 85
  Aus: Dunkle Mutter Wien, mein Wien. Ein Essay. Wien u. a. 1978. S. 32 f.
HEINRICH VON NEUSTADT [d. i. Wiener Neustadt] (urkundlich bezeugt 1312)
– Die mollige Wienerin. S. 106
  Aus: Von Gottes Zukunft. In: Heinrichs von Neustadt „Apollonius von Tyrland" nach der Gothaer Handschrift, „Gottes Zukunft" und „Visio Philiberti" nach der Heidelberger Handschrift hrsg. von S[amuel] Singer. Berlin 1906 [Nachdruck 1967] (= Deutsche Texte des Mittelalters. Bd. 7). S. 338.
ERNST HINTERBERGER (1931 Wien)
– […] das Ratzenstadl. S. 184
  Aus: Kleine Leute. Roman einer Zeit und einer Familie. Wien 1989. S. 81 f.

Hugo von Hofmannsthal (1874 Wien – 1929 Rodaun)
- Aus: *Gärten*. S. 149
  In: Prosa II. Frankfurt am Main 1951 (= Gesammelte Werke in Einzelausgaben. Hrsg. von Herbert Steiner). S. 202.
- *Raimund*. S. 167
  Aus: Ferdinand Raimund. Einleitung zu einer Sammlung seiner Lebensdokumente. In: Prosa III. 1952 (= Ebd.). S. 472 f.
- *Die wundervolle, unerschöpflich zauberhafte Stadt*. S. 215 f.
  Aus: Internationale Kunst-Ausstellung. In: Prosa I. 1950 (= Ebd.). S. 213 f.

Joseph von Hormayr (1782 Innsbruck – 1848 München)
s. Antonius de Bonfinis

Ulrich von Hutten (1488 Burg Steckelberg – 1523 Insel Ufenau)
- Aus: *Der Fremdling Ulrich v. Hutten grüsset Wien*. [Hutteni Viennam ingredientis Carmen]. S. 80
  In: Hedwig Heger (Hrsg.), Spätmittelalter, Humanismus, Reformation. 2. Tlbd. München 1978 (= Die deutsche Literatur. Texte und Zeugnisse II/2). S. 175 f. – Übersetzung von Ernst Münch (Ebd.).

Ernst Jandl (1925 Wien – 2000 Wien)
- *wien: heldenplatz*. S. 144
  In: Laut und Luise. verstreute gedichte 2. münchen 1997. S. 46.

Gottfried Keller (1819 Zürich – 1890 Zürich)
- Aus dem Briefwechsel vor der Wien-Reise 1847. S. 172 f.
  In: Aus Gottfried Kellers glücklicher Zeit. Der Dichter im Briefwechsel mit Marie und Adolf Exner. Hrsg. von Irmgard Smidt. […] Erweiterte Neuausgabe Stäfa (Zürich) 1981. S. 57, 59, Nr. 34; S. 60, 62, Nr. 36.

Theodor Körner (1791 Dresden – 1813 im Gefecht bei Gadebusch)
- Frühling in Wien. S. 187
  Aus: Brief an die Seinigen. In: Körners Werke. 2. Tl. Trauerspiele – Lustspiele – Briefe. Hrsg. von Augusta Weldler-Steinberg. Berlin u.a. [1908]. S. 449, Nr. 66.

Theodor Kramer (1897 Niederhollabrunn – 1958 Wien)
- Aus: *Der Würstelmann*. S. 128 f.
  In: Gesammelte Gedichte 3. Hrsg. von Erwin Chvojka. Wien 1987. S. 244.

Karl Kraus (1874 Gitschin – 1936 Wien)
- Aus: *Die demolirte Litteratur*. S. 36 f.
  Mit einem Nachwort hrsg. von Dieter Kimpel. Steinbach 1972 (= Reihe Deutsche Satiren. Bd. 4). S. 5 f., 36.
- *Am Scheideweg der Worte*. S. 77
  Zweifel. In: Worte in Versen. München 1959 (= 7. Bd. der Werke. Hrsg. von Heinrich Fischer). S. 260.

- Aus: *Von den Sehenswürdigkeiten.* S. 77
  In: Die chinesische Mauer. München, Wien 1964 (Ebd. 12. Bd.). S. 183, 185 f.
- *Monolog des Nörglers.* S. 116 f.
  Aus: Die letzten Tage der Menschheit. In: Worte in Versen. A. a. O. S. 33 f.
- *Hast du vom Kahlenberg* […]. S. 198
  Aus: Nachts. Wien. In: Beim Wort genommen. München 1955 (= Ebd. 3. Bd.). S. 370.

ANTON KUH (1890 Wien – 1941 New York)
- *Wien.* S. 143
  In: Die neue Weltbühne. 34. Jg. Nr. 10. 10. März 1938. S. 313.

HEINRICH LAUBE (1806 Sprottau – 1884 Wien)
- *Aula, Mai 1848.* S. 82 f.
  Aus: Erinnerungen 1841–1881. Leipzig 1909 (= Gesammelte Werke in 50 Bänden. Unter Mitwirkung von Albert Hänel hrsg. von Heinrich Hubert Houben. 41. Bd.). S. 106 f.
- *Vor der Stadterweiterung.* S. 136 f.
  Aus: Ebd. S. 439.

THOMAS MANN (1875 Lübeck – 1955 Zürich)
- *Erste Lesung in Wien.* S. 28 f.
  Aus: Das Jubiläum der Bukum. In: Literarischer Festalmanach auf das Jahr 1930. Wien [1929]. S. 9 f.

FRANZ FERDINAND MASAIDEK (1840 Wien – 1911 Wien)
- *k. k. Akademie der Wissenschaften.* S. 83
  Aus: Wien und die Wiener aus der Spottvogelperspektive. Wien's Sehens-, Merk- und Nichtswürdigkeiten […]. Wien 1873. S. 55 f.
- *Graben und Kohlmarkt.* S. 108
  Aus: Ebd. S. 8 f.

JÖRG MAUTHE (1924 Wien – 1986 Wien)
- *Der Wiener Heurige.* S. 196 f.
  Aus: Wiener Knigge. Wien, München 1975. S. 92 f.

FRIEDERIKE MAYRÖCKER (1924 Wien)
- *Schöner Garten schöner Träume: Belvedere.* S. 160
  Aus: Larifari. Ein konfuses Buch. In: Gesammelte Prosa I. 1949–1977. Hrsg. von Marcel Beyer. […] Frankfurt am Main 2001. S. 9 f.

CARL MERZ
s. Helmut Qualtinger

HELMUTH GRAF VON MOLTKE (1800 Parchim – 1891 Berlin)
- *Auch die Spitze des Thurmes erstiegen wir.* S. 101
- *Wien ist eine prächtige Stadt.* S. 205

Aus: Brief an die Mutter, datiert Wien, den 15. Oktober 1835. In: Briefe des General=Feldmarschalls Helmuth von Moltke an seine Mutter und an seine Brüder Adolf und Ludwig. Berlin 1891 (= Gesammelte Schriften und Denkwürdigkeiten. 4. Bd. Briefe; 1. Sammlung). S. 82 f., 84 f.

LADY MARY WORTLEY MONTAGU (1689 Thoresby – 1762 Twickenham)
– Prinz Eugens Bibliothek und Porträtsammlung. S. 157 f.
  Aus: Brief an den Abbé (Conti?). In: Reisebriefe 1716–1718. […] Übertragen, eingeleitet und mit Anmerkungen versehen von Hans Heinrich Blumenthal. Wien [1931]. S. 70 f., Nr. 21.
– Das kleine Wien. S. 158
  Aus: Brief an die Countess of Mar. In: Ebd. S. 34 f., Nr. 7.
– Altweiberparadies mit Nebenehen. S. 158 f.
  Aus: Brief an Lady Rich. In: Ebd. S. 44 f., Nr. 10.
– Gartenpalais Schönborn. S. 176 f.
  Aus: Brief an die Countess of Mar. In: Ebd. S. 36, Nr. 7.

ADAM MÜLLER-GUTTENBRUNN (1852 Guttenbrunn/Banat – 1923 Wien)
– Aus: *Auf dem Kalvarienberg.* S. 192
  In: Wiener Historien. Konstanz 1916. S. 5.

ROBERT (VON) MUSIL (1880 Klagenfurt – 1942 Genf)
– […] *in der Reichshaupt- und Residenzstadt.* S. 153 f.
  Aus: Der Mann ohne Eigenschaften. In: Gesammelte Werke in 9 Bänden hrsg. von Adolf Frisé. Bd. 1. Reinbek bei Hamburg ²1981. S. 9 f.

NASREDDIN [NASIR-OD-DIN], Schah (1848–1896) von Persien (1830–1896 Teheran)
– Galadinner in Schönbrunn. S. 188
  Aus: Ein Harem in Bismarcks Reich. Das ergötzliche Reisetagebuch des Nasreddin Schah. Hrsg. von Hans Leicht. Tübingen u. Basel 1969. S. 259, 266 f.
– Elisabeth, Kaiserin von Österreich. S. 189
  Aus: Ebd. S. 278, 282.
– Weltausstellung 1873. S. 207 f.
  Aus: Ebd. S. 267 f., 270.

JOHANN NESTROY (1801 Wien – 1862 Graz)
– *'s Studier´n is a unnöt'ge Plag'.* S. 81
  Lied (I/3) aus: Die beiden Herrn Söhne. In: Sämtliche Werke. Hist.-krit. Gesamtausgabe. Hrsg. von Fritz Brukner und Otto Rommel. 12. Bd. Wien 1929. S. 332.
– […] *das ist die Stadt.* S. 118
  Aus dem Duett (III/7) aus: Glück, Mißbrauch und Rückkehr oder Das Geheimnis des grauen Hauses. In: Ebd. 6. Bd. Wien 1926. S. 447.

- *Es gibt eine Stadt, die heißt Wien.* S. 118 f.
  Aus dem Couplet (II/17) aus: Lady und Schneider. In: Ebd. 5. Bd. Wien 1925. S. 296 f.
- *'s ist ein gschwollner Discurs.* S. 119 f.
  Aus dem Couplet (II/13) aus: Unverhofft. In: Sämtliche Werke. Hist.-krit. Ausgabe in 42 Bänden. Stücke 23/I. Hrsg. von Jürgen Hein. Wien 1994. S. 50.

NIBELUNGENLIED (um 1200)
- *Diu hôhzît.* S. 11
  Aus: Das Nibelungenlied. Nach der Ausgabe von Karl Bartsch hrsg. von Helmut de Boor (†). 21. revidierte u. von Roswitha Wisniewski ergänzte Auflage. Wiesbaden 1979 (= Deutsche Klassiker des Mittelalters 3). S. 219.

FRIEDRICH NICOLAI (1733 Berlin – 1811 Berlin)
- *Auf dem Graben.* S. 111, 113
  Aus: Beschreibung einer Reise durch Deutschland und die Schweiz im Jahre 1781. Nebst Bemerkungen über Gelehrsamkeit, Industrie, Religion und Sitten. Bd. 2. Berlin u. Stettin 1783. S. 633–635.
- *Wien ist eine alte Stadt.* S. 113 f.
  Aus: Ebd. S. 187, 218 f., 221, 236.
- *Die Häuser in der Stadt Wien.* S. 114
  Aus: Ebd. S. 134, 140 f.

ALFONS PETZOLD (1882 Wien – 1923 Kitzbühel)
- Im Proletarierviertel. S. 189 f.
  Aus: Der Kranke. In: Von meiner Straße. Novellen aus der Kriegszeit meines Lebens. Warndorf, Wien 1917. S. 191 f., 196.

JOHANNES PEZZL (1756 Mallersdorf – 1823 Wien)
- *Bürgerlicher Hausinhaber.* S. 65
  Aus: Skizze von Wien. 2. Heft. Wien u. Leipzig 1786 [Neudruck 1923]. S. 110.
- *Der Graben.* S. 105
  In: Ebd. 5. Heft. 1788 [Neudruck 1923]. S. 717 f.
- *Parabel von Wien.* S. 183
  In: Ebd. 1. Heft. 1786 [Neudruck 1923]. S. 12.

PICCOLOMINI
s. Enea Silvio Piccolomini

CAROLINE PICHLER, geb. VON GREINER (1769 Wien – 1843 Wien)
- *Auf dem Josephsplatze.* S. 52 f.
  Aus: Denkwürdigkeiten aus meinem Leben. 2. Bd., 1798 bis 1813. Wien 1844. S. 113.

- *Die sogenannten Hofquartiere.* S. 57 f.
  Aus: Ebd. 1. Bd., 1769 bis 1798. Wien 1844. S. 70 f.
- *Das Wiener Salonleben.* S. 58
  Aus: Ebd. 4. Bd., 1823 bis 1843. Wien 1844. S. 164 f.
- *Die Anfänge Grillparzers.* S. 68
  Aus: Ebd. 3. Bd., 1814 bis 1822. Wien 1844. S. 104 f.
- *Goethe in Wien?* S. 145 f.
  Aus: Brief an Goethe, datiert Wien, den 9. November 1812. In: Goethe und Österreich. Briefe mit Erläuterungen. 2. Tl. Hrsg. von August Sauer. Weimar 1904 (= Schriften der Goethe=Gesellschaft. 18. Bd.). S. 283, Nr. 9.

ALFRED POLGAR [d. i. Alfred Polak] (1873 Wien – 1955 Zürich)
- Aus: *Theorie des „Café Central".* S. 30, 32
  In: Kleine Schriften. Bd. 4. Literatur. Hrsg. von Marcel Reich-Ranicki in Zusammenarbeit mit Ulrich Weinzierl. Hamburg 1984. S. 254 f.
- Aus: *Zuckerbäcker.* S. 38
  In: Ebd. Bd. 1. Musterung. 1982. S. 261–263.
- Aus: *Wien, I. Stallburggasse 2.* S. 50 f.
  In: Ebd. S. 201.
- Aus: *Die Simmeringer Hauptstraße.* S. 185
  In: Ebd. Bd. 2. Kreislauf. 1983. S. 62 f.

EDUARD PÖTZL (1851 Wien – 1914 Mödling)
- *Der Weihnachtsmarkt Am Hof.* S. 19 f.
  Aus: Krampus und Kripperl. In: Die Leute von Wien. Neue Folge ausgewählter humoristischer Skizzen. Leipzig o. J. (= Reclams Universal-Bibliothek 2629 f.). S. 123–125.
- Aus: *Unter den alten Häusern.* S. 71
  In: Rund um den Stephansturm. 1. Tl. Wien [1889] (= Gesammelte Skizzen. 2. Bd.). S. 23–25.

PAULA VON PRERADOVIĆ (1887 Wien – 1951 Wien)
- Aus: *Der Dom.* S. 98
  Aus: Wiener Reimchronik 1945. In: Ritter, Tod und Teufel. Gedichte. Innsbruck ³1947. S. 42.
- *Fliegeralarm.* S. 193 f.
  Aus: Ebd. S. 38.

HELMUT QUALTINGER (1928 Wien – 1986 Wien) und
CARL MERZ [d. i. Carl Czell] (1906 Kronstadt – 1979 Wien)
- 15. Mai 1955. S. 160
  Aus: Der Herr Karl. In: „Der Herr Karl" und andere Texte fürs Theater. Hrsg. von Traugott Krischke. Wien 1995 (= Werkausgabe. Bd. 1). S. 181.

WILHELM RAABE (1831 Eschershausen – 1910 Braunschweig)
- In Mariahilf. S. 166
  Aus: Der Schüdderump. 3., durchgesehene Auflage. Göttingen 1972 (= Sämtliche Werke. 8. Bd. Bearbeitet von Karl Hoppe). S. 269 f.
- *Es ist doch eine vornehme Stadt.* S. 205
  Aus: Ebd. S. 264, 266.

FERDINAND RAIMUND [d. i. Ferdinand Jakob Raimann] (1790 Wien – 1836 Pottenstein)
- Das Hobellied. S. 168
  Lied des Valentin (III/6) aus: Der Verschwender. In: Dramatische Dichtungen. 2. Tl. Hrsg. von Margarethe Castle und Eduard Castle. Wien [1934] (= Sämtliche Werke. Hist.-krit. Säkularausgabe. 2. Bd.). S. 434 f.

JOHANN RASCH (um 1540 Pöchlarn – 1612? Wien)
- *Wiennergebürg.* S. 24
  Aus: Weinbuch. Das ist: Vom baw vnd pflege des Weins / Wie derselbig nützlich sol gebawet / Was ein jeder Weinziher oder Weinhawer zuthun schuldig [...] München [um 1580]. Nachdruck mit einem Nachwort von Renate Schoene. Dortmund 1981 (= Die bibliophilen Taschenbücher Nr. 263). S. D^v.

JOSEPH ROTH (1894 Schwabendorf bei Brody – 1939 Paris)
- Die Leopoldstadt. S. 201
  Aus: Die westlichen Gettos. Wien. 1. In: Werke 2. Das journalistische Werk 1924–1928. Hrsg. [...] von Klaus Westermann. Köln u. Amsterdam 1990. S. 857 f.

FERDINAND VON SAAR (1833 Wien – 1906 Wien)
- Schottenschüler. S. 24
  Aus: Wiener Elegien V. In: Sämtliche Werke in 12 Bänden [...] hrsg. von Jakob Minor. 4. Bd. Dichtungen in Versen. Leipzig [1908]. S. 13 f.
- Aus: *Wiener Votivkirche.* S. 131
  In: Ebd. 2. Bd. Gedichte. 1. Tl. [1908]. S. 120 f.
- Aus: *Grillparzer.* S. 140
  Aus: Ebd. S. 184 f.

HANS SACHS (1494 Nürnberg – 1576 Nürnberg)
Aus: *Ain lobspruech der haubt-stat wien in Osterreich.* S. 96
In: Hans Sachs. Hrsg. von A[delbert] v. Keller und E[dmund] Goetze. 23. Bd. Tübingen 1895 (= Bibliothek des literarischen Vereins in Stuttgart 207). S. 304 f.

FELIX SALTEN [d. i. Siegmund Salzmann] (1869 Budapest – 1947 Zürich)
- Café Griensteidl. S. 34 f.

Aus: Aus den Anfängen. Erinnerungsskizzen. In: Jahrbuch deutscher Bibliophilen und Literaturfreunde. 18./19. Jg. 1932/33. S. 34 f.
- Der Burgplatz. S. 45
Aus: Die Wiener Straße. In: Das österreichische Antlitz. Berlin [1908]. S. 17.
- Burg und Oper. S. 145.
Aus: Ebd. S. 19.

FRIEDRICH (VON) SCHILLER (1759 Marbach/Neckar – 1805 Weimar)
- *Capuzinerpredigt.* S. 54
Aus: Brief an Goethe, datiert Jena, 9. Oktober 1798. In: Werke. Nationalausgabe. 29. Bd. Briefwechsel 1796–1798. Hrsg. von Norbert Oellers u. Frithjof Stock. Weimar 1977. S. 288.
- Xenion über die Phäaken. S. 146
Donau in O** [Österreich]. Aus: Musenalmanach für das Jahr 1797. In: Ebd. 1. Bd. Gedichte [...] 1776–1789. Hrsg. von Julius Petersen (†) und Friedrich Beißner. Weimar 1943. S. 321.
- *Ich weiß, ich weiß.* S. 146
Aus: Die Piccolomini (II/7). In: Ebd. 8. Bd. Wallenstein. Hrsg. von Hermann Schneider und Liselotte Blumenthal. Weimar 1949. S. 104.

FRIEDRICH SCHLÖGL (1821 Wien – 1892 Wien)
- Der liebe Augustin. S. 86 f.
Aus: Bei den Volkssängern und Volkssängerinnen. In: Wiener Skizzen. Ausgewählt, eingeleitet und kommentiert von Franz Karmel. Wien 1947. S. 172 f.
- Aus: *Der Wiener „Graben".* S. 108 f.
In: Ebd. S. 84, 103–105.

WOLFGANG SCHMELTZL (um 1500 Kemnat – nach 1560)
- Am Lugeck. S. 95
Aus: Ein Lobspruch der Hochlöblichen weitberümbten Khünigklichen Stat Wienn in Osterreich [...]. 2. verb. Ausgabe [Wien] 1548. In: E[lla] Triebnigg (Hrsg.), Wolfgang Schmeltzl. Der Wiener Hans Sachs. Eine Auslese seiner Werke [...]. Wien 1915. S. 33 f.
- Die Kanzel in St. Stephan. S. 100
Aus: Ebd. S. 38 f.

REINHOLD SCHNEIDER (1903 Baden-Baden – 1958 Freiburg/Br.)
- Schauräume der Burg. S. 45 f.
Aus: Winter in Wien. In: Die Zeit in uns. Zwei autobiographische Werke. Verhüllter Tag. Winter in Wien. Redaktion und Nachwort von Josef Rast. Frankfurt am Main 1978 (= Gesammelte Werke. In 10 Bänden hrsg. [...] von Edwin Maria Landau. Bd. 10). S. 268.

- Spanische Hofreitschule. S. 48
  Aus: Ebd. S. 178 f.
- *Beisel in der Singerstraße.* S. 76
  Aus: Ebd. S. 402.
- *Heiligenkreuzerhof.* S. 85
  Aus: Ebd. S. 331.
- *Maria am Gestade.* S. 92
  Aus: Ebd. S. 355.
- *Lessing in Wien!* S. 127
  Aus: Ebd. S. 329.
- Das unauslotbare Phänomen Wien. S. 149
  Aus: Ebd. S. 177.

ARTHUR SCHNITZLER (1862 Wien – 1931 Wien)
- Das Paradeisgartel. S. 135 f.
  Aus: Jugend in Wien. Eine Autobiographie. Hrsg. von Therese Nickl und Heinrich Schnitzler. Wien u. a. 1968. S. 20 f.
- [...] *vor dem Café Impérial.* S. 148
  Aus: Erbschaft. In: Das erzählerische Werk. Bd. 1. Frankfurt am Main 1978 (= Gesammelte Werke in Einzelausgaben). S. 18.
- Vorort – *die Seele Wiens.* S. 183 f.
  Aus: Spaziergang. In: Entworfenes und Verworfenes. Aus dem Nachlaß. Hrsg. von Reinhard Urbach. Frankfurt am Main 1977 (= Gesammelte Werke [Bd. 6]). S. 152 f.
- *Zu Wien in der Praterstraße.* S. 201 f.
  Aus: Jugend in Wien. A. a. O. S. 13, 20 f.

JULIAN SCHUTTING (1937 Amstetten)
- Wotruba-Kirche. S. 214
  Aus: Heutige Kirchen. In: Das Herz eines Löwen. Betrachtungen. Salzburg u. Wien 1985. S. 72.

CHARLES SEALSFIELD [d. i. Karl Anton Postl] (1793 Poppitz – 1864 Unter den Tannen bei Solothurn)
- *In Wien.* S. 52
  In: Österreich, wie es ist oder Skizzen von Fürstenhöfen des Kontinents. [...] Wien 1919. Repr. Nachdruck Hildesheim, New York 1972 (= Sämtliche Werke. Bd. 3). S. 102.

JOSEPH VON SONNENFELS (1733 Nikolsburg – 1817 Wien)
- *Stranitsky.* S. 65
  Aus: Briefe über die Wienerische Schaubühne. In: Gesammelte Schriften. Bd. 6. Mit den Baumeisterischen Schriften. Wien 1784. S. 372.

HILDE SPIEL [d. i. Hilde Eva Maria de Mendelssohn] (1911 Wien – 1990 Wien)
- *Die Zauberklingl.* S. 66
  In: Rückkehr nach Wien. Ein Tagebuch. Frankfurt a. M., Berlin ²1991 (= Ullstein-Buch Nr. 22076). S. 20.
- *Franziskanerplatz.* S. 75
  Aus: Die steinerne Vergangenheit. In: Wien. Spektrum einer Stadt. [...] Wien 1971. S. 54f.
- *Plan eines ›Kaiserforums‹.* S. 141
  Aus: Ebd. S. 72.
- *Landstraßer Hauptstraße.* S. 156
  Aus: Rückkehr nach Wien. A. a. O. S. 26.
- *Pfarrplatz in Heiligenstadt.* S. 195f.
  Aus: Ebd. S. 45f., 48f.
- *Der zerstörte Prater.* S. 207
  Aus: Ebd. S. 55.

GERMAINE DE STAËL-HOLSTEIN (1766 Paris – 1817 Paris)
- Aus: *Über die Gesellschaft.* S. 59f.
  In: Über Deutschland [De l'Allemagne]. Nach der Übersetzung von Robert Habs hrsg. und eingeleitet von Sigrid Metken. Stuttgart [1973] (= Reclams Universal-Bibliothek 1751–1755). S. 88–90.

ADALBERT STIFTER (1805 Oberplan – 1868 Linz/Donau)
- Wien und die Wiener. S. 7
  Aus: Wien und die Wiener in Bildern aus dem Leben. In: Sämtliche Werke. 15. Bd. Vermischte Schriften. 2. Abt. Hrsg. von Gustav Wilhelm. Reichenberg 1935 [Nachdruck 1972] (= Bibliothek Deutscher Schriftsteller aus Böhmen, Mähren und Schlesien. Bd. 15). S. 38.
- Auf der Universität. S. 82
  Aus: Leben und Haushalt dreier Wienerstudenten. In: Ebd. S. 117, 119.
- Aus: *Die Sonnenfinsternis am 8. Juli 1842.* S. 89f.
  In: Ebd. S. 7f., 10f.
- [...] *die alte, ernste, große Stephanskirche.* S. 96
  Aus: Ein Gang durch die Katakomben. In: Ebd. S. 50.
- Aus: *Aussicht und Betrachtungen von der Spitze des St. Stephansthurmes.* S. 101f.
  In: Ebd. S. 27f.
- [...] *all die glänzenden, lockenden Gläserkästen.* S. 105f.
  Aus: Waarenauslagen und Ankündigungen. In: Ebd. S. 173.
- [...] *auf dem Sanct Petersplaze.* S. 123f.

Aus: Turmalin. In: Bunte Steine. Buchfassungen. Hrsg. von Helmut Bergner. Stuttgart u.a. 1982 (= Werke und Briefe. Hist.-krit. Gesamtausgabe. Bd. 2,2). S. 135.
- In Sanct Peter. S. 124 f.
Aus: Das alte Siegel. In: Studien. Buchfassungen. 2. Bd. Hrsg. von Helmut Bergner und Ulrich Dittmann. Stuttgart u.a. 1982 (= Ebd. Bd. 1,5). S. 360.
- Aus: Der Prater. S. 206
In: Wien und die Wiener. A.a.O. S. 69.

OTTO STOESSL (1875 Wien – 1936 Wien)
- Maria am Gestade. S. 91 f.
Aus: Eine Wiener Landschaft. In: Arkadia. Wien 1933 (= Gesammelte Werke. 1. Bd.). S. 278 f.

PERO TAFUR (Anfang 15. Jh. Sevilla – ? Cordoba)
- *Die Stadt liegt am Donauflusse.* S. 99
Aus: Aus der Reisebeschreibung des Pero Tafur, 1438 und 1439. Mitgetheilt von Karl Stehlin und Rudolf Thommen. In: Basler Zeitschrift für Geschichte und Altertumskunde. Bd. 25 (Basel 1926). S. 99.

FRIEDRICH TORBERG [d.i. Friedrich Kantor-Berg] (1908 Wien – 1979 Wien)
- Aus: *Urbis Conditor – Der Stadtzuckerbäcker.* S. 39
In: Die Tante Jolesch oder Der Untergang des Abendlandes in Anekdoten. Die Erben der Tante Jolesch. Wien 1995. S. 259 f.

ULRICH VON LIECHTENSTEIN (Anfang 13. Jh. – 1275)
- *dô wart ich ritter.* S. 13
Aus: Frauendienst. Hrsg. von Reinhold Bechstein. 1. Tl. Leipzig 1888 (= Deutsche Dichtungen des Mittelalters 7,1). S. 15.
- *Die vrowen wâren wol gekleit.* S. 13 f.
Aus: Venusfahrt. Ebd. S. 274.

BERTHOLD VIERTEL (1885 Wien – 1953 Wien)
- *Der Valentin.* S. 169
In: Das graue Tuch. Gedichte. Hrsg. von Konstantin Kaiser. […] Wien 1994 (= Studienausgabe. Bd. 3. Antifaschistische Literatur und Exilliteratur – Studien und Texte 9). S. 164.

ERNST WALDINGER (1896 Wien – 1970 New York)
- *Die Schönlaterngasse.* S. 84
In: Die kühlen Bauernstuben. Gedichte. Wien 1947 (= Aurora-Bücherei). S. 19.
- *Acht Walzertakte.* S. 199
In: Ebd. S. 32.

WALTHER VON DER VOGELWEIDE (um 1170 – um 1230)
- *Ob ieman spreche, der nû lebe.* S. 12

In: Gedichte. Hrsg. von Hugo Kuhn. Tübingen ¹⁰1965 (= Altdeutsche Textbibliothek 1). S. 72.
- *Der hof ze Wiene sprach ze mir.* S. 12 f.
  In: Ebd. S. 73.

HANS WEIGEL (1908 Wien – 1991 Enzersdorf)
- *Die Ringstraße.* S. 128
  Aus: O du mein Österreich. Versuch des Fragments einer Improvisation. Zürich u. Stuttgart ²1966. S. 86.
- *Wien.* S. 170
  Aus: Ebd. S. 23.

JOSEF WEINHEBER (1892 Wien – 1945 Kirchstetten)
- Aus: *Lob der Heimat.* S. 191 f.
  Aus: Wien wörtlich. In: Sämtliche Werke. Hrsg. von Josef Nadler und Hedwig Weinheber. 2. Bd. Gedichte. 2. Tl. Salzburg 1954. S. 125 f.
- *Hymnus auf den Kahlenberg.* S. 197 f.
  Aus: Ebd. S. 137 f.

WILHELM LUDWIG WEKHRLIN (1739 Bothnang – 1792 Ansbach)
- *Die Schule der Schotten.* S. 21
  Aus: Denkwürdigkeiten von Wien. […] [Nördlingen] 1777. In: Schriften 1772–1789. Hrsg. von Alfred Estermann. Bd. 1. Nendeln 1978. S. 17 f.
- *Die Hofkirche bey den Augustinern.* S. 54 f.
  Aus: Ebd. S. 28.
- *Die Kirche des heiligen Borromåus.* S. 162 f.
  Aus: Ebd. S. 30 f.
- *Der Prater.* S. 206
  Aus: Ebd. S. 36.

FRANZ WERFEL (1890 Prag – 1945 Beverly Hills)
- Blick vom Schottentor zur Votivkirche. S. 130 f.
  Aus: Barbara oder die Frömmigkeit. Berlin u.a. 1929 (= Gesammelte Werke). S. 413–415.

HANS (eig. Johann Nepomuk Joseph Maria) GRAF VON WILCZEK (1837 Wien – 1922 Wien)
- Kaiserhuldigungs-Festzug. S. 142
  Aus: Hans Wilczek erzählt seinen Enkeln. Erinnerungen aus seinem Leben. Hrsg. von […] Elisabeth Kinsky-Wilczek. Graz 1933. S. 442, 444.

ANTON WILDGANS (1881 Wien – 1932 Mödling)
- Aus: *Unter den Weißgärbern.* S. 155
  In: Musik der Kindheit. Ein Heimatbuch aus Wien. Wien, Salzburg [1948] (= Hist.-krit. Ausgabe in 8 Bänden unter Mitwirkung von Otto Rommel hrsg. von Lilly Wildgans. 6. Bd.) S. 11.

- *Die Josefstadt.* S. 171
  Aus: Die alte Josefstadt. In: Ebd. S. 22.
- *Piaristenplatz.* S. 174
  Aus: Ebd. S. 28.
- *Ich bin ein Kind der Stadt.* S. 174 f.
  In: Gedichte. Wien, Salzburg 1948 (= Ebd. 1. Bd.). S. 38 f.

BERTHA ZUCKERKANDL (1863 Wien – 1945 Paris)
- *Die Oppolzergasse.* S. 135
  Aus: Österreich intim. Erinnerungen 1892–1942. Hrsg. von Reinhard Federmann. Frankfurt a. M. u. a. 1970. S. 185.

STEFAN ZWEIG (1881 Wien – 1942 Petropolis bei Rio de Janeiro)
- Das Wiener Kaffeehaus. S. 29
  Aus: Die Welt von Gestern. Erinnerungen eines Europäers. Frankfurt a. M. 1982 (= Gesammelte Schriften in Einzelbänden. Hrsg. [...] von Knut Beck). S. 56.
- Loris. S. 35 f.
  Aus: Ebd. S. 64 f.
- „Theatromanie". S. 43 f.
  Aus: Das Wien von Gestern. In: Auf Reisen. Feuilletons und Berichte. Frankfurt a. M. 1987 (= Ebd.) S. 401 f.
- *Über Stifter.* S. 88
  Aus: Witikos Auferstehung. In: Begegnungen mit Büchern. [...] Frankfurt a. M. 1983 (= Ebd.). S. 55.
- Florianigasse. S. 175 f.
  Aus: Ungeduld des Herzens. Frankfurt a. M. 1981 (= Ebd.). S. 326 f.

Register

Personennamen und Titel anonymer Werke

Abermann, Heinrich 90
Abraham a Sancta Clara (Ulrich Megerle) 53 f., 109 f., 141
Adolfus von Wien 104
Agnes, Tochter Leopolds VI. 13
Albrecht I., Herzog von Österreich 110
Albrecht III., Herzog von Österreich 74
Albrecht VI., Erzherzog von Österreich 47
Albrecht, Herzog von Sachsen 13
Altenberg, Peter 30, 32 f., 49, 106 f., 123, 138, 148, 185, 212
Andersen, Hans Christian 164 f.
Andreas von Rode 165 f.
Andrian-Werburg, Leopold von 22, 33 f.
Angelus Silesius (Johannes Scheffler) 30
Anzengruber, Ludwig 33, 86, 185
Arndt, Ernst Moritz 100, 177, 181, 208
Arneth, Antonie von (geb. Adamberger) 123
Arnim, Achim von 155
Artmann, H. C. 122 f.
Atterbom, Per Daniel Amadeus 58
Augustin, Der liebe 86 f., 94, 102
Aurel(ius), Marc(us), römischer Kaiser 56
Aventinus (Johannes Turmair) 80
Ayrenhoff, Cornelius Hermann Paul von 76

Bachmann, Ingeborg 151 f., 170
Bahr, Hermann 33–35, 214
Balzac, Honoré de 156
Bäuerle, Adolf 204
Bauernfeld, Eduard von 22, 27, 33, 118, 132, 148, 185, 194 f.
Beer-Hofmann, Richard 33 f., 148
Beethoven, Ludwig van 196

Beheim, Michael 46 f.
Bernhard, Thomas 50, 144
Bettauer, Hugo 77
Bienerth-Schmerling, Richard von 142
Birkenstock, Johann Melchior von 155
Biterolf und Dietleib 14
Bitterlich, Hans 95
Blei, Franz 153
Blumauer, Johann Aloys 115
Bock, Josef 147
Bonfinis, Antonius de 62–64
Brentano, Bettina (vereh. von Arnim) 93, 155 f.
– Clemens 93, 155
– Toni (geb. Birkenstock) 155
Breughel, flämische Malerfamilie 181 f.
Broch, Hermann 33, 148, 163, 215
Brod, Max 33, 123
Burnacini, Lodovico 109
Busta, Christine 170, 212
Byron, George Gordon Lord 68

Calderón de la Barca, Pedro 136
Canaletto (Bernardo Bellotto) 159
Canetti, Elias 120, 122, 181 f., 190 f., 206
– Veza 120, 206
Canova, Antonio 165
Capistran, Johannes 104
Casanova, Giacomo Girolamo 203 f.
Castelli, Ignaz Franz 27, 72 f., 165, 170 f., 194
Celtis, Konrad 53, 75, 78 f., 108
Charoux, Siegfried 127
Chelidonius, Benedictus 22 f.
Cloeter, Hermine 91, 132, 134
Collin, Heinrich Joseph von 132, 162, 185
Collin, Matthäus von 162
Corti, Egon Cäsar Conte 75

Personennamen und Titel anonymer Werke

Cues, Nikolaus von (Der Cusaner) 78, 104
Cuspinian, Johannes 53, 75 f.

Danhauser, Joseph 103
Dessauer, Joseph 27
Disney, Walt 34
Doderer, Heimito von 122, 178, 180 f., 203
Dollfuß, Engelbert 50 f.
Donner, Elisabeth 57
- Georg Raphael 55–57
Dor, Milo 170
Dörmann, Felix (Felix Biedermann) 33 f.
Droste-Hülshoff, Annette von 121
Dürer, Albrecht 23

Ebner, Jeannie 170
Ebner-Eschenbach, Marie von 76, 121 f., 126, 132
Eichendorff, Hermann von 27
- Joseph von 25–27, 54, 93, 132
- Wilhelm von 25 f.
Eisler von Terramare, Georg 22, 24
Elisabeth, Kaiserin von Österreich 45 f., 141, 189
Enea Silvio Piccolomini (Papst Pius II.) 60–64, 77 f.
Enghaus, Christine (vereh. Hebbel) 182, 186
Enikel, Jans 17 f., 20 f., 110
Eskeles, Caecilie von 146
Eugen, Prinz von Savoyen 156 f., 161
Evliyâ Çelebi 98 f., 186 f.
Exner, Adolf 172 f.
- Marie 172 f.

Federmann, Reinhard 170
Ferdinand I., deutscher König, Kaiser 90
Ferstel, Heinrich (von) 131 f.
Feuchtersleben, Ernst von 132
Fichte, Johann Gottlieb 115
Figl, Leopold 160
Fischer von Erlach, Johann Bernhard 109, 162
- Joseph Emanuel 162

Fontane, Theodor 8
Fouquet, Jean 157
Franz II., deutscher Kaiser, österreichischer Kaiser (I.) 52, 68, 115, 164, 215
Franz Joseph I., Kaiser von Österreich 45 f., 55, 67, 127, 129, 131, 141–143, 176, 188
Freud, Sigmund 202
Freudenleere, Der 16 f.
Friedel, Johann 18 f., 187, 209
Friedell, Egon (Egon Friedmann) 32 f., 134, 193
Friedländer, Otto 142 f., 147, 186
Friedrich II. der Große, König von Preußen 76
Friedrich II. der Streitbare, Herzog von Österreich 14, 125
Friedrich III., deutscher König, Kaiser 46, 61, 78, 100
Frisch, Karl von 172
Frisch, Max 173 f.
Frischmuth, Barbara 50
Frisé, Adolf 153
Fröhlich, Katty (Katharina) 69
Fröhlich, Schwestern (Anna, Barbara, Josephine, Katharina) 69
Fussenegger, Gertrud 213

Ganghofer, Ludwig 129 f.
Garbo, Greta 77
Garhiebl, Martin 84
Garve, Christian 115
Ginzkey, Franz Karl 56 f., 98, 102 f., 185
Goethe, Alma von 132, 134, 193
- Anna von 132
- Johann Wolfgang (von) 44, 54, 83, 88, 115, 132, 136, 145 f., 155, 206
- Ottilie von 132, 134
- Walter von 132, 134
- Wolfgang von 132, 134
Gottsched, Johann Christoph 65, 211 f.
Grass, Günter 122
Greiner, Caroline s. Pichler
- Charlotte von 57
- Franz Sales von 57

Grillparzer, Franz 33, 41–44, 53, 65, 67–74, 80, 86, 94, 111, 115, 120f., 132, 134, 136, 140, 148, 165, 170, 192, 194, 198, 209f.
Grogger, Paula 93
Grün, Anastasius 27, 81, 132, 147
Grünewald, Matthias 191
Gutzkow, Karl 40f.

Habeck, Franz 77
Hafis, Schams od-Dîn Mohammed 83
Halm, Friedrich 23, 53, 94, 132, 136, 185
Hamerling, Robert 22, 81, 83, 132
Hammer-Purgstall, Joseph von 83, 98, 132
Hammerschlag, Peter 48f.
Hanska, Evelina Gräfin von 156
Harden, Maximilian 34
Harun al Raschid, abbasidischer Kalif 47
Haschka, Lorenz Leopold 115
Hausenstein, Wilhelm 48f., 53, 140f.
Haushofer, Marlen 161
Hawelka, Josefine 122
– Leopold 122
Haydn, Joseph 115
Hebbel, Friedrich 88, 98, 120, 136, 182, 186
Heer, Friedrich 85, 185
Heinrich II. Jasomirgott, Markgraf, Herzog von Österreich 20
Heinrich von Neustadt 106
Heller, Edmund 145
Heller, Hugo 28
Hemingway, Ernest 77
Herder, Johann Gottfried 115
Herzmanovsky-Orlando, Fritz von 163
Heyse, Paul 88
Hildebrandt, Johann Lukas von 156
Hinterberger, Ernst 184f.
Hitler, Adolf 50, 144, 154f.
Hofbauer, Hl. Klemens Maria 93
Hoffmann von Fallersleben, Heinrich 156
Hofmannsthal, Hugo von 29, 33–35, 50, 134, 148f., 167, 214f.
Holtei, Karl von 204
Holzer, Wolfgang 47

Hormayr, Joseph von 23, 60, 63f., 162
Horváth, Ödön von 67
Humboldt, Alexander von 152
Hutten, Ulrich von 80

Jaeger, Theodor 178
Jandl, Ernst 122, 144
Jeritza, Maria 51
Johannes Paul II., Papst 144
Johannes von Frankenstein 67
Joseph II., deutscher König, Kaiser 18, 40, 57, 65, 126f., 206, 208f.
Joyce, James 153
Jung-Stilling, Johann Heinrich 115

Kafka, Franz 123
Karl I. der Große, fränkischer König, römischer Kaiser 47, 124
Karl VI., deutscher Kaiser 39, 53, 163
Karl, Erzherzog von Österreich 161
Kaunitz, Fürst Wenzel von 105, 126
Keller, Gottfried 172f.
– Regula 173
Kerner, Justinus 93, 98
Klimt, Gustav 44
Kokoschka, Oskar 33
König, Eva Katharina 126f.
Konrad von Hohenburg (Der Püller) 14
Konrad, der Schenk von Landeck 14
Körner, Theodor 93, 123, 187, 194
Kornhäusel, Joseph 89
Kramer, Theodor 128f., 186
Kraus, Karl 32, 34, 36–38, 77, 115–117, 120, 143, 147f., 198
Kuh, Anton 143
Kundmann, Karl 140
Kürnberger, Ferdinand 22, 163

Laube, Heinrich 33, 69, 82f., 136f.
Lazius, Wolfgang 53, 84, 90f., 124
Leibniz, Gottfried Wilhelm 53
Lenau, Nikolaus 81, 132, 147, 156, 163, 194
Leopold I., deutscher Kaiser 109
Leopold VI. der Glorreiche, Herzog von Österreich 11, 12, 15, 17

Personennamen und Titel anonymer Werke

Lernet-Holenia, Alexander 45
Lessing, Gotthold Ephraim 126f., 136
Lichtenstein, Fürstin von 26
Liebenberg, Johann Andreas von 94
Lignovsky, Fürstenfamilie 26
Liliencron, Detlev von 147
Livius, Titus 70
Loos, Adolf 32
Luccardi, Vincenzo 40

Mahler-Werfel, Alma 195
Makart, Hans 141f.
Malmberg, Helga 30
Mann, Thomas 28f., 48
Maria Theresia, Erzherzogin von Österreich, Königin von Ungarn, „Kaiserin" 40, 56f., 65f., 81, 127, 187, 203f.
Masaidek, Franz Ferdinand 83, 108
Matsch, Franz (von) 44, 94
Matthias Corvinus, König von Ungarn 62
Mauthe, Jörg 196f.
Maximilian I., römisch-deutscher Kaiser 47, 75, 78f., 107
May, Karl 154f.
Mayröcker, Friederike 122, 160
Mehmed Pascha, Kara 98
Menschein, Michel 126
Merz, Carl 160, 186
Metastasio, Pietro (Pietro Antonio Trapassi) 39f., 203
Metternich, Klemens Wenzel Fürst von 60
Meyerbeer, Giacomo 27
Michelangelo Buonarroti 119
Miller, Arthur 122
Mohaupt, Amalie 156
Molière, Jean Baptiste 136
Moltke, Helmuth von 100f., 204f.
Montagu, Lady Mary Wortley 157–159, 176f.
Mörike, Eduard 134
Mozart, Wolfgang Amadeus 39, 43, 65, 134

Müller-Guttenbrunn, Adam 192
Musil, Robert 33, 153f., 156, 163
Mustapha, Kara 98, 161

Napoleon I., Kaiser der Franzosen 26, 58, 60, 68, 73, 162, 194
Nasreddin, Schah von Persien 187–189, 207f.
Neidhart von Reuental 125f.
Neithart Fuchs 125f., 138
Nestroy, Johann 22, 65, 76, 80f., 86, 117–120, 138, 148, 165, 167f., 170, 186, 193, 204
Newton, Sir Isaac 81
Nibelungenlied 11, 14, 91
Nicolai, Friedrich 111, 113–115
Nietzsche, Friedrich 88

Oehlenschläger, Adam 72
Otto der Fröhliche, Herzog von Österreich 125
Ottokar aus der Geul 110

Petzold, Alfons 189f.
Pezzl, Johannes 65, 105, 183
Pfeiffer, Ida 152, 186
Pfinzing, Melchior 107
Philipp, Carl 90
Pichler, Caroline (geb. von Greiner) 52f., 57f., 60, 68, 132, 145f., 162, 186
Pilgram, Meister Anton 100
Pius II., Papst s. Enea Silvio Piccolomini
Pius VI., Papst 18f.
Plautus, Titus Marcius 79
Polgar, Alfred 30, 32f., 38f., 50–52, 123, 185
Pötzl, Eduard 19f., 71
Preradović, Paula von 98, 186, 193f.
Proust, Marcel 153
Puchsbaum, Meister Hans 94
Püller, Der s. Konrad von Hohenburg

Qualtinger, Helmut 122, 160, 186

Raabe, Wilhelm 166, 205
Rabenschlacht 15

Radetzky von Radetz, Johann Joseph
  Wenzel Graf 55, 161
Raimund, Ferdinand 65, 138, 167–170,
  194, 204
Rainer, Vigil 93
Rasch, Johann 23 f.
Reed, Carol 94
Reinhardt, Max 215
Reinmar der Alte (von Hagenau) 12
Richter, Joseph 211
Rilke, Rainer Maria 34, 86, 148
Roda Roda, Alexander (Sándor Friedrich
  Rosenfeld) 86
Rosengarten zu Worms 15
Roswitha von Gandersheim 78
Roth, Joseph 33, 55, 201, 204
Rousseau, Jean-Baptiste 157
Rückert, Friedrich 83
Rudolf I. von Habsburg, deutscher König
  16, 142

Saar, Ferdinand von 22, 24, 71, 131, 140,
  195
Sachs, Hans 63, 95
Salten, Felix 33–36, 45, 145, 206 f.
Sauthner, Johann 162
Schedel, Hartmann 63
Schiller, Friedrich (von) 44, 54, 115, 136,
  145 f., 194
Schilling, Johannes 145
Schindel, Robert 50
Schlegel, August Wilhelm (von) 59, 93,
  162
– Friedrich (von) 26, 93
Schlögl, Friedrich 86 f., 108 f.
Schmeltzl, Wolfgang 22 f., 63, 90, 95, 100,
  138
Schmerzek, Karl 147
Schneider, Reinhold 45 f., 48, 76, 85, 92,
  127, 149
Schnitzler, Arthur 29, 33–36, 90,
  134–136, 148, 183 f., 201–203
Schönborn, Friedrich Carl Graf von 176
Schubert, Franz 76, 90, 196
Schutting, Julian 178, 214
Schwathe, Hans 54

Schwind, Moritz von 85
Sealsfield, Charles (Karl Anton Postl) 52
Seneca, Lucius Annaeus d. J. 79
Seuse (Suso), Heinrich 92
Shakespeare, William 8, 59, 136
Sil-Vara (Geza Silberer) 50 f.
Sirk, August 147
Sobieski, Johann III., König von Polen
  101
Sonnenfels, Joseph von 65 f., 132
Sonnenthal, Adolf (von) 136
Spiel, Hilde 66, 75, 122, 141, 156, 195 f.,
  207
Staël, Germaine de S.-Holstein 52,
  58–60, 171
Starhemberg, Ernst Rüdiger Graf von
  101
Steinmar 14
Stelzhamer, Franz 81
Stifter, Adalbert 7, 81 f., 87–90, 96, 101 f.,
  105 f., 123–125, 132, 156, 170, 206
Stoessl, Otto 91 f.
Storm, Theodor 88
Stowasser, Josef Maria 77
Stranitzky, Joseph Anton 64 f., 138
Strauß, Johann (Sohn) 211
– Johann (Vater) 55
Strauss, Richard 215
Strudel, Paul 109
– Peter von 178
Stuwer, Johann Georg 208
Suchenwirt, Peter 74
Süleyman I., der Prächtige, osmanischer
  Sultan 186
Suttner, Bertha von 154

Tacitus, Publius Cornelius 78
Tafur, Pero 99
Tannhäuser, Der 14
Terenz (Publius Terentius Afer) 79
Terramare, Georg s. Eisler von Terramare
Theodora, byzantinische Kaiserenkelin
  11
Thieda, Oskar 204
Tieck, Ludwig 93, 115
Torberg, Friedrich 39 f., 49, 122, 163

Trattner, Johann Thomas (von) 111
Treitzsaurwein von Ehrentreitz, Marx 107

Ulrich von Liechtenstein 13f., 138
Ulricus, Rektor der Stephansschule 104

Vadian(us) s. Watt
Viertel, Berthold 169, 186
Virginal 15
Vogl, Franz 169

Waldeck, Heinrich Suso (August Popp) 92
Waldinger, Ernst 84, 198f.
Walther von der Vogelweide 9, 12f., 74, 94
Wassermann, Jakob 29
Watt, Joachim von (Vadianus) 80
Weber, Dietrich 178
Weigel, Hans 96, 122, 128, 170, 186
Weinheber, Josef 147, 191f., 197f.
Wekhrlin, Wilhelm Ludwig 21, 54f., 159, 162f., 206

Welles, Orson 94
Werfel, Franz 30, 33, 123, 130f., 186, 195
Werner, Ludwig Zacharias 93, 170f.
Wernher der Gartenaere 15
Wertheimstein (von), Familie 195
Weyr, Rudolf 140
Wieland, Christoph Martin 167
Wilczek, Franz Joseph Graf von 25
– Hans Graf von 142
Wildgans, Anton 155, 171, 174f., 186
Wittgenstein, Ludwig 50
– Paul 50
Wolter, Charlotte 136
Wotruba, Fritz 214

Zach, Andreas 21
Zauner, Franz Anton 52
Zeno, Apostolo 39
Zschokke, Heinrich 132
Zuckerkandl, Bertha 134f.
– Emil 134
Zweig, Stefan 29, 35f., 43, 55, 88, 129, 175f., 182
Zwingli, Ulrich 79

Orte

vorm. = alte Bezeichnung oder nicht mehr existent
Kursivdruck: Seitenzahlen zu Abbildungen

Abraham-a-Sancta-Clara-Gasse 9
Adalbert-Stifter-Straße 90
Akademie der Wissenschaften (vorm. Alte Universität) 83
Albertina 158
Alserstraße 58
Am Hof 11, 14, 18f., 111
Ankerhaus 94
Ankeruhr 94f.
Arsenal s. Museen
Arsenalstraße 161
Aspernbrücke 155
Augarten 111, 208–210
Augartenstraße, Obere 208
Augustinerstraße 53

Bäckerstraße 82
Ballgasse 71f.
Ballhaus (vorm.) 40
Ballhausplatz 44, 51, 141
Bankgasse 141
Basiliskenhaus 84
Bauernmarkt 28
Baumgartner Höhe 190
Beatrixgasse 156
Beethovenplatz 80, 148
Belvedere, Schloß 156, 159, 164
– Oberes *157,* 157, 160, *161*
– Schloßpark (Garten) 159f.
– Unteres 56, 151, 157
Bognergasse 110

Böhmischer Prater 207
Boltzmanngasse 181
Börsegasse 92
Bräunerstraße 117, 120
Breite Gasse 170
Bundeskanzleramt (vorm. Geh. Hofkanzlei) 51
Burg s. Hofburg
Burg, Neue (Hofburg) 142
Burggarten 54
Burggasse 170
Burgplatz/Burghof (Hofburg) 45 f.
Burgring 127, 141
Burgtheater, Altes 40, 41, 43 f., 65, 121, 136, 167
Burgtheater, Neues (Burg) 44, 128, 135 f., *137*, 140, 144 f.
Burgtor (vorm.) 171
Burgtor, Äußeres 141 f., 144

Café Bräunerhof 49 f.
- Central 29, 30, *31*, 32–34, 37
- Demel (Konditorei) 38 f.
- Gerstner (Konditorei) 147
- Griensteidl 33–37
- Hawelka 122 f., 170
- Herrenhof 33
- Imperial 37, 148
- Landtmann 134
- Prückel 149
- Raimund 170
- Schottenring 128
- Silbernes Kaffeehaus (vorm.) 194
- Sperl 164
Carl-Theater (vorm.) 120, 202, 204
Churhaus (Stephansplatz) 104

Deutschordenshaus (vorm.) 76
Döblinger Hauptstraße 194 f.
Dominikanerbastei 77
Donau 26, 56, 62 f., 72 f., 78, 87, 89, 92, 99, 100 f., 164, 193, 201, 205–209, 211
Donau, Alte 212
Donauinsel (Neue Donau) 212
Donaukanal 91 f., 155, 201, 205
Donaupark (Neuer) 213

Donauturm 213
Donauturmstraße 213
Dorotheergasse 122 f., 146
Dr.-Ignaz-Seipel-Platz (vorm. Universitätsplatz) 77, 80–83
Dr.-Karl-Lueger-Platz 149
Dr.-Karl-Lueger-Ring 127, 132, 134, 136
Dr.-Karl-Renner-Ring 127, 140
Dreifaltigkeitssäule s. Pestsäule

Elisabethbrücke (vorm.) 66
Erdbergstraße 155
Erzbischofgasse 190 f.

Ferdinandsbrücke (vorm.) 205
Ferdinandstraße 206
Fischmarkt (vorm.) 110
Flaktürme (Augarten) 209
Fleischmarkt 85 f.
Florianigasse 175
Forsthausstraße 209
Franziskanerplatz 74 f.
Franz-Josefs-Kai 91, 127, 183
Freisingerhof 106, 111
Freyung 20 f., *22*, 29
Führichgasse 66
Fürstengasse 181

Gänsehäufel (Strandbad) 212
Gentzgasse 193
Georgenberg 214
Glacis (vorm.) 25, 101, 127, 131, 134, 137, 171, 205
Glacis, Josefstädter (vorm.) 171
Goethe-Denkmal 145
Goethegasse 54, 145
Graben 38, 52, 74, 104–109, 111, 116, 121 f., 147, 164
Grashofgasse 85
Gregor-Mendel-Straße 90
Griechengasse 85 f.
Grillparzer-Denkmal 140
Grüngasse 163
Gumpendorferstraße 164
Gürtel 151, 171 f., 183, 171 f., 183
Gutenberg-Denkmal 95

Hagenberggasse 190
Hanuschgasse 54
Hasenauerstraße 90
Hasengasse 185
Hasnerstraße 191
Heiligenkreuzerhof 85
Heldenplatz 44, 142–144, 160
Herrengasse 25, 28f., 33, 110, 141, 181
Heumarkt 151
Heuriger 16, 67, 193, 196f.
Hietzinger Friedhof 193
Himmelpfortgasse 110
Hofburg (Burg) 14, 40, 44f., *46,* 46–49, 53, 102, 140f., 147, 165f.
Hofmannsthal-Schlößl 214
Hofreitschule, Spanische 48, 50
Hofzeile 194
Hohe Warte 195
Hoher Markt 94, 110
Hotel Ambassador 57
- Grabenhotel 123
- Imperial 148
- Intercontinental 151
- Klomser (vorm.) 27f.
- Sacher 64

Jägerstraße 209
Jägerzeile s. Praterstraße
Jodok-Fink-Platz 174
Johannesgasse 67f., 110
Josefsdorf 197
Josefsplatz 44, 52f.
Josefstädter Theater s. Theater in der Josefstadt
Josefstädterstraße 173
Joseph-II.-Denkmal 52f., 164
Judengasse 90
Judenplatz 126f.
Justizpalast 138

Kaffeehaus s. Café
Kahlenberg 92, 134, 193, 197f.
Kaiserforum (vorm.) 141f.
Kalvarienberg 192
Kalvarienberggasse 192
Kapuzinergruft 142

Karlsplatz 69, 162
Kärntner Ring 127, 147f.
Kärntnerstraße 38, 57, 59, 64, 66–68, 102, 104, 147, 164, 205
Kärntnertortheater (vorm.) 64f., 73
Kaunitzgasse 163
Ketzergasse 214
Kirche Am Steinhof 190f.
- Augustinerkirche 53f., 102, 141, 165
- Brigittakapelle 209
- Deutschordenskirche 76
- Franziskanerkirche 75, 102
- Jakobskirche 196
- Jesuiten-(Universitäts-)Kirche 77, 84
- Kalvarienbergkirche 192
- Kapuzinerkirche 55, 102
- Karlskirche *162,* 162f., 215
- Malteserkirche 67
- Maria am Gestade 91–93, 102, 181
- Michaelerkirche 39, *51,* 102
- Minoritenkirche 39, 93, 140f.
- Peterskirche 102, *124,* 124
- Piaristenkirche 174
- Rochuskirche 156
- Ruprechtskirche 91, 102, 127
- Schottenabtei 20f., *22,* 23f., 102, 214
- Stephansdom (Stephanskirche, St. Stephan) 62, 76, 79, 88f., 92, 94, 96, *97,* 98–100, 102–105, *124,* 126, 164, 192, 199, 205
- Stephansturm („Steffl") 25, 52, 58, 87–89, 91, 98–101, 164, 205
- Votivkirche 128, 130f.
- Wotruba-Kirche 214
- Zu den neun Chören der Engel 18, 20
Kohlmarkt 25, 38f., 105, 108, 110f., 147, 164
Köllnerhofgasse 85
Kornhäuselturm 89

Laaer Wald 207
Lainzer Tiergarten 190
Landstraßer Hauptstraße 156
Laudongasse 176
Laxenburg, Schloß 188f., 207
Lazenhof 90

Lehárgasse 164
Lenaugasse 173
Leopoldinischer Trakt (Hofburg) 45
Leopoldsberg 193
Leopoldstädter Theater s. Theater in der Leopoldstadt
Lessing-Denkmal 127
Liebenberg-Denkmal 132, *139*
Liechtensteinstraße 178, 182
Lobau 212
Löwelbastei 136
Lugeck 95
Lusthaus (Prater) 206

Mariahilferstraße 166 f.
Maria-Theresien-Denkmal 66, 141
Marxergasse 154
Matzleinsdorfer Friedhof 186
Maxingstraße 193
Michaelerplatz 33 f., 36, 40, 44
Michaelertrakt (Hofburg) 40, 44 f., *46*
Minoritenplatz 39 f., 140 f.
Mölkerbastei 132, 134 f., *139*
Museen
– Doderer-Gedenkzimmer (Bezirksmuseum Alsergrund) 181
– Grillparzerzimmer (Johannesgasse) 68
– – (Wien Museum) 69
– Hebbel-Gedenkraum (Bezirksmuseum Josefstadt) 182
– Heeresgeschichtliches Museum (Arsenal) 161
– Josephinum 177 f., 181
– Jüdisches Museum 146
– Kunsthistorisches Museum 128, 141, 165, 181
– Naturhistorisches Museum 128, 141
– Österreichisches Museum für Volkskunde 176
– Pratermuseum (Planetarium) 207
– Stefan-Zweig-Archiv (Bezirksmuseum Josefstadt) 182
– Stifter-Museum 90
– Uhrenmuseum 126

– Wien Museum Karlsplatz (vorm. Historisches Museum der Stadt Wien) 69, 104, 126
Museumstraße 170

Naglergasse 110
Naschmarkt 163
Nationalbibliothek, Österreichische (vorm. k.k. Hofbibliothek) 53, 158
Neidhart-Fresken 126
Nestroy-Denkmal 204
Nestroyplatz 204
Neuer Markt (vorm. Mehlmarkt) 55–59, 110
Neugebäude, Schloß 186 f.
Neugebäudestraße 186
Neustiftgasse 87, 170
Nußdorfer Straße 90

Obere Augartenstraße s. Augartenstraße
Obersteinergasse 194
Opernring 127, 145
Oppolzergasse 134 f.
Oppolzerhaus 58
Osterleitengasse 193
Oswald-Thomas-Platz 207

Palais, Augarten 209
– Batthyány 27
– Equitable 104
– Eskeles 146
– Ferstel 29, *31,* 33
– Herberstein 33, 36
– Lieben-Auspitz 134 f.
– Liechtenstein 141, 181
– Obizzi 126
– Orsini-Rosenberg 27
– Schönborn 176
– Schwarzenberg 25
– Wilczek 25 f.
Parkring 127, 148
Parlament 128, 138, 140
Pestsäule (Dreifaltigkeitssäule) 109, 111, *112,* 116 f., 164
Petersplatz 123, 125
Piaristenplatz 84, 174

Orte

Plankengasse 194
Polizeipräsidium 129
Prater 88, 111, 165, 173, 201, 204–208, 210
– Hauptallee 202, 206 f.
Praterstern 206
Praterstraße (vorm. Jägerzeile) 201 f., 204 f., 212
Prinz-Eugen-Straße 157
Probusgasse 196

Radetzkystraße 155
Raimund-Denkmal 169
Raimundtheater 169
Rasumofskygasse 153
Rathaus (Neues) 66, 128, 138, *139*, 171, 184
Rathausplatz 138
Rauhensteingasse 71
Reisnerstraße 156
Reitschultrakt (Hofburg) 48
Renngasse 26, 134
Rennweg 151, 157
Riesenrad 206 f.
Ring s. Ringstraße
Ringstraße 66, 127–129, 135, 141 f., 147 f., 151, 171, 183 f.
Ringtheater (vorm.) 129 f.
Ronacher 136
Rooseveltplatz 131
Rotunde (vorm.) 207
Ruprechtsplatz (vorm. Kienmarkt) 90

Saar-Denkmal 195
Salvatorgasse 91
Salzgries 92
Schatzkammer, Weltliche u. Geistliche 47 f., 186
Schauflergasse 33
Schillerplatz 145, 147
Schlösselgasse 172
Schlossergasse (vorm.) 72, 74
Schmidgasse 174, 182
Schönbrunn, Schloß 164, 166, 187, *188*, 188, 206
– Schloßpark 187
– Tiergarten 187
Schönbrunner Schloß-Straße 187
Schönlaterngasse 83–85
Schottenbastei 135, 202
Schottenring 92, 127–130
Schottenstift (s. Kirchen, Schottenabtei)
Schottentor (vorm.) 129 f., 171
Schubertpark 193
Schubertring 127, 148
Schulerstraße 110
Schulhof 126
Schwarzenbergplatz 148, 151
Schweizerhof (Hofburg) 45, 47
Schweizerhoftrakt (Hofburg) 14, 47
Seitenstettengasse 87
Seitzergasse 74
Siebensterngasse 170
Sigmund-Freud-Park 131
Simmeringer Hauptstraße 185
Singerstraße 74–76, 110
Sirk-Ecke 147
Sonnenfelsgasse 85
Sophienbrücke (vorm.) 155
Spiegelgasse 69, 121, 194
Spittelberg 73, 170
St. Bartholomäusplatz 192
Staatsoper 64 f., 145, 147, 173
Stadtpark 148, 151
Stadttheater (vorm.) s. Ronacher
Stallburg 48
Stallburggasse 49 f., *51*
Steinfeldgasse 195
Steinhof 190 f.
Stephansplatz 92, 95 f., 102, 104 f.
Stiftgasse 170
Stock-im-Eisen-Platz (Stock im Eisen) 104 f., 110
Stoß im Himmel 113
Strauchgasse 29
Strobelgasse 95
Strudlhofgasse 178
Strudlhofstiege 178, *179*, 180 f.
Stubenbastei 76 f.
Stubenring 127, 149
Stubentor (vorm.) 25

Sühnhaus (vorm.) 129
Synagoge 89

Taborstraße 204 f.
Tandelmarkt 88
Teschnergasse 192
Theater an der Wien 68, 72, 155, 165
Theater in der Josefstadt (Josefstädter Theater) 167, 173
Theater in der Leopoldstadt (Leopoldstädter Theater) (vorm.) 167, 204
Trattnerhof (vorm. Freisingerhof) 106 f., 111
Triester Straße 186
Tuchlauben 126
Türkenschanzpark 90
Türkenstraße 182

Ungargasse 27, 151–153

Universität, Alte (vorm.) 26, 45, 77–82, 90, 102, 104, 148
Universität, Neue 128, 132, *133*, 138

Volksgarten 140, 165
Volkstheater 170
Votivpark s. Sigmund-Freud-Park

Währinger Ortsfriedhof (vorm.) (s. Schubertpark) 192 f.
Währingerstraße 131, 177 f., 181, 192
Wehrgasse 163
Wienerwald 35, 132, 193, 198 f.
Wienfluß (Wien) 24, 148, 190, 215
Wollzeile 82, 85, 95

Zentralfriedhof 185 f., 193
Zirkusgasse 202
Zschokkegasse 9